guide

# 福柯：

# 关键概念

## Michel Foucault: Key Concepts

[美]狄安娜·泰勒（Dianna Taylor） 编

庞 弘 译

重庆大学出版社

本译著为国家社科基金青年项目
"'阐释的边界'与当代文学理论的话语重估研究"
（项目编号:18CZW006）
阶段性成果

# 目 录

**第 3 部分**
**主体性**

# 译者序

在现今中国学界，围绕"关键词"的分析、探讨和阐发已成为颇为流行的方法论范式。然而，在当前形形色色的关键词研究中，依然存在着难以掩盖的短板和缺失：一方面，研究者大多停留于浮光掠影的"介绍"层面，鲜有对相关术语或范畴的深度追问与细致辨析；另一方面，研究者往往以"单兵突进"的姿态进入对关键词的讨论，既缺乏对不同概念之间内在关联的发现与建构，亦未能体现出将某一重要命题置于更宏阔的社会背景下加以系统解读的理论尝试。基于此，狄安娜·泰勒主编的《福柯：关键概念》无疑可以为人们所熟知的关键词研究带来一些新意。该书虽仍以关键词为关注焦点，但并未点到即止、泛泛而谈，相反，编者从福柯广博的知识谱系中遴选出"权力"、"自由"和"主体性"这三个最具奠基性的概念加以重点考察。三个关键概念各占全书三分之一的篇幅，在每个概念之下，各收录四篇专题论文，以引导读者从不同向度出发，对相应的概念加以全方位、多层面地审视与探究。这样，每一个关键概念便形成了一个微观的"理论星丛"，而星丛与星丛之间又相互呼应，彼此激荡，形成共鸣，不断丰富读者对福柯这位重量级思想家的认知、把握和理解。

在《导论》中，狄安娜·泰勒肯定了福柯的现实意义，即促使人们去质疑貌似"必然如此"的当下境况,由此而敞开主体存在的丰富可能。在此基础上,作者强调,对"权力"、"自由"和"主体性"这三个环环相扣的概念加以深入思考和再度阐释,将成为建构新的思考和行动方式,进而对种种"支配"与"压抑"加以抵抗的最重要路径。

第一部分关注"权力"这一福柯理论中最为人耳熟能详的范畴。理查德·A.林奇的《福柯的权力理论》试图对福柯的权力观加以总括式说明。作者从福柯对"理论"的审慎态度着眼,探讨福柯的权力观在何种程度上成为一种"权力理论",并列举福柯对当前流行的诸种权力话语的拒斥与责难。由此出发,作者结合"穿衣打扮"这一再寻常不过的生活经验,展现福柯围绕权力问题的一系列最基本预设,并阐明福柯对权力之总体状貌的描画,"即一种贯穿于整个社会的权力关系网络,这些权力关系具有抵抗的特征,并通过地方性的策略与更大规模的战略而相互作用"。马塞洛·霍夫曼的《规训权力》关注"规训权力"这一福柯权力理论中最具影响力的命题。作者讨论了规训权力如何以身体为目标,将个体塑造为驯顺而高效的"单向度"造物,又如何溢出监狱的边界,潜移默化地渗入军队、工厂、医院、学校这些各式各样的现代机构。更进一步,作者还结合弗雷德里克·温斯洛·泰勒的"科学管理"原理和实践,展现规训权力在现代工业化进程中所起到的奠基作用,以及这种特殊权力形态所潜藏的症候与缺陷。克洛伊·泰勒的《生命权力》聚焦于"生命权力"这一日益引发热议的命题。作者提出,不同于传统"君主权力"对生命的攫取,生命权力以"自下而上"的微妙方式,弥散于包括身体、本能、快感、欲望在内的生命体验维度。在此基础上,作者剖析了"规训"与"调节控制"这两个生命权力中相辅相成的扇面,并展现了生命权力对人口规模的把控,对亲密关系的塑造,以及对死亡的意味深长的规划。在文末,作者还通过"社会达尔文主义"和"优生学"这两个毁誉参半的案例,阐明生命权力以何种方式在当代西方世界中得以具体化和延伸。埃伦·K. 费德的《权力/知识》旨在厘清"权力"与"知识"在福柯理论中错综复杂的交互作用。作者从词源学着眼,探究"权力/知识"这一复合词的多层次意涵,并勾勒其在福柯思想中的演变轨迹。接下来,作者由"性别认同障碍"这一临床症状出发,揭示"权力/知识"如何建构起一套关于"正常"与"不正常"的普遍规范,进而编织起一张避无可避的规训网络。同时,作者不忘指出,权力与知识的合谋并非无法抗拒,参照同性恋在美国"去病态化"的历程,他试图发掘个体在经验层面所拥有的"颠覆"与"反转"的充分可能。

第二部分重点探讨"自由"这一贯穿于福柯理论始终的概念。托德·梅的《福柯的自由观》试图对福柯的自由理论加以全景式扫描。作者介绍了"形而上学自由"(即拒绝"被决定")与"政治自由"(即作为社会一员所享有或丧失的权利)这两种西方哲学史上的经典自由观念,进而阐明福柯在自由问题上的独到贡献。在他看来,福柯的自由观更多指向具体、生动的实践维度,其宗旨在于发现所谓"稳固不变的东西"背后的历史性、偶然性和脆弱性,进而"在一个不确定的空间中创造某种生命"。在文末,作者还比较了福柯与梅洛-庞蒂对自由的不同理解,以此突显出福柯的自由观所包含的激进意味。约翰娜·奥克萨拉的《自由与身体》从"身体"的视域出发,对福柯的自由观加以考量。作者回顾了福柯在《规训与惩罚》中对监狱机构的分析,以说明现代权力如何以隐微难察的方式对身体加以操控。同时,通过对《性史(第一卷)》的深入解析,以及对阴阳人赫尔克林·巴宾的创伤性经验的重现,作者强调了在福柯的思想体系中,身体(和由此而产生的快感)作为抵抗权力之"策源地"的可能性。总之,身体既充当了权力的某种效果,又成为一个无法被权力"秩序化"的特殊节点,并逐渐使主体存在的自由维度得以彰显。凯伦·文特吉的《自由与精神性》关注福柯对"精神性"的阐发。作者将精神性的源头追溯至福柯早期的超现实主义研究,随后,又分析了精神性在福柯后期研究中作为"出口"的战略性地位。作者相信,在福柯的理论中,精神性构成了一种有意识的自由实践,它将有助于实现一种伦理的自我转化,继而使现代人摆脱被规训与塑造的"深度自我"。此外,作者还探讨了一系列与精神性相关的重要问题,如精神性何以成为通达真理之途径,精神性如何对既有的主体形态加以批判,又如何在跨文化的政治实践中显现其潜能,等等。爱德华多·门迭塔的《自由的实践》聚焦于福柯作为"自由哲学家"的身份定位。作者宣称,福柯的整个哲学生涯可以被理解为一系列对自由的追问与探究。由此出发,作者转向了苏格拉底、奥古斯丁和康德这三位思想巨擘。三者在福柯的不同研究阶段占据了核心位置,他们的代表性观点,即"民主的自由"、"品性塑造的自由"和"批判即自由",亦深刻影响了福柯的自由观,使之呈现出一种立体、多元的"棱镜式"形态。

第三部分考察"主体性"这一福柯学术生涯后期的重要论题。爱德华·麦古欣的《福柯的主体性理论与实践》就福柯对主体性的理论构想展开综述。文章指出,福柯并未尝试寻找主体的"本质"或"根源",而是将主体性理解为由各种行动交织而成的复杂关系。通过对"规训的主体性"的阐释,福柯展现了主体在权力网络中被剥夺与被抑制的境遇;通过对"关心你自己"这一古希腊律令的运用,福柯则探究了使主体摆脱"预先设定"的模式,重构自我与其自身关系的可能性契机。此外,福柯还将自己的哲学性思考转化为围绕主体性的积极实践,从而建构了一种"作为哲学家"的独特身份。布拉德·埃利奥特·斯通的《主体性与真理》聚焦于福柯对"主体性"与"真理"之内在关联的审视。作者指出,自福柯所谓的"笛卡尔时期"以降,主体性与真理之间便出现了难以弥合的裂隙。

基于福柯的经典文本，作者将"直言"（即义无反顾地说出真理，而甘冒一切可能的风险）指认为重建主体性与真理之关系的重要策略。作者概括了直言有别于一般言说的独特之处，并以伊壁鸠鲁学派、犬儒主义者和斯多葛派的哲学实践为例，描述了直言在现实生活中的具体运用。克瑞西达·J. 海斯的《主体性与权力》紧扣"权力"问题，对福柯的主体性观念加以反思。作者从福柯的"屈从化"命题出发，展现"主体"与"权力"之关系所包含的深刻悖论：一方面，主体为无所不在的权力关系所征服或抑制；另一方面，权力也将使主体获取新的身份，并由此而"成其所是"。接下来，作者介绍了当代批评家就权力、主体性和屈从化等问题对福柯提出的质疑，以及福柯的捍卫者作出的不同回应。在文末，作者还以"体重"这一时常困扰当代人的问题为例，说明屈从化如何在经验层面得以演绎。狄安娜·泰勒的《自我的实践》从"自我的实践"切入福柯对主体性的诊断。作者借福柯之口指出，现代主体性起源于以"自我牺牲"为标志的早期基督教实践，并经由五花八门的治理技术而得以显现。由此出发，作者致力于对福柯所推崇的"批判态度"加以解析。批判意味着对当下况的"倔强反思"与"拒不服从"，拒斥、好奇和创新是其在现实生活中的生动表现。根据自己在一次就医时的切身体会，作者断言，批判将触发主体与权力关系的斡旋与协商，并最终消解现代主体性所具有的"自我牺牲"特质。

　　综观全书，"权力"、"自由"和"主体性"这三个关键概念并非彼此隔绝，而是连缀成一个完整的知识谱系。权力的"无所不在"，使之成为主体无法逃遁的背景。主体被权力关系裹挟纠缠，亦为权力关系所规划与塑造。然而，权力并未将主体的自由全然扼杀，它也为主体带来了脱离当下之位置的可能。这样，主体便有机会在自由的实践中对权力关系加以引导，进而颠覆既有的、似乎不容置疑的规范与秩序，将自身建构为不同于"当前之所是"的独特存在。在习惯于渲染福柯思想的消极面和"悲情色彩"的国内学界，以上思路无疑将带来难能可贵的启示。

作为西方思想史上极具原创性的人物，福柯的学术地位和影响力自不必赘言。近年来，围绕福柯的研究和译介也已蔚为大观。但由于福柯理论众所周知的晦涩性，人们在进入其文本伊始，往往会陷入"不知从何开始"的困境。衷心期待本书能发挥"思想地图"的作用，引导读者更顺利地把握福柯思想中具有里程碑意义的核心命题，进而以从容、自信的姿态展开对福柯的更深入研读。此外，由于译者能力所限，书中的错讹、不当之处在所难免，恳请学界同仁不吝赐教，多多批评指正。

2019 年 3 月于成都

# 作者介绍

埃伦·K. 费德(Ellen K. Feder)是华盛顿美利坚大学的哲学副教授。她是《家族纽带：种族与性别的谱系学》(*Family Bonds: Genealogies of Race and Gender*, 2007)的作者，此外，她正在撰写一部关于双性人的伦理学和医疗管理的书稿。

克瑞西达·J. 海斯(Cressida J. Heyes)是加拿大阿尔伯塔大学的性别与性哲学(Philosophy of Gender and Sexuality)研究主席，其著作包括《线描：通过女性主义实践来定义女性》(*Line Drawings: Defining Women through Feminist Practice*, 2000)和《自我转化：福柯、伦理学与规范化的身体》(*Self-Transformations: Foucault, Ethics, and Normalized Bodies*, 2007)。

马塞洛·霍夫曼(Marcelo Hoffman)是威斯康星州玛丽安大学的政治学助理教授。他是《作为权力关系母体的福柯的政治学与战斗性》(*Foucault's Politics and Bellicosity as a Matrix for Power Relations*, 2007)一文的作者。其论文《阿伦特和福柯对不可预知性的控制》(Containments of the Unpredictable in Arendt and Foucault)也即将刊出。

理查德·A. 林奇(Richard A. Lynch)是迪堡大学的哲学讲师。他的译著包括《福柯、埃瓦尔德和伊莎贝尔·托马斯-福吉尔的指称与自我指称:关于当代思想中"哲学的消亡"》(*Foucault, Ewald, and Isabelle Thomas-Fogiel's Reference and Self-reference: On the "Death of Philosophy" in Contemporary Thought*, 即将出版),其学术论文涉及福柯、黑格尔、哈贝马斯、巴赫金等思想家。

**托德·梅(Todd May)**是美国克莱姆森大学1941届人文学科纪念教授。他写过十部哲学著作。他最新的著作是《当代运动与雅克·朗西埃的思想:行动的平等》(*Contemporary Movements and the Thought of Jacques Ranciere: Equality in Action*, 2010)。

**爱德华·麦古欣(Edward McGushin)**是新罕布什尔州圣安塞尔姆学院的哲学副教授。他是《福柯的苦修:哲学生活导论》(*Foucault's Askesis: An Introduction to the Philosophical Life*, 2007)的作者。

**爱德华多·门迭塔(Eduardo Mendieta)**是纽约州立大学石溪分校的哲学教授。他是《全球碎片:全球化、拉美主义与批判理论》(*Global Fragments: Globalizations, Latinamericanisms, and Critical Theory*, 2007)的作者,也是《实用主义、国家与种族:帝国时代的共同体》(*Pragmatism, Nation, and Race: Community in the Age of Empire*, 2009)的合编者。

**约翰娜·奥克萨拉(Johanna Oksala)**是邓迪大学的哲学高级讲师。她的著作包括《福柯论自由》(*Foucault on Freedom*, 2005)和《如何阅读福柯》(*How to Read Foucault*, 2007),以及大量关于福柯、女性主义理论和政治哲学的论文。

**布拉德·埃利奥特·斯通(Brad Elliott Stone)**是洛约拉马利蒙特大学的哲学副教授,同时也是该校大学荣誉课程的负责人。他的研究兴趣集中于当代欧陆哲学、宗教哲学和美国实用主义思想。

克洛伊·泰勒(Chloë Taylor)是阿尔伯塔大学的哲学助理教授。她是《从奥古斯丁到福柯的忏悔文化》(*The Culture of Confession from Augustine to Foucault*,2009)的作者,此外,她正在撰写一部名为"性犯罪与越轨:福柯、女性主义与性犯罪的政治"(*Sex Crimes and Misdemeanours: Foucault, Feminism, and the Politics of Sexual Crime*)的书稿。

狄安娜·泰勒(Dianna Taylor)是俄亥俄州约翰·卡罗尔大学的哲学副教授。她写过关于福柯和汉娜·阿伦特的文章,还合编过《女性主义与后期福柯》(*Feminism and the Final Foucault*,2004)和《女性主义政治:同一性,差异性,能动性》(*Feminist Politics: Identity, Difference, Agency*,2007)二书。

凯伦·文特吉(Karen Vintges)是阿姆斯特丹大学的社会与政治哲学讲师。她的著作包括《哲学的激情:思考西蒙娜·德·波伏娃》(*Philosophy as Passion: The Thinking of Simone de Beauvoir*,1996),以及其他几本用英语和荷兰语写成的书。

# 权力、自由与主体性

⊙ 狄安娜·泰勒

## 作为实验者的福柯

米歇尔·福柯并不是一位体系化的思想家。他以"实验者"（experimenter）而非"理论家"（theorist）自居（1991a：27）；[1] 他避免自己的作品被打上标签并归入已有的理论范畴；[2] 同时，他宣称，处于其哲学工作核心的是"以不同的方式思考"与自我转化（self-transformation），而不是"对已知之物的确认"（1990b：910）。"我认为没有必要确切地知道我是什么，"福柯在 1982 年的一次访谈中这样声明，

> 在生活和工作中，主要的兴趣将转变为你在一开始时未予关注的别的东西。倘若你在提笔写一本书之初便明白你最后要表达什么，你认为自己还有勇气继续写下去吗？对于写作和爱情来说是真的事情，对于生活而言同样千真万确。游

---

1　福柯宣称："每一部新作品都深刻地改变了我在过去的作品中已经涉及的思考方式。从这个意义上讲，我认为自己更像是一位实验者，而不是一名理论家；我没有发展出一些演绎性的体系，并以统一的方式应用到不同的研究领域中。当我写作的时候，我首先是为了改变自己，而非重复思考以前的东西。"（Foucault 1991a：27）

2　"我从未成为一位弗洛伊德主义者，我从未成为一位马克思主义者，我也从未成为一位结构主义者。"（Foucault 1990c：22）

戏之所以有价值,恰恰在于我们不能预先知晓其结果。

(Foucault 1988:9)

除了非体系化,福柯的工作还质疑了西方哲学传统的基本特征。在他看来,哲学家在智性层面投入了大量时间和精力,并耗费了大量篇幅来构造一种二元对立的、过分简单化的世界观。这种世界观限定了人类存在的方方面面,从而为我们带来了一种虚假的感受,即我们有能力获取关于世界的确定性,并由此掌控这个世界和我们自身。这种世界观为我们灌输了一种虚假的、有误导性的安全感,尽管如此,由于较之不确定性似乎造成的威胁,它显得要更为可取,因而,同样的错误思想也就被不断复制并最终体系化。

福柯作品的一个主要目标,是阐明在哲学传统中被视为绝对而普遍之物的历史性与偶然性特征。事实上,福柯认为,关于绝对而普遍的知识与道德观的理念,本身就是一种历史现象。因此,福柯"并未试图确认所有知识或所有可能的道德行为的普遍结构"(Foucault 1984a:46)。毋宁说,他所施行的是一种"当下的本体论"。这种哲学分析一方面试图确认某些境况,这些境况使我们当下的知识与道德形式得以产生,并不断对上述形式加以合法化;另一方面,又尽可能"从使我们成为我们所是的那种偶然性中,分离出某种可能性来。在这种可能性中,我们得以不再像我们现在这样去存在、行动和思考"(Foucault 1984a:46)。换言之,福柯考察了西方人怎样来到其目前所处的位置,说明了他们当下的境遇并非必然的前提,而是历史发展的产物;同时,他还追问了西方人如何才可能有所不同。福柯尤其关注的,是推动改变以对抗支配与压抑,并促进他所说的"自由的运用"(Foucault 1984a:46)。

在一些学者看来,福柯非体系、非传统的哲学方法是一种缺陷。他们认为,福柯作品中的批判性层面削弱,甚至抑制了他通过其哲学而促进积极社会变革的能力。查尔斯·泰勒提出,尽管福柯作品中的批判性层面可能具有开启新的、解放性的思维与存在模式的潜能,但福柯对现代权力的本质与功能加以构想的方式,却削减了这种潜能。"没有任何真理可以依凭权力体系而得到崇奉、捍卫或拯救,"泰勒写道,"同样,也不存在从权力通往自由的出路。"(Taylor 1986:70)与之相似,南希·弗雷泽认为,福柯或许能够对当代社会中成问题的方面加以确认与批判,但他无法为我们提供对这些方面加以拒斥的理由。也就是说,由于福柯的批判涵盖了传统道德体系,他拒绝诉诸"自由"与"正义"一类的概念,因而,他也就缺乏提出积极替代方案的能力(Fraser 1994)。尤尔根·哈贝马斯暗示,福柯最终认识到,在自己的作品中,批判性与积极性的向度在根本上是相互矛盾的,因而,在其后期作品中,他也就回归了一种更传统的哲学方法。哈贝马斯写道:"或许,这种矛盾的力量攫住了福柯,驱使他再次进入了本以为可以打碎的现代性哲学话语的循环之中。"(Habermas 1986:108)

## 以不同的方式思考权力、自由与主体性

不同于福柯的批评者,本书的作者认为,福柯非传统的哲学方法是一种优势。他们否认这样的观点,即福柯哲学中批判性的一面遮蔽了积极的、解放性的潜能。本书的三个部分阐明了福柯如何对一组关键性的哲学概念——权力(power)、自由(freedom)与主体性(subjectivity)——重新加以定义,同时也提供了一些例证,以说明这种重新定义如何促成新的思考和行动方式,从而对压抑与支配加以反抗。

本书第1部分的篇章所说明的是,将福柯的作品仅仅视为悲观消极的观点,来源于对其权力理念的根本性误读。福柯认为,随

着现代社会的兴起,权力的实践在西方获得了新的形式。在其专著《规训与惩罚》中,他展现了被个体持有或掌控,并以压抑性的方式施加于其他人身上的君主权力(sovereign power),在面对 16 世纪晚期和 17 世纪初期愈发复杂的社会、政治与经济关系时,是怎样失却其原有效力的。举例而言,残暴的公开处决(如福柯在该书开篇绘声绘色地描述过的弑君者达米安所遭受的酷刑)无法再发挥展示君主权威,进而抑制犯罪行为并保障社会与政治秩序的理想功效。反过来,这些事件唤起了民众对君王权威的愤恨,并由此加剧了社会与政治动荡。

　　在整部作品中,福柯分析了作为君主权力削弱的结果而出现的具有"生产性"的新权力形式。[1]　正如埃伦·费德在第 4 章中所言,权力在这样的意义上是生产性的,即它涵盖了"积极而又消极的、流变不定的评价,这些评价可以在历史的进程中出现反转"。正如有关规训权力与生命权力的篇章所说明的那样,福柯将现代权力构想为在个体、群体、机构与组织之间转换与变化的交互性网络;它由社会关系、政治关系、经济关系,甚至——就像本书的许多作者所展现的那样——个体关系(包括我们与自身的关系)所组成。"我几乎从未使用过'权力'一词,"福柯声称,"倘若我在某些情况下运用该语汇,那也只是对我一直所采用的'权力关系'这一表述的某种简称。"(Foucault 1994:11)鉴于它所具有的生产性、普泛性、动态性与关系性特征,相较于以蓄意的暴行和公开方式来掌控其臣民生活的君主权力,现代权力所带来的负面效应更难以识别,因而也更难以抵御。

　　如很多现代西方人一般,福柯的批评者"(依然)倾向于一种权

---

[1]　福柯明确提出,君主权力并未随着现代性的兴起而彻底消失。见 Foucault 1991b。

力-法律、权力-君主的形象"(Foucault 1990a: 90)。因而,他们将福柯的论点"权力无处不在"(power is everywhere)理解为对自由和主体性的否定(Foucault 199a: 93)。然而,只有在我们继续犯福柯批评者的错误,并坚持仅仅以君权的、"压抑性的"形式对权力加以构想时,上述情况才会成为事实。"我们必须从[关于君主的权力观]中挣脱出来,"福柯写道,"如果我们希望在权力运作的具体的、历史的框架中对其加以分析的话。"(Foucault 1990a: 90)分析现代权力运行的实际状况具有决定性的意义。福柯认为,如果我们还继续坚持一种极为狭隘,且愈发过时的权力观,那么我们便无法对现代权力关系加以有效引导。从一个福柯式的视角来看,不加批判地接受任何表现得自然而然、必不可少或无法避免的东西是存在问题的。这种非批判接受允许权力关系转变为静态的支配,其中只有非常有限的思想和行动被认为有效或令人满意。作为结果,更多的存在模式被理解为无效、非道德或偏离正轨,因而也应当遭到社会的制裁、法律的惩处或彻底的根除。

　　重视福柯对现代权力运作的分析,并不会对自由与主体性的可能性造成损害。这只是意味着上述重要概念需要被重新界定。如果说,正如本书的作者所相信的那样,查尔斯·泰勒和南希·弗雷泽关于福柯对权力的重新定义有损自由之可能性的断言是不正确的,那么,从一种福柯式的视角考察,自由实际上是怎样的呢?首先,如果权力不是能够被某人掌握,并以一种压抑性的方式施加于他人(即国王在臣民面前展现其权力)的有形实体,那么,自由便并未处于与权力的对立关系中。正如第2部分的章节所展示的那样,福柯不认为权力与自由是截然对立的;相反,二者是相互构造的。"权力只运用于自由的主体,"福柯断言,"而且只当他们是在自由的范围内时。"(Foucault 1982a: 221)对于福柯而言,自由并非我们所居有的一种状态,而是一种由我们所履行的实践。确切地说,这是一种以保持开放与动态的方式来引导权力关系的实践,而在这样做的过程中,新兴的、替代性的思维与存在模式得到了发展。自由实践的功用在于"使能力的增长……从权力关系的强化中[得以分离]"(Foucault 1984a：48)。

在一次访谈中,福柯解释了权力与自由的关系,以及自由的实践怎样使权力关系总是充满活力:

> 权力的运用意味着什么？这并不意味着拿起录音机,然后扔在地上。我有能力这么做……[但]假如我这么做了,我并不是在运用权力。然而,如果我拿起录音机,然后扔在地上——其目的是让你发怒,或让你无法重复我说过的话,或使你产生压力从而以既定方式行动,或对你施以威胁——很好,刚才我所做的,通过特定方式而塑造你的行为,那就是权力……也就是说……[如果]我完全没有强迫你,并使你处于完全自由的状态——那就是我开始运用权力之时。很显然,权力不应被界定为一种对个体加以压制,迫使其做某些事或阻扰其做另一些事的暴力的约束行为。然而,当两个自由的主体之间存在着一种不平衡关系,因而一方可以作用于另一方,而另一方则受到作用或容许自身受到作用时,权力便得以发生。

(Foucault 1980g)

如果说,福柯将录音机扔在地上是为了塑造采访者的行为,那么,采访者可以通过多种方式进行回应:他可以安抚福柯以便完成访谈(在不使用录音设备的情况下);他可以拒绝按福柯的要求行事,并径直结束访谈;他可以表面上按福柯的要求完成访谈,但却记录下他最初想要表达的东西(甚至包括某些有关福柯的贬抑性的评论)。关键在于,即使这种关系是不平等的,只要采访者能够对福柯作出回应,并反过来试图影响福柯的行为,他便仍然是自由的。采访者并未处于一种无法对福柯的所作所为加以回应的被支配状态中。

如前所述,要想对权力关系加以"有效的"引导,我们便必须就自身的当下境况作出批判性分析,其目的在于对那些巩固现状,使主流的思维与存在模式看上去确定无疑、必然如此的规范与实践加以辨识。同时,我们还需要思考与行动,而非仅仅以流行的、狭隘的方式对可思和可做之事加以原样照搬。如果说,就像福柯所认为的那样,权力关系处于持续的转换与变动中,那么,我们便必须不断对我们的当下境况加以批判性分析:在某一背景下或某个时间节点上有助于我们引导权力关系的实践,在另一境况或背景下则可能不再有效。虽然访谈者可能为安抚福柯而接受其提出的条件,但在不同的访谈情境下,这样的做法可能就起不了作用。例如,某些受访者也许会不尊重立即屈从其要求的采访者,并自行决定结束访谈。因此,福柯将自由描述为"仍在不断进行的工作"便绝非偶然。

正如福柯假定了权力与自由的相关性,他同样构想了权力与主体性的某种关联。在其后期的作品中,福柯强调,即使他作为权力的分析者而声名远播,但事实上主体性才是他主要关注的对象。他写道:"我的目标……是要创立一种据以在我们的文化中把人转变为主体的各种方式的历史。"(Foucault 1982a:208)当福柯谈到人类是"被造就"的主体时,他想要表达什么呢?正如第3部分的篇章所阐明的那样,他所表达的部分意思是,"主体"理念本身就是一种历史性的建构。福柯直言不讳地宣称,"主体"是一种"形式"(form),而非"实体"(substance)(Foucault 1994:10)。在西方哲学传统的语境下,借用伊曼纽尔·康德的术语,"主体"表现为一个积极的行动者(agent),一个独特的"理性存在"(rational being)。主

体针对世界(这个世界以"客体"[ object] 的形式出现)而展开思考
与行动,同时,他也是政治权利的持有者和道德责任的承担者。这
种对"何为主体"的理解(因而也包括对主客体之间的区分与对立
的详尽阐述)或许在启蒙思想中表现得最为清晰,但其根源或许可
追溯至柏拉图的著作。福柯在法兰西学院的多次授课中分析了主
体性在古希腊、希腊化和早期基督教背景下所获取的不同形式(见
Foucault 1999a; 2005a)。在这样做的过程中,他阐明并论证了自己
的观点,即主体性是一种社会的、文化的、历史的形式,而非一种被
预先给定的"实体",这一实体外在于、因而也有别于社会文化的规
范与价值观。

　　通过阐明在西方哲学史上被认为是客观、中立的观念的社会
与历史特征,福柯帮助我们认识到,成为一个主体的构想在何种程
度上与权力关系密切相关。不要忘记,对于福柯而言,权力是生产
7 性的:特定的权力关系导致或造成了前一段中的主体定义,同时又
被这种定义有效掩盖。因此,尽管所有理性存在都被宣称为主体,
但实际情况却是,启蒙运动对主体性的理解将一大群人拒之门外,
其中包括女性,也包括那些来自欧洲白人殖民地的居民。[1] 福柯进
一步阐明了主体性与权力关系相关联的程度,他分析了不同主体
范畴的产生,以及作为个体的我们在这些范畴中、通过这些范畴、
对立于这些范畴而建构自身的过程。福柯将关注焦点集中于现代
时期,并解释了 18 世纪人文科学(心理学、人类学、社会学、生物
学、精神病学)的兴起怎样既巩固了启蒙运动对主体性的理解,又
催生了数目众多的学科门类:人类目前已同时成为其知识的主体
与客体。例如,在《性史(第一卷)》中,福柯展现了心理学和精神病
学怎样将大量人类行为归类为性倒错,进而制造出诸多新的主体

---

1　许多女性主义者和来自不同种族、族裔背景的哲学家认为,从某种程度上说,继
　　续坚持启蒙的主体性理念将持续不断地造成压抑性后果。

性模式,它们允许(如果不是需要)对人口施行社会干预,其目的在于将"正常"(normal)与"不正常"(abnormal)行为相互区分,对前者予以支持,对后者则加以抑制(甚至是连根拔除)。

　　然而,如前所述,福柯同样表明,主体性并非外界的简单强加。我们持有并占据我们的社会历史语境所准予的主体位置:主体不仅仅是被制造的,我们同时也造就自身。同时,正如本书的作者所展示的那样,在我们制造自己的时候,我们也能够消解自己,或让自己变得与众不同:我们可以用新的方式来使用我们社会的规范和价值观,从而致力于创造全新的主体性,甚至将作为一种存在模式的"主体"全然摈弃。"也许当前的目标不是发现我们是什么,"福柯写道,"而是拒绝我们是什么。我们不得不想象并造就我们可能成为的样子,以此来摆脱现代权力组织的个体化和集权化这种政治上的'双重束缚'。"(Foucault 1982a:216)通过说明主体性本身是一种社会历史现象,同时,通过阐明普遍流行的主体性观念所带来的压抑性效果,福柯明确指出,尝试成为不同于我们当前所是的存在不仅是可能的,而且也是以一种既构成自由实践,又反过来促进自由实践的方式来引导权力关系的不可或缺的环节。

## 充满风险的事业

　　在准确理解福柯的权力观,进而准确理解自由与主体性如何相互关联(而非彼此对立),如何同权力关系密切交织的基础上,福柯所强调的以不同方式来尝试与思考就开始有了意义,而他的作品所包含的积极的伦理与政治潜能也开始得以实现。福柯对权力、自由与主体性的分析表明,我们无法不加批判地依附于现存的规范与价值观,以获取关于我们和我们生存其中的世界的绝对真理;我们也无法为自身提供一种能够不加批判地遵循的道德准则,它既不会将我们置于认识论与道德的虚无主义状态,也不会使我们陷入永恒的被支配状态。相反,正如福柯欣然承认的那样,严肃对待他的工作将把我们置于同主流的思维与存在模式相对立的位置,因而也将使我们失去对自己生活其中的世界,以及自己在这个世界中认知与行动的"界限"的"任何完整而确定的知识的把握"(Foucault 1984a:47)。用福柯的话说,我们"总是会重新回到出发点"(Foucault 1984a:47)。

或许,福柯让我们身处的立场之所以令其批评者感到困扰,部分原因在于这样的立场并未带来任何保证,同时还对我们提出了诸多要求。没有人告诉我们应如何实践自由的工作。尽管福柯可能为我们提供了一些"工具",但我们必须明白自己将如何使用这些工具。我们有必要对自己的当下境况加以批判性分析,识别具有压抑性的规范和实践,并弄清楚我们能够以怎样的方式来应对这些规范与实践:仅仅告诉我们该如何思考和行动,将有损于福柯作品中的解放性特质。此外,福柯还鼓励我们对如下问题展开批判性思考:我们为什么期望其他人告诉我们该如何思考与行动?这种期望将引发怎样的后果?以及我们为什么相信,自己必须拥有支配思考和行动的绝对而普遍的规范与标准?因此,福柯的批评者所发现的,他在提供思考和生活的规范与标准上的无能为力,就应当被理解为对上述行为的主动拒斥。对于我们而言,开始以不同的方式思考和行动,并"从我们的反思中寻找那些从未被思考或想象之物"(Foucault 1980g),这究竟意味着什么? 福柯告诉我们:

> 善的东西是通过创造而实现的。善并未存在于……一片永恒的天空,人们就像是美德的占星师,他们的工作即判定什么是星体最卓越的品质。善是由我们自己定义的,它是被实践的,是被发明的。而这是一项同心协力的工作。
>
> (Foucault 1980g)

9

# 第 1 部分

# 权　力

# 福柯的权力理论[1]

⊙ 理查德·A. 林奇

　　要理解福柯广博的研究规划,一个重要的环节是领会其权力观。福柯的权力分析同时在经验与理论这两个层面得以表达。第一个层面包含对历史上特定的权力模式,以及这些模式如何从早期形式中得以形成的细致审查。这样,他确认了现代权力形式(如他称之为"规训权力"[disciplinary power]和"生命权力"[biopower]的紧密关联的模式)与更早期的前现代权力形式(如"君主权力")。事实上,他在权力方面的大部分工作都致力于阐明晚近的权力模式怎样从较早的形态中应运而生,而他对规训权力的解析对后世学者具有尤为重要的作用。

　　有三个非常简单的例证可以解释这些权力形式。首先,想象一座金字塔,国王处于顶端,他的大臣处于中部,而国王的国民(民众)则居于底部。如果国王颁布了一项法令,他的大臣将执行这一命令,并将其强加于国王治下的民众。在传统意义上,权力被理解为"处于金字塔的顶端",而这也是我们能对其作出的全部理解。然而,福柯扩展了(事实上,是完全重新构想了)权力的组成部分,并说明了这种传统观念怎样才能被安置于一种更全面的理解之

---

1　特别鸣谢戴维·库列科斯基(David Cylkowski)、斯泰西·克林勒(Stacy Klingler)和狄安娜·泰勒对本文的早期版本所作出的充满洞见的回应。

中。他观察到,权力实际上出现于各种各样的关系中,并且能够从金字塔(或任何结构)的底部得以建构。故而,一张记录了学生的课业情况与平时表现的成绩单,便成了一种权力的工具(你有多少次被告知"这将成为你永久的记录"?),但它发端于金字塔底部的观察,而非来自高层所制定的法令。每个学生都有一张成绩单,这种对他们表现的记录,这种每个人都被监督(而不是这所学校有一位校长)的事实,是影响学生行为的因素。成绩单是一种规训权力的工具,它将有助于学生调节或规范自己的表现与行为。与之相似,观察全体人口中哪些群体最容易罹患某种疾病(如肺癌),可以使人们发现该疾病的致因(吸烟或长期与石棉接触)。类似于成绩单,第三种权力——在拯救生命的情况下,通过消除石棉或烟尘吸入而体现——并不需要"金字塔顶端"发挥功用。但不同于成绩单,这种权力并未直接诉诸特定的个体,而是针对作为一个整体的人口或居民群体。第三个例证所阐明的是福柯所谓的"生命权力"。

福柯在第二个层面("理论的"层面)的分析超越了历史的特殊性,并且常见于福柯曾经描述过的各式各样的权力模式。在这一层面上,我们能够把握权力及其运作的最普遍而根本的特征,因而,我们应当从这种理论性的视角来切入福柯的作品。

福柯对权力的最明确思考形成于 1970 年代,尤其体现在当时出版的《规训与惩罚》(1975)与《认知的意志》(*La Volonté de Savoir*, 1976,英译为[*The History of Sexuality*, *Volume I*: *An Introduction*《性史(第一卷):导论》])这两书中,以及他于 1974—1979 年在法兰西学院开设的讲座里。我们聚焦于他对权力最简明扼要,同时又最具普遍性的阐述,即《认知的意志》第四部分,并试图完成三项工作。第一,我们将能够理解,为什么福柯的分析可以被称为一种权力的"理论"。第二,我们将辨识他的分析意图取代的错误的权力理论:

这些理论同他所坚决主张的观点产生了抵触。第三,我们将能够根据福柯的理论阐明权力的基本特征,即一种贯穿于整个社会的权力关系网络,这些权力关系具有抵抗的特征,并通过地方性的策略与更大规模的战略而相互作用。由于这些特征不仅有助于描述规训权力这样的现代权力形式,同时也有助于描述权力的较早期形式,因此,它们体现了福柯权力理论的实质。

## 权力的"理论"

我们所说的权力的"理论"形成于福柯在 1970 年代中期对精神病学、监狱和性态(sexuality)[1] 的分析。这种理论并未局限于对一个经验性的时代或"政体"的介绍,而是跨越历史纪元与时期,描述了权力及其运作的某些普遍性特征。

福柯不喜欢"理论"这个术语。他在《认知的意志》中写道:"以下这些研究并非指向有关权力的'理论',而是要对权力作出一种'分析'……"(Foucault 1990a:82;我们将很快看到这句话以怎

---

[1] 在福柯的理论中,sexuality 是频繁出现的一个范畴。一般而言,sexuality 有"性经验"、"性行为"、"性欲"、"性征"、"性感觉"、"性别"、"性能力"和"性意识"等译法。但需要注意,在现代人文学术的话语建构中,sexuality 拥有更驳杂、丰富、流变不居的意涵。比如,有学者认为,sexuality 一词至少有四层意思:首先,它可以被理解为"一种驱动力,一种冲动或推力",从而使主体趋近某一对象;其次,它可理解为"一种行为,涉及身体、器官、快感的一系列实践或行为",往往以性高潮的触发为标志;再次,它可表示"一种身份",男性/女性的二元对立便是最显著的性身份标签;最后,它还常常指"一整套取向、立场和欲望,这意味着主体的欲望、差异和身体都能以独特的方式寻求快感"。可见,sexuality 的复杂性远非单一的"经验"、"感觉"或"欲望"便可含括。鉴于此,译者在本书中一般将 sexuality 译为"性态",以指涉与性的方方面面紧密关联的更具包容性的"趋向"、"面貌"或"状态"。参见 Elizabeth Grosz, *Volatile Bodies: Toward a Corporeal Feminism*, Bloomington, IN: Indiana University Press, 1994, viii。——译注

样的方式结束)福柯之所以强调对理论的分析,部分原因在于,他不愿宣称自己对我们生存其中的世界有一个永恒或彻底的理解。在1976年的法兰西学院讲座中,福柯至少部分地解释了他对理论的不信任:"很明显,'什么是权力?'是一个理论性的问题,它可以为世间万象提供解答,而这恰恰是我不想做的。"(Foucault 2006a:13)只有在理论被当作"非理论"使用的意义上,即是说,只有在不再宣称能解答一切问题的情况下,理论才会是有价值的。然而,他又将自己的研究规划指认为一种理论,即他的任务"是通过提出一种不同的权力理论而形成一种不同的历史解释框架"(Foucault 1990a:90-91,强调系笔者所加)[1]。这样,对于福柯而言,"理论"一词必须被小心谨慎地使用;我们只有在这样的意义上才能对理论加以接纳,即"理论生产不需要通过某个公共机制的认可来确立其有效性"(Foucault 1990a:6)。

考虑到术语使用上的慎重,我将在一种实验性的意义上对"理论"加以运用:理论是一种将纷繁多样的材料组织起来的假设,同时,它也根据这些材料而得以检验、修正或废弃。相较于对单一历史阶段或纪元的描述,理论的目标要更具普遍性,这是理论对我们理解它所包含的现象产生价值和效用的一个不可或缺的条件,也正是基于上述理由,理论在福柯关于权力的分析中依然是一个有用的术语。这样的理论并没有"回答一切问题";它的依据来源于由其组织,并对其加以支撑的经验性素材,同时,它也将得到后续的修正。

福柯的权力理论暗示,权力是无所不在的,换言之,权力能够在一切的社会交往中被发现。正如他在1977年所提出的那样,

---

1　福柯的法语原文是"en se dormant une autre théorie du pouvoir"(Foucault 1976:120)。

"在我看来,权力'总是已经在那里了',个体永远不可能'身处其外'。"(Foucault 1980e:141)权力是无所不在的——这就是说,权力覆盖了整个社会关系领域;权力与其他社会关系相互交织,并通过后者而得以体现——这并不意味着权力作为一个陷阱或牢笼而发挥作用,只是说它存在于我们的一切社会关系,甚至是最亲密与和睦的关系之中。[1] 福柯也并不是说,所有的关系都可以被简化为或仅仅包含权力关系。[2] 权力并没有"巩固一切"、"接纳一切"或"回答一切";单单依靠权力也许不足以解释社会关系的全部或每一个方面。因此,福柯的理论工作(同时也是我们刚才引用的句子的结尾)是尽可能"达成一种对权力的'分析':这就是说,界定由权力关系所形成的特殊领域,并确认使权力分析得以可能的各种工具"(Foucault 1990a:82)。

## 如何不去理解权力

福柯首先将自己的理论与三种错误的、不充分的或带有误导性的权力观(正如我在下文括号中标注的那样,每一种理论都对应了一种传统或社会思想流派)加以区分。

> **权力**一词有可能引起大量的误解——包括对其本质、形式与统一性的误解。我所指的"权力"不是一整套机构和机制,它保证了某一国家中公民的驯服[例如,很多自由主义分析便以此为特征]。我所指的权力也不是一种奴役的模式,它具有与暴力不同的规则形式[这是精神分析方法的典型特征]。最后,我也不会将权力理解为由一个群体施加于另一个

---

1　以上这些不必然是同样的关系。
2　林奇对福柯关于权力无所不在的观念进行了更充分的探讨(Lynch 1998)。

群体的普遍的支配系统[即阶级压迫],这一系统的影响通过持续不断的衍生而遍及整个社会机体[正如很多马克思主义观点所表明的那样]。

(Foucault 1990a: 92)

福柯担忧的问题并非这些分析完全无用,而是它们常常错误地将权力在特定语境下所显现的偶然特征描述为权力在普遍意义上的本质特征。

这些依据权力而作出的分析,不应当将国家主权[自由主义的]、法律形式[精神分析的]或整个支配体系[马克思主义的]设想为预先给定的东西;毋宁说,它们只是权力的终极形式。

(Foucault 1990a: 92,我的评论在括号中)

因此,每一种权力形式(主权、法律和支配)事实上可以在特定语境下作为终极形式而呈现,但没有一种是根本性的。这样,在理解权力的过程中,福柯的首要任务是基于更丰富的理论而发展出一种新的方法,这种方法开始于权力关系的基本单元,继而建构为更加复杂的形式。

17　对权力的最大误解,是福柯称之为"司法-话语式的"(juridico-discursive)理解。这种误解"深深地植根于西方历史中",并在诸多"权力的政治分析"(Foucault 1990a: 83)和性态研究方法中频繁出现。福柯的论点在于,这种被如此广泛接受的误解充当了一张面具,它掩盖了大量实际的权力运作,因而也使诸多实际的权力机制变得可以被容忍(Foucault 1990a: 86)。

依据这种"司法-话语"理论,权力具有五个主要特征:第一,权力的运作始终是否定性的,即是说,它总是以禁止的方式而得以运作。第二,权力总是以规范或法律的形式出现。这就牵涉到一个允许与禁止、合法与非法的二元系统。上述两个特征共同建构了第三个特征：权力通过一个禁忌的循环、一套禁止的法规而得以运作。因而（第四），权力在三种禁忌形式中得以显现——"断定它是不被允许的，阻止它被说出来，否定它是存在的"（Foucault 1990a：84）——这揭示了一种审查的逻辑。第五，也是最后，权力机制在其运作模式中是普遍而统一的：

> 从上到下，无论是在它的全局决策中，还是在它毛细血管式的干预中，无论它所依赖的是怎样的配置（devices）或机构，它都以统一的和全方位的方式加以运作；而且，它也是依据那些简单的、无限再生的法律、禁忌和审查机制而加以运作的。
>
> （Foucault 1990a：84）

注意福柯是怎样对这种统一性的特征加以描述的，"无论是在它的全局决策中，还是在它毛细血管式的干预中"。潜藏在这种描述中的，是一种在宏观结构（"全局决策"）和微观实践（"毛细血管式的干预"）之间所作出的区分：在福柯对权力之理解的发展过程中，这种区分将体现出极为重要的意义。回到我们开篇的例证：一张成绩单将成为某种"毛细血管式的干预"，反之，对癌症发病率的流行病学调查则反映了宏观模式。福柯的分析开始于微观层面（例如，在《规训与惩罚》中），并经过修正而囊括了宏观层面（这尤其体现在 1978—1979 年法兰西学院的讲座中）。[1] 上述区分并非产生于"司法-话语式的"观念，而只是表明了这一观念与福柯本人的分析有何差异，以及这一观念怎样对实际的权力运作加以误解和遮蔽。

福柯为何将这种观点命名为权力的"司法-话语式的"表述？首先，它之所以是司法的，是因为它仿效了法律和禁忌："这种权力［更准确地说，是关于权力的表述］在本质上以司法为模型，以法律

18

---

1　关于这一转变的更详尽内容，可见 Lynch 2009。

声明和禁忌的操作为中心。"(Foucault 1990a：85)但正如福柯阐明的那样,权力的实际运作无法被简化为法律、国家或支配这类单一的模型,而是以多样化的形式,并借助形形色色的手段或技术而发挥功用。

其次,按照这种观点,权力在本质上是话语性的:它所包含的禁忌与人们可说和可做之事联系在一起;这样,对语言的限制同样能够起到限制现实与行为的作用——这便是"审查的逻辑"(Foucault 1990a：84)的核心。虽然这种观点强调话语是权力效应得以显现的主要场域,但福柯注意到,话语与权力的关系比这种观点所暗示的要复杂得多:"话语不是一劳永逸地屈从或反抗权力……话语可以既是权力的工具与效果,又同时是一个障碍,一块绊脚石,一个抵抗的起点,以及一个对抗性战略的出发点。"(Foucault 1990a：100-101)

让我们思考另一个例证,以此来阐明这种"司法-话语式的"权力观:你今天的穿着打扮是权力关系的后果吗?如果你按照着装规范来挑选自己的服饰(裙摆必须在膝盖以下,T恤衫上不能有污言秽语,等等),那么,你的选择能够通过一种"司法-话语式的"说明而得以解释:一条禁止的、话语性的律令规定了你能穿什么和不能穿什么。基于上述观点,在这些规则的范围内,你所作出的选择大概是不受外界干预的。然而,通过更细致的观察,我们会发现,这种观点是不正确的:还有许多"毛细血管式的"(你的朋友)、"宏观的"(时尚)和外在于法律的权力关系几乎确切无疑地塑造了你对着装的选择。福柯的权力理论意在取代这些"司法-话语式的"说明:

> 这类形象是我们必须摆脱的。也就是说,如果我们希望在其运作的具体的、历史的框架中对权力加以分析,我们就必须摆脱法律和君权的理论特权。我们有必要建构一种不再以

法律为模型和法则的权力分析。

（Foucault 1990a：90）

## 福柯的权力观

现在，我们应当适时转向这项建构性的工作，并开始阐明福柯对权力的积极理解。福柯对自己工作的描述，是运用经验分析来发现一种新的权力理论，这种理论将为随后的历史分析提供一个新的框架（和有待检验的假设）（Foucault 1990a：90-91）。他这样写道：

> 在我看来，权力首先必须被理解为(1)多重的力量关系，它们内在于自身的运作领域，而这一领域又构成了它们的组织形态；权力必须被理解为(2)通过永不停息的斗争与对抗而不断改变、增强、颠覆这些力量关系的过程；权力还必须被理解为(3)使这些力量关系形成链条或体系的相互支持，或者反过来，被理解为使这些力量关系彼此孤立的分裂与矛盾；最后，权力必须被理解为(4)上述力量关系借以产生作用的战略，这些战略的总体设计或制度结晶在国家机构、法律制定以及形形色色的社会领导权中得到了体现。

（Foucault 1990a：92-93，数字序号系我所加）

在这段话中，存在着大量需要仔细斟酌的问题。括号内的数字表明了福柯的初始性定义中的四个主要方面。我们拥有一系列"力量关系"，拥有使这些关系得以转变的过程，拥有由这些力量关系的相互作用所形成的体系或分裂，同时还拥有来源于这些关系、过程与体系的，具有总体性和制度性特征的更大规模的战略（或"终极形式"）。他从微观层面入手，关注地方性的力量关系，而非宏观层面的领导权与国家,后者只有在作为地方性关系的功能时才能得到充分理解。换言之,福柯以个体的行为与交互作用(即诸如成绩单或穿着打扮的选择这类"地方性关系")为出发点,试图发现更大规模的模式和最终的国家规范或制度是如何从中发展起来的。

因此,权力首先必须在微观层面上被理解为力量关系。就这一点,福柯确切无疑地表示:"在这一力量关系的场域中,我们有必要尝试对权力机制加以分析。"(Foucault 1990a:97)然而,构成权力基础的这些"力量关系"究竟是什么呢?福柯在该术语和物理学之间作出了明确的类比,例如,他在很多场合都提到了"权力的微观物理学"(micro-physics of power)(Foucault 1979:26;1990a:16)。[1] 在这种研究权力的方法中,力量关系就像是未经定义或未被预先给定的基本单元。在非常宽泛的意义上,力量关系包含了社会交往中推动、驱策或强迫人们做某事的所有因素。

20　我们可以用这一类比来帮助理解作为权力基本单元的力量关系概念。在牛顿的物理学中,力被界定为质量乘以加速度。因此,力也就是使物体发生运动的程度;更大的物体(具有更大的质量)需要借助更大的力而开始移动;更大的力也必将使物体移动得更快(获取更高的加速度)。此处的重点是,"力"是任何用来使物体移动的东西,不管其起点或来源何在。力可以由重力、磁力或其他方式引起。因此,力的运行可以在独立于任何作为其"创造者"而存在的特定施行者(agent)或物体的状态下得到描述。与之相似,福柯在依据力量关系来讨论权力关系时,也并未涉及起源或施行者。这表明福柯并不想暗示,个体无法在权力关系中扮演施行者

---

1　我们必须注意,不要就物理学作过多的类比。例如,我并不认为福柯的意思是对于社会关系的分析应当被简化为力量关系的方程式。然而,鉴于这种谨慎,我们又可以意识到上述类比所具有的特定内涵。

的角色,相反,尤其是出于方法论层面的理由,他要使我们的注意力集中于力量关系本身,而不是施行者或参与者。对这些力量关系的特征加以更细致的考察,可以使上述观点变得更加清晰。

回想一下,福柯最初的主张是,"权力首先必须被理解为多重的力量关系,它们内在于自身的运作领域,而这一领域又构成了它们的组织形态"(Foucault 1990a:92)。因而,这些力量关系的特征可以被描述为如下三点:

首先,多重性意味着我们将发现诸多各不相同的力量关系,它们在我们的社会互动中彼此交叉和重叠。更重要的是,这种多重性暗示这些力量关系并不是都具有相同的特征或性质:存在的将会是各式各样的力量关系,它们可能具有不同的具体特征或影响。再次以物理学的类比为例,我们可以说,诸如重力和磁力这样的不同力量关系将存在于相同场域中,其中的某些力量将强于另一些,某些力量在特定情况下更强,在其他情况下则并非如此。为了让上述观点变得更具体,回忆(或想象)你是一个高中生,考虑一下你每天穿什么去上学。你极有可能考虑到诸多各不相同的看法——或者说是力量关系:我最好的朋友会怎么说?如果看到我这样穿的话,某个特别的人会不会认为我看起来"酷"或者"怪"?(事实上,构成"酷"或"怪"的因素是通过彼此交叠的多重关系而定义的。)穿成这样会被归到哪个"群体"("流行"组合、运动员、脑力劳动者、朋克族、滑板青年,等等)之中?这样穿时尚吗?我的父母和老师会怎么想?穿成这样符合学校的正式着装规定吗?所有这些问题或其中的大多数问题都很可能影响到你的选择——无论你是想取悦或惹恼这些群体中的哪一个——而它们则代表了决定你如何穿衣打扮的迥然不同,然而又相互交织的关系。

那么,这些关系以怎样的方式存在呢?上面这段描述所勾勒的第二个特征,是力量关系"内在于自身的运作领域"。这些关系是"内在的",意味着它们仅仅存在于某一特定的领域或话语之中。换言之,它们不像身体那样是具体的,而是无实体,类似于物理定律。尽管如此,它们依然是真实的存在——同时,就像法律那样,它们的存在能够以非常具体的方式被感知。物理学的类比在此同样适用。当物质实体相互作用时,它们将重力、磁力等关系施加于彼此。相似地,社会互动也不断被这些力量关系和权力关系渗透。因此,福柯将力量关系描述为一个"基座"(substrate):"正是力量关系的不断运动的基座通过它们的不平等关系而不断制造权力状态,但这种权力状态始终是局部的和不稳定的。"(Foucault 1990a:93)在1976年法兰西学院的讲座中,他注意到,"权力从来都是某种可以且必须被研究的关系,其研究只能着眼于这种关系中诸方面的交互作用。"(Foucault 2006a:168)[1]这意味着权力关系并非外在于,而是"内在于"其他的关系类型(经济、知识、性)(Foucault 1990a:94)。因此,"权力并非一种制度[或]一个结构",也不是一种个人能力,而是对社会力量的复杂配置(Foucault 1990a:93)。除去明确的着装规范,我们在上文就如何穿衣所提出的问题中,没有一个可以从制度层面得到回答,但它们都对我们在学校里的地位产生了意味深长的影响。而我们都非常清楚地意识到了这些问题,至少在潜意识层面如此。因此,你对如何穿衣的选择也就揭示了"特定社会[你的学校]中复杂的战略处境[即你希望以怎样的方式被不同群体所看待]"。这样,你的自我展示便已经被权力关系塑造。这就带来了一个重要的推论:权力之所以无所不在(正如上文讨论的那样),"是因为它在每一时刻,在一切地点,或在不同地点的相互关系中,都可以产生。权力无处不在,不

---

1  在这篇文章中,福柯考察了亨利·德·布兰维利耶(Henri de Boulainvilliers)对18世纪法国史的研究。但事实上,他在此的重点是要对自己的方法论加以阐述。

是因为它囊括了一切,而是因为它来自各处。"(Foucault 1990a:
93)权力甚至塑造了我们在每一天如何穿衣打扮的选择。

因此,存在着多重的力量关系,它们内在于社会互动。这段初始性描述中的第三个特征,是这些力量关系"构成了它们的组织形态"。一面,这些力量关系"是产生于(其他类型的关系的)分化、不平等和不平衡的直接结果"(Foucault 1990a:94)。但另一方面,

> 如果事实上[力量关系]是可理解的,这并不是因为它们
> 是另一事件所引发的后果,该事件可对其加以"解释",而是因
> 为它们彻头彻尾地被规划所渗透:如果没有一系列目标和任
> 务的话,权力的运作也将不复存在。

22

(Foucault 1990a:94-95)

每个学校都有自己的社团或小圈子,其中存在着不平等,偶尔也会有结盟的情况。福柯将这些规划、目标和任务称作"策略"与"战略",它们构成了权力关系的内部组织。

另一些命题也从对权力的核心理解中得以浮现。福柯从五个方面加以描述。第一,因为权力从关系与交互作用中产生,所以,权力不是被占有的,而是被运用的。"它并非由统治者所获取或维系的'特权',而是其战略位置的总体效果。"(Foucault 1990a:26)这就关系到两种相互竞争的权力模式:其中一种以契约(占有)为基础,另一种则以永不停息的战斗(战略或斗争)为基础。正如他在《规训与惩罚》中指出的那样,他对权力的分析"所预设的是,施加于肉体的权力不应被构想为一种所有权,而应被视为一种战略……它的模式应当是永恒的战斗,而非进行某种交易的契约或是对一块领土的征服"(Foucault 1979:26)。第二,再次强调内在性问题,权力关系并非外在于其他关系。

第三,"权力来自下层;即是说,权力关系的根源和普遍基础并

非统治者与被统治者之间总体性的二元对立。"(Foucault 1990a：94)因此,权力无法被简化为某种二元关系(我们不能将形形色色的权力简化为一个模式);除此之外,权力是自下而上的(如前所述,存在着多重的权力关系;权力产生于种种相互交叠、彼此缠绕的关系,而非产生于某个至高无上的个体)。

权力来自下层,意味着我们最好不要通过观察处于一切控制链顶端的君主或国家来理解权力。相反,我们有必要考察相互交织的关系所形成的复杂网络:这也就是福柯所谓的权力的"微观物理学"(Foucault 1979：26)。权力首先在具体的、局部的、个体性的选择、行为与交互作用中得到发展。它们以无数种方式组合在一起,构成了更大规模的社会模式,并最终产生了人们在思考权力时通常会想到的宏观形式(社会、国家、国王)——这就像日常生活中的物品都是由原子和分子组成一般。这样,我们也便具有了个体的微观层面(身体的规训技术)与人口的宏观层面(生命政治)。

五个命题之四来源于福柯对权力的如下构想,即"权力关系既是意向性的,又是非主体性的"(Foucault 1990a：94)。这样的语词
23 并置既坦率,又令人费解,而上述论断也造成了对福柯分析的相当数量的误解。权力首先是意向性的:权力关系"彻头彻尾地被规划渗透:如果没有一系列目标和任务的话,权力的运作也将不复存在"(Foucault 1990a：95)。你的服饰传达出很多关于你和你在学校里的地位的信息——更不用说你的更广泛的社会经济地位(不是所有人都买得起名牌服装)——而你也会有意识地通过穿着打扮来传递若干信息。福柯将这些目标和任务称作"策略"(tactics)与"战略"(strategies),同时注意到,它们构成了自身的"合理性"。不过,他坚称,权力也是非主体性的:"但这并不意味着,它是主体个人选择或决断的结果。"(Foucault 1990a：95)他进一步指出,权力也无法存在于诸如经济决策者、管理阶层或国家机构这样的团

体之中。没有一个学生,或社会阶层,或政府官员,能控制什么可以成为"酷"或者"衰"。事实上,今天还很"酷"的事物到明天可能就变得很"逊",而一个非主流群体的声望也能够得到提升(反之亦然)。

此处的问题是一个明显的悖论,即按照福柯的描述,权力必须由某人或某事来运用,但倘若它是非主体性的,那么便不会有"某个人"来运用这种权力。福柯似乎抹去了具有能动性的个体出于主观意愿而选择与行动的能力,更确切地说,他似乎将这种行动能力置于某种无形的"权力",而不是个体与机构之中。这就好像是"权力"而非你自己,决定了你今天的衣着打扮。我认为,上述问题能够通过两方面的考察而得以解决。首先,福柯的部分观点是,权力运作的效果超越了任何个体(或群体)的意图或控制。正如我们看到的那样,福柯反对将国家视为一个庞大整体的观点,他所坚持的是微观事件及其扩散与互动所具有的重要性,并试图达成对宏观现象的理解。这意味着地方性的行为时常能造成意料之外的宏观性后果,而人们对宏观进程的控制始终是有限的和不完整的。宏观现象来源于诸多微观事件的相互关联,但它们并非任何特定个体的行动与选择的直接结果。于是,这便是一个系统层面的论证,而非对权力关系的个体层面的理解。福柯对策略与战略的区分跟这种微观/宏观的差异类似。策略是地方性的、微观的(如个人对今天该穿什么的选择);战略则是宏观的、系统化的(如学校或特定文化范围内对"酷"与"不酷"所作出的理解)。

第二步的考察集中于逻辑层面。认为主体通过权力关系而(部分地)得以建构,并非否认主体可以有意识地行动。你依然可以选择每天穿什么,即使这些选择是有条件的,并受制于你在其中自我发现的"战略处境"。鉴于上述问题,主体性的地位将成为福柯后期研究的焦点所在。这是一个至关重要的问题,因为伦理行

24

为的一个根本问题关涉到个体作出决定的能力,这些决定不"仅仅"取决于它们从中产生的权力关系——换言之,这是一个关于自由的问题。

在读者对福柯分析的不同回应中,这个问题或许占据了核心位置。那些将他的论断理解为"个体由否定自由的权力关系所建构"的人发现,他所勾勒的远景是惨淡凄凉的。另一方面,我们在他的分析中发现了增进自我意识,并由此增进我们的自由的工具,因而也在他关于权力通过历史而不断转变的讨论中感受到了希望的萌发。(理解了"酷"是如何被界定的,以及某个群体怎样才能比别的群体更"酷",人们便可以——也许甚至是通过自己对服饰的选择——开始摆脱,甚至重新界定这些范畴或群体。)至少从后一种观点看,如果说,事实上最好将权力关系理解为一场在所难免、永无休止的战争,那么,这场战争永远也不会彻底失败。

事实上,在他所讨论的第五个命题中,福柯似乎预见了这种异议,以及这种对自由的忧虑。权力总是伴随着抵抗;抵抗事实上是权力根本的结构性特征:"哪里有权力,哪里就有抵抗,然而,或者说因此,抵抗从来就不是外在于权力的。"(Foucault 1990a:95)倘若没有抵抗,没有两个躯体(或精神)的相互作用或牵制,权力关系便不会存在。正是通过抵抗,权力关系才总是能够被改变。

命题五概括了此前的四个命题。权力是在力量与抵抗的交互作用下被运用的(命题一);这种交互作用出现于所有的社会互动中(命题二);即使在个体之间的微观互动中,力量与抵抗同样得到了显现,一如在国与国之间(命题三);同时,尽管每个人都可以选择使用力量或展开抵抗,这种关系的最终结果却无法被某一方所控制(权力同时是意向性与非主体性的——命题四)。

对于抵抗在构成权力时所发挥的作用,福柯的立场是一以贯之的。例如，在 1984 年的访谈中，福柯重申："在权力关系中，必然存在着抵抗的可能性，因为如果没有抵抗的可能性——没有暴力抗争、逃逸、施展诡计，以及用战术扭转局面的可能性的话，权力关系也便无处可寻。"（Foucault 1994：12）他补充道："除非主体是自由的，否则便不会有权力关系……如果说权力关系遍及一切社会领域，这是因为自由无处不在。"（Foucault 1994：12）

让我们暂停片刻，回想一下我们在这场讨论中所处的位置。我们用一大段引文开始了本部分的论述，在这段引文中，福柯确认了权力的四个主要方面。[1] 到目前为止，我们的讨论只是集中于对第一个方面的解析，即权力包含着多重的力量关系。（我们已就此讨论了大量相关问题。实际上，我们已暗中涉及了权力的其余三个方面。）

福柯在此指明的第二个方面是，这些力量关系并非静态的，而是过程性的，它们被不断地转变。这些转变表现为初始性力量和与之相伴的抵抗之间无休止的斗争与对抗，它们在某些时候增强了权力关系，但在某些时候又削弱或颠覆了权力关系。由于不同权力关系彼此强化或抵消，这些过程同样也制造了大量的关系或系统（第三方面）。至此，福柯说明了策略与战略之间的区分：策略是权力在特定状况下的局部的合理化；与之相对，战略则是更大规模的，系统化或总体化的权力模式。同时（第四方面），这些战略以地方性策略的组合与关联为基础而得以建立。

> 权力的合理性以策略为标志，这些策略在其运作的有限层面上往往非常清晰……这些策略相互联结，彼此促发与推广，但也在别处发现了它们的支持基础和产生条件，并最终形

---

1 本书第 21 页。

成了总体性的系统。

(Foucault 1990a：95)

这些总体性系统,或者说战略,在地方性、流动性权力关系的互动与组合中形成了"制度结晶"(institutional crystallizations),并成为同国家及他所列举的其他类型相似的可辨识的终极形式。

　　至此,福柯的分析从微观转向了宏观,从分子转向了日常生活,从(1)具体的、个人性的力量关系出发,通过(2)它们的转换过程,以及(3)它们的交互作用所产生的网络或系统,而转向了(4)这些力量关系在国家、法律和其他领导权(如生产资料所有制)中更大规模的、战略性的显现。在福柯此处指明的最终形式中,我们应当认清他在早期所批评的,三种片面而不充分的分析传统(自由主义、精神分析、马克思主义)。尽管每一种战略或许都是单维的,但作为总体的权力网络则是多维的,并无法被简化为"司法-话语式的"模式或其他单一的战略模式。福柯的观点是,尽管这些分析传统可能已经对某些特定战略(或终极形式)作出了充分描述,但每一种方法都无法把握权力在分子层面的基本形态或运作状况。然而,福柯再次提醒我们,权力分析不能从这些最终形式开始,而应当开始于"通过力量关系的不平等而不断制造权力状态的不断运动的基座"(Foucault 1990a：93)。通过权力的地方性和边缘性效应而对其加以观察,为权力研究的开展提供了一个新的视角,因而也需要有一种新的方法论路径,即我们刚才所勾勒的权力理论。

## 一项仍在不断进行的规划

　　回顾一下,我们已经在《认知的意志》的核心部分花费了大量篇幅。我们所讨论的内容仅仅提供了一个基本的框架,即一系列构成福柯权力理论核心的理论预设。在这一理论中,还有一些重要内容尚未被我们讨论,而福柯权力分析中的许多方面在未来十年中还将继续得到发展,这就如福柯持续不断的自我批判一般。然而,在福柯理论的后续发展与完善中,这一基本框架是始终如一的。

# 规训权力

⊙ 马塞洛·霍夫曼

米歇尔·福柯的《规训与惩罚》出版于 1975 年,书中包含了他对规训权力最负盛名、最细致入微的阐述。然而,如果就福柯此前和此后的分析加以总括式考察,便可发现,这一概念产生于不同研究阶段的交叠,并服务于各种各样的目标。大约从 1973 年到 1976 年,在针对惩罚、精神病理学、犯罪学和种族冲突的分析中,福柯试图在与君主权力的对比中对规训权力加以说明。大约从 1976 年到 1979 年,他以规训权力为出发点,对关注人口的,换言之,关注生命政治(biopolitics)、安全与治理术的权力模式加以描画。最后,在 1980 年代早期,在福柯对古希腊、古罗马和早期基督教的主体性问题加以分析时,规训权力更多充当了一个隐而不显的背景。这一概念所产生的长期影响,使它在理解福柯思想轨迹的过程中具有毋庸置疑、至关重要的意义。

借助福柯在《规训与惩罚》中的重要论述,以及在 1973—1974 学年的法兰西学院讲稿《精神病理学的权力》中对规训权力的综合考量,我将对规训权力加以总体性阐述。随后,我还将以弗雷德里克·温斯洛·泰勒出版于 1911 年的《科学管理原理》(下文简称《原理》)为例,对这种权力的运作加以具体说明。泰勒的《原理》对美国和欧洲的实业家,以及列宁与安东尼奥·葛兰西,产生了影

响,同时也将通过两种方式丰富我们对规训权力的理解。第一,
《原理》核心部分对科学管理的论述,所反映的是一套成熟而完备
的规训程序。事实上,在《原理》一书的字里行间,都充溢着泰勒彻
头彻尾的规训渴望。第二,通过论证同运用科学管理息息相关的
规训实践所遭到的深刻质疑,泰勒的《原理》强调了规训权力的运
作所具有的局限性。因此,尽管泰勒试图使规训权力超越工厂范
围,从而扩展至包括家政、农业、商业、宗教、慈善事业、大学教育和
政府组织在内的"一切社会活动",但是,他依然对这种权力形式进
行了去自然化处理(F. W. Taylor 1967:8)。

## 被征服的个体

规训权力观所关注的是个体。正如福柯在论及这种权力在他
心目中的理想运作时所注意到的那样,"我们从未与一大群人、与
一个团体打交道,我们甚至也从未向诸众诉说真相:我们只是曾经
与个体打过交道"。(Foucault 2006a:75,强调系笔者所加)然而,
相对于政治理论将个体视为以建构主权/君权(sovereignty)为目标
的给定物(托马斯·霍布斯关于社会契约的论述便是一个引人瞩
目的例证),福柯开始向人们展示,个体首先是一种规训权力的建
构。个体是这种权力形式的效果,而不是它所施加影响的原材料。
福柯写道:"规训'造就'个体;这是一种把个体既视为操练对象,又
视为操练工具的特殊权力技术。"(Foucault 1979:170)如前所述,
我们因此也可以说,规训权力将个体制造为它的对象、目标和
工具。

规训权力通过以身体为目标来产生这样的结果。看上去,以
身体为目标或许并不非常特别,尤其是考虑到福柯总括式的论断:
"一切权力的本质在于,其运用中的核心问题在根本上始终是身

体。"(Foucault 2006a：14,强调系笔者所加)同时,考虑到福柯曾提出,牧师权力(pastoral power)[1]将身体当作关照的对象(Foucault 2007：126-128),甚至君主权力也将其目光投向作为暴力或荣耀对象的身体(Foucault 2006a：44-45),以身体为目标就更显得不那么离奇了。然而,规训权力与其他权力模式的区别在于,它致力于对身体活动加以细致入微、全面彻底、持续不断的控制,以便将它们建构为效用与驯顺之间非常特殊的关系(效用的增长与驯顺性的增长相适应,反之亦然)的承载者。用福柯的话说,规训权力力图使身体"在变得更有用时也变得更顺从,或者因更顺从而变得更有用"(Foucault 1979：138)。这样的增长需要提升身体的技能与能力,同时,又不允许这些技能和能力成为对规训权力的抵抗来源。 29 因此,这种权力形式试图解决由于其对身体的持续投入所引发的抵抗问题。规训权力不仅生产个体,同时也生产个体性,即使得某一个体与众不同的各种特质的混合物(Arendt 1985：454),并借此控制身体以达成上述效果。这种个体性包含了单元性、有机性、创生性和组合性特征。现在,让我们对这些特征的产生加以概述。

福柯坚称,规训权力通过安排个体的空间秩序而创造了一种单元的个体性。他将这种安排称作"分配的艺术"(the art of distributions)。单元的个体性有赖于个体与其他人的相互区分。在这种个体性的生产中,分配的艺术首先利用高墙或大门,将某一空间与其他所有空间相隔离,就像在工厂和兵营中那样(Foucault 1979：141-143)。它将这一空间分隔为若干独立的单元,以便消除

---

1 所谓牧师权力,不同于强调总体性和压制性的国家权力,主要指一种着眼于个体,以连续性和持久性的方式来引导民众,并塑造其精神与人格的权力形态。在福柯看来,随着近代社会的到来,牧师权力逐渐与国家权力合流,其执行者也不再是神学意义上的牧师,而是涵盖了警察、医生、教师、法官、慈善家等形形色色的社会成员。——译注

诸如开小差或流浪这类有违效用目标的集体行为。分配的艺术还根据特定功能来对空间加以编码,从而使其变得尽可能有用(Foucault 1979:143-145)。作为这种编码的一个例证,福柯谈到了位于茹伊的奥伯凯姆普夫工厂的印花织物生产。工厂中的车间按照"印花工、清理工、上色工、描图女工、雕刻工、染工"的不同工作而加以区分(Foucault 1979:145)。每个工人在整个生产流程中都占用了由他或她的特定功能所界定的空间。最后,分配的艺术通过将等级单位归诸个体而创造了一种单元的个体性。作为等级的一个例证,福柯讨论了根据学生的年龄、成绩与举止行为,而对他们在教室中的座次加以安排的情况(Foucault 1979:146-147)。

在这个封闭的空间中,规训权力通过控制身体活动来制造一种有机的个体性。这种个体性之所以是"有机的",是因为它本身就好像是自然而然地适宜于规训实践(Foucault 1979:155-156)。要通过控制身体活动来实现有机的个体性,首先应依靠一种由时间表的使用所带来的时间分割。通过以分和秒来划分各类活动,这种时间分割避免了偷懒的情况(Foucault 1979:150-151)。对活动的控制还将身体运动分解为越来越多的动作,并以时间要求来标记这些动作。福柯提到了对士兵在行军时迈步的时间与长度所作出的规定,以此来阐明这种在时间层面上对动作的精细规划(Foucault 1979:151-152)。对活动的控制还暗示出全身位置与身体姿势之间的某种关联。在这一点上,福柯谈到了作为书写美观条件的学生的笔直姿态,以及他们的肘部、下颌、双手、两腿、手指和腹部所应当保持的正确位置(Foucault 1979:151-152)。更进一步,对活动的控制还将身体的姿势与身体的使用对象联系起来,这就像是一名士兵用多种姿势来操控一把来复枪的枪管、枪柄、扳机、槽沟、模线、枪栓和击火铜帽(Foucault 1979:153)。最后,对活动的控制不仅防止了游手好闲,还通过对时间的彻底使用造就了一种有机的个体性。

随着身体活动受到控制,规训权力使身体服从于某种指向最理想结果的持续的进步要求,从而建构了一种创生的个体性形式。福柯称这种要求为"创生的筹划"(organization of geneses)。以军队为例,他提出,朝向某一目标的持续进步通过如下方式生产出有机的个体性:第一,将时间划分为各不相同的片断,如实践阶段与训练阶段的区分;第二,将这些片断组织为一个由最简单因素(如军事演练中手指的位置)开始的规划;第三,以考核的形式来结束这些时间片断;以及,最后,生产出一个按照每个人的等级而对其加以操练的序列(Foucault 1979:157-159)。

最后,规训权力确立了一种与其他身体相关联的组合的个体性形式,其目的在于获取较这些身体活动的总和而言更高的效率(Foucault 1979:167)。福柯将这样的过程命名为"力量的编排"(the composition of forces)。这种编排通过如下方式来产生组合的个体性:首先,将个人的身体视为与其他人,乃至所有人的身体相联系的可变因素;其次,从时间层面对这些身体加以协调,从而最大限度地发挥它们的力量,同时,将它们与其他身体相结合,以达成最理想的效果;以及,最后,制定可以由信号直接传递,因而也无须赘述,更不必解释的各种命令(Foucault 1979:164-167)。

现在,我们已经了解了规训权力的运作方式与生产内容。规训权力通过分配个体、控制活动、筹划创生和编排力量来发挥作用,而这些功能又分别跟单元性、有机性、创生性和组合性个体的生产相对应。然而,冒着区分得太过琐细的风险,福柯在其分析中更深入地探讨了规训权力如何展开并持续下去。他将这种权力的成功归因于几种基本的技术手段:层级监视(hierarchiacal observation)、规范化裁决(normalizing judgment)和审查(examination)。

如果说在分配的艺术中,建筑扮演了将各色人等组织为单元

31

性个体的角色,那么,在层级监视中,建筑使个体变得明晰可见,从而达成了构造个体行为的总体效果。正如福柯所写的那样,在使个体变得可见的过程中,建筑"有助于对居住者产生作用,有助于控制他们的行为,有助于对他们恰当地发挥权力的影响,有助于了解并改变他们"(Foucault 1979:172)。尽管如此,他依然暗示,在任何理想的模式之外,仅仅依靠建筑不足以使可见性保持不变。只有当一种层级网络在占据特定建筑空间的人群中得以实现时,这种可见性才能够始终如一。福柯提供了关于这些网络的诸多例证。虽然我们在此不会对它们详加论述(我们有机会评判其在泰勒《原理》中的具体表现),但简要提及一个颇富深意的例证仍将给人以启发。福柯暗示,在 19 世纪早期的精神病院中,执行监督的不仅有医生,同时还包括报告患者情况的管理者,以及一面装作受病人差遣,一面收集病人的信息并将其汇报给医生的仆役(Foucault 2006a:4-6)。上述例证清晰展现了自上而下的目光交流及其显而易见的"层级化"特征。然而,福柯敏锐地提醒我们,目光可能以某种更广泛的方式运作,以至于对监督者自身产生影响。

> 虽然监督要依赖个体来实现,但它是一种自上而下的关系网络的作用。这一网络在某种程度上也是自下而上的与横向的。这一网络"控制"整体,完全覆盖整体,并从监督者与不断被监督者之间获得权力效应。

> (Foucault 1979:176-177)[1]

这种由全方位的警惕目光所形成的密集网络,无疑使规训权力显得无处不在,但这种网络的运作机制又极度简单,因而也使规训权力显得非常不易察觉(Foucault 1979:177)。

---

[1]　中译参考米歇尔·福柯,《规训与惩罚:监狱的诞生》,刘北成等译,北京:生活·读书·新知三联书店,1999 年,第 200 页。——译注

然而,在规训的世界中,通过注视身体而产生特定效果是不够的。人们必须同样能够对身体加以裁决。因而,这种权力模式也就取决于针对其持续运作所展开的规范化裁决。福柯指出,这样的裁决方式包含着某些特征,因而看上去与刑事法庭上的裁决截然不同。这些特征被归结为如下几种惩罚方式:第一,即使是对正确行为的微小偏离也将受到惩罚;第二,经过一段时间的观察,如果没有按照规则行事,就会受到惩罚;第三,操练作为一种矫正性的惩罚而得到专门使用;第四,赏罚并举,使主体根据表现的好坏被纳入等级序列;以及,最后,等级被理解为在等级序列中所占据的位置,进而被应用为一种惩罚或奖励的形式(Foucault 1979:177-183)。对于福柯而言,最终得以彰显的是规范(norm)这一概念。规训权力根据规范实施其裁决。然而,福柯对"规范"的理解显然不同于严格意义上的法律概念。他将规范描述为某种行为标准,这种标准可以将不同行为方式估量为"正常"或"不正常"。按照他的说法,"规范导致了对各种个体差异的遮蔽,这既是实用的要求,也是度量的结果"。因此,规范将"正常"形象确立为"不正常"形象的"强制原则"(principle of coercion)(Foucault 1979:184)。

审查将层级监视与规范化裁决的技术结合为"一种规范化的目光",从而进一步支持规训权力的运作(Foucault 1979:184)。就像福柯用一句极为简明的断语所表示的那样,这种目光"显示了被视为客体对象的人的被征服和被征服者的对象化"(Foucault 1979:184-185)。换言之,审查将规训权力的运作与规训知识的形成联系起来。它以多种方式来实现这一目标。首先,审查通过监视使主体对象化,从而推进了规训权力的运作。正如福柯指出的那样,"规训权力主要通过整理编排对象来显示自己的权势。审查可以说是这种对象化的仪式。"(Foucault 1979:187)在这一点上,他谈到了路易十四的第一次军事检阅,并将其视为一种生产对象化主

32

体的审查形式。这次检阅使 18000 名士兵服从于一个指挥其演练的、几乎不可见的君主的目光(Foucault 1979：188)。其次,审查通过一种卷帙浩繁的文牍书写形式来建构个体性,医疗记录和学业记录便为此提供了例证。这种书写使人们可以将个体描述为对象,进而追踪他们的发展或不足,并通过对更大规模人口中的现象加以比较来实现监管(Foucault 1979：189-191)。最后,通过审查而积累的文档将个体塑造为一个案例(case),这一案例根据与规训权力的所有“度量”、“差距”和“标记”特征相关联的状况而得以定义(Foucault 1979：192)。

从历史的视域出发,福柯概述了这样两个社会的转换,在前一个社会(16 世纪之前)中,规训权力在宗教团体的范围内发挥了微弱但具有批判性和创新性的作用;而在后一个社会(开始于 18 世纪)中,规训权力在不计其数的机构中扮演了至关重要的角色。按照这样的表述,规训权力最初凭借以宗教为基础的“支撑点”(Foucault 2006a：66)而得以传播。例如,青年教育受到了共同生活兄弟会所信奉的禁欲主义理想的启发,其关注焦点在于教育的循序渐进,隔离的原则,服从指挥,以及军事化的组织;巴拉圭的瓜拉尼共和国的耶稣会士施行殖民化,强调充分利用时间,持续不断的监督,以及家庭的单元化建构;以及,最后,在宗教制度的管理下,对边缘性人群加以制约。从上述无足轻重的位置出发,规训权力开始在不被任何宗教支持的情况下覆盖更多的社会领域,它于 17 世纪末期在军队出现,并于 18 世纪在工人阶级中崭露头角(Foucault 2006a：66-71)。

福柯认为,规训权力在社会表层的强势扩散反映了一系列更深刻的转变。首先,规训权力开始作为一种建构有用个体的技术而发挥作用,它不再仅仅是防止开小差、懒散、偷窃和其他问题的手段。其次,规训机制开始超越制度范围而产生横向效应。在这一点上,福柯谈到了一个极具吸引力的例证,即学校利用从学生那里收集到的信息来监督其父母的行为。最后,规训权力通过组织起一个关注错综复杂的个体行为的警察机构,来对作为整体的社会产生影响(Foucault 1979:210-216)。

这些转变与经济、司法、科学领域中的广泛历史进程紧密关联。规训权力基于如下背景而得以普及,即在 18 世纪,出现了使人口的猛增与生产设备的急速发展相协调的问题(Foucault 1979:218-220)。规训权力试图提供一种治理人口增长,并使其变得有用的方法,从而对上述问题加以解决。规训权力的普及还对司法体系产生了影响,它引入了不对称性,从而破坏了形成于 18 世纪的平等主义司法框架。正如福柯所说明的那样,规训权力在个体之间建立了一种不同于契约义务的强制关系,同时以分等级的,而非普遍性的方式对个体加以定义。在适合规训权力运作的时间与空间中,这种不对称性的作用有效地中止了法律(Foucault 1979:222-223)。最后,规训权力的普及意味着,在 18 世纪,权力与知识的关系变得更加紧密,达到了相互交织、密不可分的程度。个体的对象化成了它们的征服手段,而个体的被征服则成了它们对象化的手段(Foucault 1979:224)。通过心理学和精神病学的传播,审查在"考试、面谈、讯问和会诊"中得以体现,并在规训机构中再现了权力与知识相互建构的关系(Foucault 1979:226-227)。

在杰里米·边沁出版于 1791 年的关于典范监狱形态的建筑学方案《全景敞视监狱》(*Panopticon*)中,福柯发现了规训权力的运作得以普及的"公理"(Foucault 2006a:41)。福柯谈到,边沁将全景敞视监狱描述为一座环形建筑,这座建筑的内部由一圈小囚室组成,每个囚室都包含着向内的铁格栅门和向外的窗口,同时,在建筑的中心地带还矗立着一座多层塔楼,里面有带百叶窗和隔板的宽大窗户。基于众多理由,福柯将这种建筑理解为规训权力的完

34

美表现。第一,由于每个小囚室都被设计为一次只能关押一名犯人,这座建筑也就在其外围产生了个体化效果。第二,塔楼上的活动百叶窗和隔板隐藏了任何实际身处其中的人,从而确保了中心的匿名性。第三,中央塔楼上的灯光和穿过囚室窗口的自然光保证了囚室中犯人的可见性。最后,这种可见性有助于对犯人的情况加以持续不断的记录,并最终有助于形成一种关于他们的管理知识(Foucault 2006a:75-78)。

上述特征使全景敞视监狱成为一架征服与自我征服的宏伟机器。通过使犯人们意识到自身的持续可见性,全景敞视监狱迫使他们依照其权力机制来组织自己的行为(Foucault 1979:201)。在这个理想化的过程中,明显缺少了对暴力或炫耀武力的依赖。很显然,由空间安排与光照所促成的可见性游戏,足以使犯人成为全景敞视监狱所包含的权力机制的中转站。

尽管边沁将全景敞视监狱构想为解决贫困这一棘手问题的理想监狱形态(Polanyi 2001:111-113),福柯仍不厌其烦地提醒我们,边沁认为它适用于监狱之外的形形色色的背景。正如福柯对边沁的解释,"凡是与一群人打交道,又要给每个人规定一项任务或一种特殊的行为方式时,就可以使用全景敞视模式。"(Foucault 1979:205)此外,为避免我们认为全景敞视监狱仅仅是边沁想象的产物,福柯指出,"在1830年代,全景敞视监狱成为大多数监狱设计方案的建筑学纲领"(Foucault 1979:249),同时,监狱之外的众多机构也出于各种目标而采纳了全景敞视监狱的建筑风格。作为这种采纳的一个例证,福柯详细描述了19世纪早期精神病院中建筑的所有全景敞视特征,以此说明精神病院中的全景敞式建筑为何被认为是治疗疯癫的良方(Foucault 2006a:102-107)。这种对全景敞式建筑风格的跨机构接纳加剧了规训权力的扩散。

基于上文阐述过的所有理由,即规训权力从一个机构向另一个机构传播,同时,通过多种方式转变为一种更加高效、更具普遍性的权力模式,并以全景敞视建筑特征的扩散而宣告完成,福柯认识到,我们有理由以稍显夸张的方式谈论一个"规训社会"(disciplinary society)的来临。然而,他并非不加限定地使用这一表述。福柯显然希望我们从"规训社会"中获得一种对社会的理解,其中,规训权力已如此普遍,以至于能够同其他权力模式进行互动,并对其加以改变,而非简单地将其他权力模式抹去(Foucault 1979:216)。这种复杂的表述恰恰来自规训权力运作的未完成性,甚至在"规训社会"的背景下,这种未完成性也同样存在。当我们转向泰勒的《原理》时,这种未完成性将表现得格外明显。

## 作为一项规训方案的泰勒的《原理》

由泰勒在《原理》中提出的科学管理(scientific management),其核心在于剥夺工人规划和管理自身工作的权力,同时把这些权力直接交到管理者手中,试图以此来提高工人的工作效率。科学管理在提高效率这一总体目标上显然是规训的。然而,在《原理》的大部分篇章中,泰勒参照来自诸多工业活动的具体案例来阐明科学管理的高效与优越性,正是在这些案例隐微难察的繁复细节中,他对一种规训视角的推崇变得颇为耐人寻味。让我们来看一看他最切中肯綮的几个例证。

泰勒的第一个例证来自他本人的经验,他试图将伯利恒钢铁公司的生铁搬运量从每个工人每天12.5吨提升至每个工人每天47吨。泰勒写到,他所追求的是在工人中实现这种将近4倍的增长,同时又不会激起他们的抵抗。用他的话说,"我们进一步的任务是使工人不至于因活计过重而发生罢工。"(F. W. Taylor 1967:43)在此,泰勒所应对的是效用最大化和个人身体的驯顺这两个规训

36

中的问题。他继续解释到,在着手解决这一问题时,他首先从伯利恒钢铁公司的 75 名工人中挑选出 4 名有能力每天搬运 47 顿生铁的工人。这种选择是基于大量规训实践的展开而作出的,泰勒在如下段落中对此进行了描述:

> 在这种新的管理模式下和工人打交道,作为一条硬性规定,一次只能与一个人谈话和交流。这是因为每个工人都有各自的特长和局限性,同时,也因为我们并不是和工人的集体打交道,而是试图使每个人都达到最高的效率与成就。因此,我们工作的第一步是要找到一个合适的工人。为此,我们用了三四天时间仔细观察和研究了这 75 个人,从中挑选出 4 个,他们的体力看上去都可以每天搬运 47 吨生铁。此后,我们又仔细研究了这 4 个人中的每一个。我们查询了他们尽可能远的历史,详细打听了他们中每个人的性格、习惯和抱负。最后,我们从 4 个人中选出了一个,作为我们对之开始研究的最恰当人选。

> (F. W. Taylor 1967:43)[1]

在这段话中,最明显的规训效果是个体化。泰勒告诉了我们以个体,而非集体的方式对待工人的重要性,从而使我们联想到福柯对某种"单元的"个体性建构的讨论。然而,他进一步指出,选择过程中所追求的个体化效果取决于对工人群体的观察,而这一观察,以及从中获得的知识,促成了有关最强壮工人的判断。最后,泰勒告诉我们,他是在对 4 名最强壮工人的身份加以调查的基础上,从中挑选出伯利恒钢铁公司中最强壮的工人。个体化、观察,以及基于由观察而来的知识的可管理身份的建构,都集中于泰勒

37

---

1  中译参考 F. W. 泰罗,《科学管理原理》,胡隆昶等译,北京:中国社会科学出版社,1984 年,第173-174 页。——译注

对选择每天能搬运 47 吨生铁的合适工人的说明。

这名被叫作施密特的工人是"一个身材矮小的宾夕法尼亚荷兰人"(F. W. Taylor 1967：43)。泰勒解释到,他的团队之所以选择施密特作为尝试增加生铁搬运量的第一个工人,是因为经过调查发现,施密特非常在意自己的收入。基于对施密特的了解,泰勒的团队找到了他,首先用每天的工资为 1.85 美元而不是标准的 1.15 美元这一金钱刺激来吸引他,接着告诉他,工资的增加将以严格的服从为先决条件(F. W. Taylor 1967：44-45)。泰勒谈到,施密特被刻意告知如下内容:

> 好,如果你是一个值钱的人,你就要完全按照这个人的吩咐,从早到晚地去干活。当他叫你拣起一块生铁并走动时,你就拣起来走你的,当他叫你坐下来休息时,你就坐下。你一天就这么干。还有,不许你回嘴。一个很值钱的人就是,让他怎么干,他就怎么干,不回嘴。你明白这道理吗?当这个人叫你走动时,你就走动,当他叫你坐下时,你就坐下,你不许回嘴。
>
> (F. W. Taylor 1967：45-46) [1]

正如在前一段引文中那样,从这段同施密特的"粗鲁对话"(F. W. Taylor 1967：46)中,某些规训实践引起了我们的注意。其中一种是对于身体运动的彻底控制。管理施密特的人不仅指挥他如何工作,同时也会指挥他何时及如何休息,以便更有效率地工作。此外,这个人会坚持让施密特在绝不"回嘴"的情况下遵循其命令,从而再次阐明了效用增长与顺从增长之间的规训关系。在这个案例中,我们进一步联想到福柯的论点,即在规训权力的运作中,命令不需要以解释为前提。它们只需要"引发必要的行为,便已足够"

---

1　中译参考 F. W. 泰罗,《科学管理原理》,胡隆昶等译,北京:中国社会科学出版社,1984 年,第 175 页。——译注

（Foucault 1979：166）。

从泰勒的叙述中，我们了解到，施密特接受了上一段引文所列出的条件，并在前面提到的伯利恒钢铁公司的那位工头的精心控制下，成功地每天搬运了 47 吨生铁。据推测，施密特本可以运用他的纯熟技术来搬运大量生铁，以此从伯利恒钢铁公司的管理层获取优厚报酬。然而，泰勒补充到，由于有一个工头的持续监督，施密特"在笔者于伯利恒的三年中，总是照这样的进度干活，并总是照安排给他的任务去完成"（F. W. Taylor 1967：47）。因此，他使我们明显感受到，科学管理的运用成功地使施密特成为一个驯顺而有用的个体。

另一个揭示科学管理的规训特征的例证，来自泰勒就增加伯利恒钢铁公司中铲掘工的操作量所作出的说明。不同于此前的个案，在这个例证中，泰勒透露了用以确定铲掘工达到最大日操作量的适当负荷量的过程。按照他的解释，通过对几个头等铲掘工的实验与观察，可发现适当的负荷量是每铲 21 磅（F. W. Taylor 1967：65）。基于上述认识，伯利恒钢铁公司建立了一种复杂的指令与记录程序。泰勒回顾了这一程序对个体化的关注，他强调指出，这样的关注通过一种书写体系而得以体现，这种书写体系不仅详细记录了每个工人在某一天应做什么、应怎么做，同时，也记录了在假定每铲的负荷量为 21 磅的前提下，他的工作是否足以在过去的一天挣到 1.85 美元。这种书写体系采用某种标准——同每天 1.85 美元等值的工作，或每铲 21 磅——来区分合格与不合格的工人，作为标志，前一类人会收到白色的纸片，而后一类人则收到黄色纸片。在泰勒看来，这种区分的结果是一目了然的。收到黄色纸片的工人面临两种选择，要么努力工作以符合标准，并最终使自身规范化，要么被降职去从事一种与他们相对较低的生产水准相适应的工作。在泰勒对分发不同纸片的结果的讨论中，我们可以看到一个关于规范化裁决的异常清晰、生动的例证。

从伯利恒钢铁公司的个体化指令与记录的经验中,泰勒得到了如下经验教训:

> 如果这个工人完不成任务,就应当派某个称职的老师去仔细地教导他,确切地告诉他这活计该怎么干才能最出色,开导、帮助和鼓励他,同时还要研究他当一个好工人的可能性。因此,在使每个工人个体化的规划下,不是由于他一次失职就蛮横地将他开除,或降低他的工资,而是给他所需要的时间和帮助,使他对现有的活计熟练起来,如果有更适合于他智力或体力的活计,也可以更换他的工种。
>
> (F. W. Taylor 1967: 69-70) [1]

上述处理方案很明显是规训的,因为它倾向于以个别的方式对不合格的工人加以训练,而不是简单地将他们开除。在这一案例中,训练还有助于对工人的能力进行细致审查,从而获取关于他们的更丰富信息。

泰勒认为,支撑这种处理方案的关键是一套复杂的组织制度,就像在伯利恒钢铁公司中那样,这套组织制度包含了规划工作细节,并准备指令卡片和管理信息记录的管理者与办事员;包含了与工人密切合作,确保其完成指令卡片所规定任务的教师;同时也包含了为这些任务的完成准备标准化工具的工具管理者(F. W. Taylor 1967: 69-70)。这样的组织制度恰如其分地阐明了促使层级监视生效的"目光的网络"。

在泰勒对科学管理的阐述中,充斥着这类关于规训权力的案例。然而,通过证明与科学管理的应用相关联的规训实践还未站

---

1　中译参考 F. W. 泰罗,《科学管理原理》,胡隆昶等译,北京:中国社会科学出版社,1984 年,第 189 页。——译注

稳脚跟,且受到了相当大的争议(冒着太过直白的风险,值得记住的是,倘若这些规训实践已经落地生根,泰勒也就没有必要写作这本《原理》),泰勒依然对这种权力模式进行了去自然化处理。事实上,泰勒正是基于疑心重重的雇主,以及一大群即使不是公然敌对,但依然难以约束的工人,而描绘了自己对科学管理的劳动过程的构想。相较于效用最大化的规训要求,在泰勒的叙述中,我们发现了工人威胁罢工、恐吓管理者和毁坏机器的情况。泰勒敏锐地意识到了在劳动过程的间隙引发冲突的可能性。出于这一理由,他警告潜在的从业者切勿草率运用其科学管理原理,并坚称,这些原理只有经过长时期的习惯化才能得到成功的应用(F. W. Taylor 1967:128-135)。因此,我们可以用福柯的话说,在泰勒的理论中,回响着不那么遥远的"战争的嘶吼"(Foucault 1979:308)。这暗示,使规训权力的运作得以维系,并尽可能在个人的身体中显得自然而然的,只不过是一系列深受争议的实践行为。

# 生命权力

⊙ 克洛伊·泰勒

法国哲学家米歇尔·福柯或许作为一位权力理论家最为人熟知。福柯分析了几种不同的权力类型,包括君主权力、规训权力和作为本章主题的生命权力(biopower)。在接下来的内容中,我将首先概述福柯对生命权力的构想。这一概述将区分生命权力跟君主权力、规训权力,识别并探讨生命权力的显著特征,同时提供一些例证来阐明这些特征。本章最后一部分展现了一个生命权力在现当代西方社会中具体发生的延伸性例证。

## 生与死的权力:从君主权力到生命权力

在《性史(第一卷):导论》(1990a)和1975—1976年的法兰西学院讲稿《必须保卫社会》(2003)中,福柯将生命权力描述为一种操持人类生命的权力。在这两部作品中,福柯追溯了从古典的司法或君主权力向规训权力与生命权力这两种典型的现代权力形式的转向,并将其理解为从死亡的权利(a right of death)向掌管生命的权力(a power over life)的转变:"在经典的君权理论中,生与死的权利是其根本特性之一……君主的权利,就是使人死(take life)或让人活(let live)的权力。然后,新建立起来的权利是使人活

（make live）和让人死（let die）的权利。"（Foucault 2003：240-241）君主权力是一种"扣除"的权力。它是一种不仅能夺走生命,同时也能夺走财产、服务、劳动和商品的权利。它对生命的唯一权力是攫取生命、终结生命、使生命枯竭或奴役生命;它对无法攫取之物则不予干涉。对于生命而言,君主权力所拥有的仅仅是缩减的权利,而非调节或控制的权利。正如福柯所写的那样,

> 君主只有在行使或保留生杀大权时才会运用他对生命的权利;他只有通过有能力让人死才能证明自己掌管生命的权力。实际上,被说成是"生杀大权"的权利是使人死或让人活的权利。总之,它的象征物是利剑。
>
> （Foucault 1990a：136,强调系笔者所加）

17世纪的君权理论家托马斯·霍布斯阐明了福柯的观点,他这样写道:

> 我们可以看到,世界上没有一个国家能订立足够的法规来规定人们的一切言论和行为,这种事情是不可能办到的;这样就必然会得出一个结论:在法律未加规定的一切行为中,人们可以自由地按照自己的理性去做对自己最有利的事情。
>
> （Hobbes 1986：264）[1]

霍布斯特别指出,对于君主而言,试图控制主体存在的身体维度是滑稽可笑的,因而,与君主订立的契约不可能涉及关于主体生命的这些方面。霍布斯认为,就"人身自由"（corporall Liberty）而言,每个国家的主体都是自由的:"因为如果自由的本义指的是人身自由,也就是不受锁链束缚和监禁的自由;人们显然已经享有了

---

[1]  中译参考霍布斯,《利维坦》,黎思复、黎廷弼译,北京:商务印书馆,1985年,第164页。——译注

这种自由,他们现在还像这样喧嚷,要求这种自由就是非常荒谬的。"(Hobbes 1986：264)[1] 霍布斯认为,主体自由包含了那些尚未与君主订立契约的生命的方方面面。对于霍布斯而言,把生命中的某些世俗方面(如人身自由与私人生活)想象为这些契约的主题,将会是荒诞不经的。霍布斯根本无法想象,它们能成为君主或国家,或可以在这一层面上发挥作用的权力机制所关注的对象。他这样阐述道:

> "因此,臣民的自由只有在主权者未对其行为加以规定的事物中才存在,如买卖或其他契约行为的自由,选择自己的住所、饮食、生业,以及按自己认为适宜的方式教育子女的自由等都是。"霍布斯补充道,"法律没有一个人或一群人掌握武力使之见诸实行……也就失去了力量。"

（Hobbes 1986：264）[2]

同时,他认为,诸如居住、饮食和照管子女这一类的问题,始终都无法保证武力的运用和法律的行使。因此,就像福柯一样,在霍布斯看来,君主权力是一种与主体日常生活无涉的杀戮的司法权力,它的象征物是利剑或死亡的威胁。在那些无法动用武力或法律力量的领域,人们是摆脱或逃离权力的。特别是,霍布斯认为,我们的身体是自由的,或者说,我们拥有"人身自由",除非君主真的让我们戴上了枷锁。

相较于"使人死或让人活"的君主权力,生命权力则是"让人活或不让人死"的权力(Foucault 1990a：138,强调系笔者所加)。福柯这样写道:

---

1　中译参考霍布斯,《利维坦》,黎思复、黎廷弼译,北京:商务印书馆,1985 年,第164-165 页。——译注
2　同上,第165 页。——译注

> 权力不再仅仅与法律主体相关,其中死亡是对后者的终
> 极支配;权力关涉到纷纭多样的生命,它对这些生命所施行的
> 控制必须被运用到生命本身的层面上:这就是对生命的管理,
> 它不是以死亡相威胁,而是使权力甚至能直接抵达身体。
>
> (Foucault 1990a:142-143)

霍布斯相信,生命中关涉到身体的方面,如居住(住所)、欲望(我们想要购买和消费的东西)、身体的护理(饮食),以及儿童的照管和教育,它们都不在君主关注的范围内,因而也是自由的。然而,在福柯看来,这些方面成了生命权力机制中某些特殊的节点,并表现了一种被霍布斯认为是"不可能发生之事"的权力的转变。[1] 生命权力之所以能抵达身体,是因为它通过规范而非法律来发挥作用,是因为它被主体内化,而不是依靠暴力的行动或威胁来自上而下地行使,同时,也是因为它弥散于整个社会之中,而非植根于单独的个体或政府机构。霍布斯描述的君主权力只能够攫取生命或展开杀戮,福柯则记录了"一次权力机制的非常深刻的变化",其中"扣除"(deduction)被这样一种权力所取代,它"致力于煽动、强化、控制、监督、优化、组织它手中的各种力量:它是一种旨在生产各种力量,促使它们生长,理顺它们的秩序,而不是蓄意阻碍它们、征服它们或摧毁它们的权力"(Foucault 1990a:136)。

44  生命权力的两个层面:规训与调节控制

在 1977—1978 年的法兰西学院讲稿《安全、领土与人口》中,

---

1　福柯关于生命权力与规训如何支配身体护理的研究,见 Bartky 1988;关于规训权力如何支配饮食的研究,见 Bordo 2003 和 Heyes 2006;福柯关于生命权力如何支配居住的选择与机会,以及孩童的抚养与教育的研究,见 Feder 1996,2007。

福柯以诸如"不偷窃"或"不谋杀"之类的禁令为例,试图用一种简单的方式来阐明君主权力、规训和生命权力之间的区别(Foucault 2007)。在君主权力(直到霍布斯写作时,这种权力还占据主导地位)的统摄下,个体一旦违反这些关于偷窃与谋杀的禁令,便会面临法律的制裁,并仅仅基于其罪行而接受惩罚;例如,他可能会被处决、流放或罚款。在出现于 18 世纪的规训权力之下,罪犯依然会面临法律制裁或受到惩罚,但重要的不再仅仅是他的罪行本身。毋宁说,权力在此时至少会对窃贼或杀人犯的性情产生兴趣。它想要了解的是个体犯罪的情境,无论这种情境是物质上的,还是心理上的。这些信息将被予以高度重视,其目的在于对再次犯罪的可能性加以预判或干预。为了预测并控制累犯的可能性,需要让罪犯接受心理审查、监督和康复训练,而这些在君主权力中都是不为人知的。出于上述理由,惩罚不太可能结束罪犯的生命,而更倾向于借助监狱、精神治疗、假释与缓刑等策略来控制他们的生活。最后,在出现于 18 世纪晚期的生命权力之下,全体人口中盗窃与谋杀的发生次数成了权力的焦点与目标。至此,使权力产生兴趣的,是犯罪率是否上升或下降(其中,对特定罪行的人口统计学归类占据了主导地位),以及如何以最优的方式对犯罪率加以控制或调节。尽管生命权力运用了许多与规训权力相同的策略,但目前的焦点是人口,而非个体。

如果说,福柯在某些时候将规训权力与生命权力描述为两种截然不同的(尽管有交叉和重叠)权力形态[1],那么,在另一些时候,他又将规训包含在生命权力之中,或是将规训描述为生命权力在其中发挥作用的两个层面之一。生命权力是一种驾驭生物或生

---

1　在《安全、领土与人口》的第二次和第三次讲座中,福柯比较了规训机制与指向人口层面的安全措施,在第一次讲座开始时,他将后者称为"似乎有点虚无缥缈的生命权力"(Foucault 2007:1)。

命的权力,而生命可以在个体与群体的基础上得以控制。在一个层面上,诸如学校、工厂、监狱、精神病院这样的规训机构所针对的是偏离规范的个人身体;而在另一个层面上,国家所关注的是把握并支配作为一个整体的人口的规范,进而理解并调控"有关出生率、寿命、公众健康、居住条件、移民的问题"(Foucault 1990a:140)。规训权力主要通过各种机构发挥作用,生命权力则主要通过国家而得以运作,但国家同样也涉及很多机构,比如说监狱。在《性史(第一卷):导论》中,福柯这样对生命权力加以书写:

> 这一掌管生命的权力发展为两种基本形式;然而,这两种形式又并非彼此对立;相反,它们构成了权力发展的两极,并由诸多中介性的关系相互联结起来。其中似乎是率先形成的一极聚焦于作为机器的身体,如对身体的训诫,对身体能力的提升,对身体中各种力量的榨取,身体的有用性和驯顺性的平行增长,身体被整合进效率与经济的控制系统中,所有这些都得到了具有规训特征的权力程序的保证:这就是**一种人体的解剖政治**。第二极是在较晚的时期形成的,它所聚焦的是物种的肉体,以及渗透着生命力学,并作为生命过程的基础而存在的身体,如繁衍、出生和死亡、健康水平、寿命和长寿,以及一切能够使这些要素发生变化的条件。它们的监管是通过一整套的介入机制和调整控制——**一种人口的生命政治**——来实现的。
>
> (Foucault 1990a:139,强调系笔者所加)

因而,规训之所以能够被视为生命权力,在于它以个人的身体为对象,而生命权力的另一个层面则以物种的肉体为对象。福柯把这两个层面描述为"生命权力机制得以展开的两极"(Foucault 1990a:139)。这两个权力层面必然是相互交织的,因为身体构成了人口,而人口又是由个人的身体所构成。在《必须保卫社会》中,

福柯坚称,人口的生命政治

> 并没有排斥规训的技术,而是与它相配合,把它整合进来,在一定程度上改变它,同时,最重要的是,通过渗透它,将自身嵌入现存的规训技术,而对其加以利用。这种新技术并未简单地取消规训技术,因为它存在于不同的层面,具备不同的规模,同时,也因为它拥有不同的有效范围,并使用极不相同的工具。

> (Foucault 2003: 242)

理解上述引文的一种方式,是将规训称作"微观技术"(micro-technology),而将生命政治称作同一种生命权力的"宏观技术"(macro-technology)。表 3.1 展现了生命权力中这两个不同层面的区别。

表 3.1　生命权力的两个层面

| 类型 | 对象 | 目标 | 机构 | 策略 |
|---|---|---|---|---|
| 调节控制的权力(生命政治) | 人口、物种、种族 | 知识/权力和对人口的控制 | 国家 | 人口学家、社会学家、经济学家的研究和实践;对出生率、寿命、公众健康、人居、移民的干预 |
| 规训权力(解剖政治) | 个体、身体 | 知识/权力和对身体的征服 | 学校、军队、监狱、精神病院、医院、工厂 | 犯罪学家、心理学家、精神病学家、教育学家的研究和实践;学徒制、考查、教育、培训 |

## 管理生命:从人口普查到性

生命权力对生命加以管理,而不是以夺取生命相威胁。为了管理生命,对于国家而言,获取关于生育率、出生率、移民状况、居住方式和死亡率等人口因素的预测与统计学评价,便显得至关重要(Foucault 1990a: 25)。出于上述理由,在生命权力的历程中,一个重要的时刻是现代人口普查的发展。虽然在古罗马、中国、巴勒斯坦、巴比伦、波斯和埃及,关于户主、财产和可服兵役的人头数的详细资料都被记录在案,但这些资料在整个中世纪几乎都不为人知(征服者威廉的《末日审判书》[1]是一个例外)。同时,不同于现代人口普查,上述调查并未试图收集关于整个人口的信息,而只是针对特定类型的个体,即那些可以被征税、被征召或被强制劳动的人们。只有到17世纪末期,对全体人口加以统计的观念才被引入西方国家,并在随后的几个世纪中变得越来越详细。很快,人口普查便获得了关于出生日期和地点,以及婚姻状况和职业的数据。现代国家认识到,有必要了解其人口的特征、结构与趋势,以便对这些人口加以管理,或是对无法控制的情况加以补偿。

47  生命政治所思考的一个主题是人口的年龄,该主题"与一系列经济和政治问题紧密关联"(Foucault 2003: 243)。国家所关注的是关于"人口力量的削弱、工作时间的缩短、能源的损耗和金钱的消费[……]"(Foucault 2003: 244)的人口统计学预测。例如,我们常常听说"婴儿潮"一代的老龄化,此时,空前规模的人口从劳动大军中退休,并需要昂贵的老年医疗护理。作为结果,无论是劳动力还是医疗资源的"流失"都将被预测,并需要得到补偿,同时,为了应对这种情况,需要建立退休制度和老年保健体系,并配备工作人员。

---

1　其正式名称为"土地赋税调查书",即英国国王威廉一世下令进行的全国土地情况调查的资料汇编。——译注

生命政治研究与干预的另一个领域，是新生儿的健康和生存，例如，通过由政府发起母乳喂养宣传活动来对该领域加以管理（见Kukla 2005：chs 2、5）。国家同样也可能关注婴儿的出生状况，以及他们出身的群体。例如，加拿大的法语省魁北克对保持法语在其疆域内的生命力有着浓厚的兴趣，因而也尤为重视对其中法语人口的数量加以提升。由于人口普查显示，相较于讲英语的加拿大人、"法语盲"和外来移民，讲法语的加拿大人的子女更少，该省采取了鼓励性政策来弥补这一缺失，如推动来自法语系国家的移民（通过经济上的刺激）和推动总体移民（通过廉价的日托服务所产生的吸引力），并要求非法语家庭的孩子去上法语学校。

正如福柯在《性史》中所写的那样，

> 性就处于人口这一政治与经济问题的中心……至关重要的是，国家对于公民的性生活及其使用方式了如指掌……在国家和个体之间，性成为一个问题，而且是一个公共性的问题。

（Foucault 1990a：26）

长久以来，非生殖的性行为都被认为是有罪的，自18世纪以来，它们被视为一种对社会的威胁。在规训层面上，参与非生殖性行为的个体，以及无意通过性活动来繁衍后代的女性，在医学上作为性变态、性冷淡和性功能障碍者而接受治疗。在生命政治层面，非生殖性行为和对生殖性行为的拒绝，成了需要被管理的问题。我们有必要了解，占多大比例的人口参与了特定的性行为或使用避孕用具，从而对这种行为加以干预或补充。在社会的某些领域，国家关注的是促进生育，因而向为人父母者提供奖励。在其他的人口中，国家关注的则是遏制和防止生育。尤其是某些群体，如未婚女性、穷人、罪犯，以及精神或身体不健康者或残障人士，被认为（在

48

某些情况下依然被认为)不适合生育或抚养孩子。[1]

　　正如上述案例所展示的那样,由于性既涉及个体对自己身体的使用,同时也涉及人口的增长与健康,因此,它在生命权力的两个层面都非常重要。正如福柯所指出的那样,"性恰好存在于身体与人口的交汇点。因此,它不仅是一个规训问题,同时也是一个调节控制的问题。"(Foucault 2003:251-252)

　　　　性同时是进入身体生命和物种生命的通道。它作为规训的标准和调节控制的原则而得以运用。这就是为什么在 19 世纪对性的探究能抵达个体存在的最微小细节……但我们同样也发现,它还成为政治运作、经济干预(通过刺激或抑制生育),以及提高道德或责任标准的意识形态宣传的主题:它被视为社会力量的指标,同时显示出社会的政治能量与生命活力。在这一性技术的两极之间,依次分布着一系列根据不同比例把身体规训的目标和人口调控的目标结合起来的不同策略。

　　　　　　　　　　　　　　　　　　　　(Foucault 1990a:146)

因此,福柯认为,性实际上是一个特殊的场所,是现代权力形式运作的一种产物,而远非我们从某种陈旧的、抑制性的权力中新近解放出来的(或依然在努力解放的)东西。

## 生命政治时代的死亡

　　福柯认为,相较于性,死亡现已从公众的视野中消失,变得私密而隐蔽。虽然君主权力掌握着执行死刑的权利,但生命权力的

---

1　关于生命政治在美国对这些人群的出生率加以干预的延伸性讨论,见 McWhorter 2009。

目标是培养和管理生命,死亡也因而成了一种"丑闻"。在君主权力之下,死亡作为从一个主权向下一个主权转换的时刻而被仪式化。死亡是君主权力的终极表达,当这种权力需要得到确认时,死亡也就成为一种公共景观。相较之下,在生命权力中,死亡是我们逃离权力的时刻(Foucault 2003:248)。福柯记录了生命政治时代"对死亡的贬低",同时,他也观察到,"死亡的伟大公共仪式化逐渐走向消失"(Foucault 2003:247)。基于上述理由,自杀在君主权力下是非法的,被认为窃取了国王"使人死"的权力,而在今天,自杀则成为一个医疗问题,成为一个可耻的秘密和一个令人困惑的威胁。在《我,皮耶尔·里维埃……》(1982b)和《赫尔克林·巴宾》(1980a)这些作品中,作为一种对生命—规训权力的逃离,自杀被福柯描述为一种颠覆性的抵抗行为。

从君主的生杀大权,到生命政治对培养生命的兴趣,上述转变的一个表现,是死刑在现代时期备受争议,并被新发明的惩罚方式取代,在这些新的惩罚方式中,最著名的是监狱。尽管大多数西方民主国家在 1970 年代才废除死刑,但死刑的实施早已颇为罕见。虽然在美国这样的地方,死刑目前依然是合法的,并经常得以施行,但它同样因落后与过时而广遭诟病。[1] 在较早的时期,处死谋杀犯或盗贼,被理解为对破坏君主的法律,并损害其权威的行为加以惩罚。犯罪被设想为某种对君主的个人冒犯,而非对犯罪的个体受害者,或对整个人口的安全加以攻击。惩罚是君主的还击,是他对权力的再度确认。相较之下,按照当前的观点,惩罚是"向社会偿还债务",而死刑在被许可时,则是以安全的名义来证明其合理性。被判处死刑的罪犯必须被视为对全体人口的威胁,而非对

---

1 贝多(Bedau),《反对死刑的案例》(The Case Against the Death Penalty):www.skepticfiles.org/aclu/case_aga.htm(2010 年 8 月访问)。

统治者权力的威胁。出于这个原因,在今天的美国,连环杀手会被处死,而总统的政治对手则不会遭此境遇。

除去死刑之外,在生命权力中几乎不存在对死亡的直接控制。正如福柯所指出的那样,我们现在有权力在人们应当死的时候让他们活着,有权力决定何时"让他们去死",或是在他们从生物学角度已经死亡后管理其生命(Foucault 2003:248-249)。因而,我们可以选择通过让一个人死而停止管理其生命,或是选择不去促成某些生命的开始,但这又不同于君主的生杀大权。尽管一个人可以被允许死亡,或被拒绝走向生命的终点,尽管国家对患病率作出过调查,但你能够相当肯定的是,你的死亡不会被国家索取,你的生命将会被管理,而不会被夺走。这便是为何死亡在今天被私人化——按照福柯的说法,即"外在于权力关系"(Foucault 2003:248)。虽然我们宣称,性是沉寂的与被压抑的,但福柯在整部《性史》中都雄辩式地宣称,事实并非如此,实际上,我们对性的谈论要远远超过别的话题;另一方面,死亡在今天则是名副其实的禁忌。

福柯认为,这种"对死亡的贬低"的讽刺意味体现在,战争比过去任何时候都要血腥,但却打着生命的幌子而获得了合理性。他这样写道:

> 然而,没有什么比 19 世纪以来的战争更加血腥了,比较起来,在此之前的政体从未对自己的人民实施过类似的大屠杀。但是这一令人毛骨悚然的死亡权力……现在却成了一种积极影响生命,并努力管理、提升、丰富生命的权力的对应物……战争不再以必须被捍卫的君主之名发动;它的发起是为了确保每一个人的生存;以生存的必要性为旗号,全体人口被动员起来,以展开大规模的屠杀:大屠杀变得关乎生死。
>
> (Foucault 1990a:137)

对犹太人的大屠杀,连同对吉普赛人的灭绝,以及对精神病患者和发育不健全者所施行的"安乐死",在纳粹的统治下被证明是"种族净化",是必要的或有益于日耳曼人繁荣的。纳粹的政治宣传将犹太人描绘为泛滥成灾的老鼠,他们对日耳曼人的福祉构成了威胁,同时,还将对精神病患者和残障人士的医疗护理描述为对日耳曼人资源的消耗,这些资源应当更好地为那些适宜生存者所用。事实上,尽管在现代时期出现了"对死亡的贬低",但福柯依然认为,在生命权力之下,将发生较之君主权力而言更多的种族灭绝,这是因为,生命权力想要管理的是全体人口的健康。当这种管理同种族主义相结合时,便成为对某一族群的种族纯洁性的关注。在《必须保卫社会》中,福柯提出,生命权力几乎必然是种族主义的,因为从广义上解释,种族主义是赋予国家杀戮权力的一个"不可或缺的前提条件"(Foucault 2003:256)。[1] 在这样的前提条件下,将全体人口中的某些群体斩草除根,被认为是一种管理和保护民众的合理方式。福柯这样写道:"倘若种族灭绝的确是现代权力的梦想,这不是因为古老的杀戮权力在当下的复归,而是因为权力是在生命、物种、种族和大规模人口现象的层面上定位与运作的。"(Foucault 1990a:137)

我们可以以近期由美国主导的入侵伊拉克的战争为例来阐明,现代的生命政治国家如何以生命的名义为大屠杀辩护,又如何为实现这一目标而同时生产并利用了种族主义。为入侵伊拉克所作的最初辩护,是宣称伊拉克拥有大规模杀伤性武器,同时还与基地组织狼狈为奸。布什与布莱尔政府表示,伊拉克将利用其大规模杀伤性武器攻击美国及其盟友,就像"9·11"恐怖袭击所做的那

51

---

1　福柯在这次讲座中提到了"仇视不正常者的种族主义"(racism against the abnormal),因而,他在提出这些主张时并未局限于基于肤色的种族主义。

样。在美国的这一时期,反穆斯林和反阿拉伯的种族主义比比皆是,并被充分运用于有关入侵伊拉克的论争。这样,伊拉克被描述为一种对美国人的生存或西方人的生活方式的种族化威胁,而入侵这个国家将被认为是保护西方民主国家中生命的必不可少的条件。在并未发现大规模杀伤性武器,也并未发现伊拉克与基地组织有过往来的情况下,布什与布莱尔政府改变了策略,强调萨达姆·侯赛因对他的人民所犯下的屠戮与残杀的罪行。这很像是妇女和女童在阿富汗所遭受的压迫,被用来证明对这个国家加以军事侵略的合理性。随着时间的推移,这些战争被重新塑造为慈善的使命,与其说它们是为了保护西方世界的生命,不如说是为了拯救无辜的东方生命。虽然批评人士指出,所谓拯救伊拉克人生命和解放被压迫妇女的愿望都是一些借口,但重要的是,目前我们需要诸如此类的借口来证明战争的正当性。我们不再出于荣耀、利益或征服的公开目标,或是为了捍卫君主的荣誉而进行军事入侵。古罗马人为了占领土地、奴役百姓、攫取资源这些公开目标而入侵他国,而在今天,我们必须将大屠杀粉饰为人道主义的工作,哪怕它们造成了成千上万平民的死亡,将数百万人变成了难民,并堂而皇之地夺取了油田。

## 社会达尔文主义与优生学

在19世纪,欧洲和北美洲人都在努力应对不断加速的城市化所带来的影响,其中就包括贫民窟的稳步增长。在这些贫民窟中,居住着乞丐、妓女、小偷等下层阶级,他们中的很多人都是不健康的,同时,在中产阶级看来,他们也是懒惰而道德败坏的。在这部分人口中,犯罪、疾病、精神病、酗酒、滥交和卖淫的比率居高不下,此外,这部分人口在自我繁衍的速度上还超过了中产阶级。这导致中产阶级越发担心自己最终会被这些社会的"渣滓"取代。在西方国家中,中产阶级开始怀疑,他们的种族正在退化,这既是因为他们的繁衍不够迅速,同时也因为下层阶级的繁衍速度太过迅猛。当针对整个 19 世纪士兵身高、体重和健康情况的研究暗示了"某种种族体质的逐渐衰退"(Childs 2001:1)时,上述恐惧在英国变得愈发深重。欧洲人对非西方国家的探索,也使他们直面被自己视作"劣等"的种族。由于这些种族的祖先和欧洲人的一样,都是亚当和夏娃,故而,他们被认为是随着时间而退化的,从最初的高贵状态堕落至此(Childs 2001:1)。因此,"在全国范围内出现种族衰退"的可能性得以提出,而这样一种焦虑也与日俱增,即倘若无法对生育模式加以控制,欧洲人将会堕落到这些"劣等种族"的水准。

　　作为对这种恐惧的回应,优生学(eugenics)于 19 世纪晚期的英国,在统计学家弗朗西斯·高尔顿的作品中诞生,并于 20 世纪上半叶在整个西方世界达到其发展巅峰。高尔顿采纳其表兄查尔斯·达尔文的自然选择理论,并宣称,人类社会通过福利规划、慈善事业和医疗卫生而保护了病人、穷人和弱者,从而对自然选择或"适者生存"(survival of the fittest)造成了阻碍。他从希腊词根 eu(优良或适宜)和 genes(出生)中创造了"优生学"一词,并将这门科学描述为"对人类控制下能够改善或削弱后代种族质量的所有动因加以研究"(Black 2004:18)。社会达尔文主义者(Social Darwinists)认为,如果福利制度被直接取消,"适者生存"的人类将自然而然地出现:即使穷人仍将拥有比中产阶级更多的子女,但因为贫困和缺乏医疗护理,他们在数量上的优势也将被更高的死亡率抵消。作为一位社会达尔文主义者,赫伯特·斯宾塞这样解释道:

　　　　似乎很难接受某种笨拙……导致手工艺者的饥饿。似乎很难接受一位因患病而丧失能力的劳动者……被迫承受随之

52

而来的贫困。似乎很难接受寡妇和孤儿在生与死的边缘挣扎。然而,当他们不再被分别对待,而是与全人类的利益联系在一起时,这些残酷的灾祸将被认为是充满了恩泽。

(Childs 2001:2-3)

因而,斯宾塞暗示,应当允许自然按自身的规律运行,从而将弱者从社会中清除。斯宾塞拒斥这样的观点,即改善贫困者的生存环境,便能够降低他们患精神病、被感染、酗酒、滥交和犯罪的比率。环境改造的倡导者倡议改善城市贫民的教育和医疗卫生,因而也主张按照不同情况行使生命政治干预(在对社会中制造混乱者或违反常规者的生命进行规训式介入的层面上展开)。社会达尔文主义者反对上述方法,认为它们有助于维持那些更应当死去的社会群体的生命,从而只会使问题变得愈发严峻。

斯宾塞的方法是使穷人和弱者在不被干涉的状态下走向消亡,其他优生学家则提倡采取更积极的策略。这些策略被区分为所谓"消极的"和"积极的"优生学。正如优生学家 F. C. S.希勒所解释的那样,"消极的优生学(negative eugenics)旨在遏止由所谓'人间杂草'(human weeds)的迅速繁衍所导致的人类种群的退化。"(Childs 2001:3)这一策略致力于通过堕胎、强制绝育、剥夺资格(如禁止精神病人婚育)、"安乐死"或种族灭绝(正如纳粹德国的案例)等方式,来阻止那些被视为"堕落"的个体或群体繁衍后代。然而,这种"消极的"策略只能防止进一步的恶化,它们无法使种群得以改善;因此,"积极的优生学"(positive eugenics)同时得到了推广。"积极的优生学"鼓励或要求(如通过经济刺激的方式)"人类菁华"(human flowers)构建更大的家庭。在纳粹德国,"合格的"妇女的流产不被法律所允许,而试图加入劳动大军的中产阶级女性,则因为家庭之外的工作被视为"败坏种族的职业"而倍感沮丧(Childs 2001:7)。

因此,优生学试图对基因库加以改善;然而,"改善"的内涵不可避免地为社会文化所限定,同时也总是被阶级优越论、种族主义和健全主义(abilism)[1]濡染。例如,早期的优生学家所关注的是提升人口的智力,但这种关注往往倾向于推进中产阶级的生育,而相应地阻碍了工人阶级繁衍后代。种族主义优生学家反对异族通婚。在 1924 年的移民法案中,优生学家成功地使来自南欧和东欧的"劣质品"被禁止进入美国。制定于 19 世纪末、20 世纪初的法令禁止精神病患者结婚,并敦促他们在精神病院进行绝育手术。这些法令在 1927 年得到了最高法院的支持,只是到 20 世纪中期才被废止。作为结果,60000 名患精神病的美国人被施以绝育手术,以防止他们将自己的基因传递下去。这尤其成问题,因为所谓的"精神疾病"出了名地不稳定,正如福柯在《疯癫史》(2006b)和《精神病理学的权力》(2006a)中提出的那样,它更倾向于描述社会的习俗与规范,而非真正的医学症状。[2]

社会达尔文主义和优生学可以被描述为"生命政治运动"(biopolitical movements),因为它们涉及通过对出生率和死亡率、心理和身体健康,以及移民情况的干预来管理全体人口的健康与生殖能力的战略,尽管被称为"健康"的东西是极具争议性的,并势必造成从健全主义与阶级优越论,到性别歧视、民族主义与种族主义在内的诸多偏见。第二次世界大战之后,人们倾向于压制如下事实,即德国以外的其他国家也都有着优生学的历史,这样的历史在纳粹德国战败后悄然延续了很长时间(Childs 2001:15)。然而,拉德尔·麦克沃特不仅追溯了优生学在美国的悠久历史,同时也指出,在这个国家,绝大多数在当代无可争议的"亲家庭运动"(pro-

---

1 所谓健全主义,即身体健全者对残障人士的"边缘化"与排斥。——译注
2 举一个例子,直到 1973 年,同性恋一直被收入《精神疾病诊断与统计手册》(*Diagnostic and Statistical Manual of Mental Disorders*,简称 DSM)。

family movement),仅仅是对优生学运动的重塑与延伸(McWhorter 2009)。在有利于家庭的经济、社会与政治激励,定制婴儿,遗传咨询,优先堕胎与创办"天才精子银行"(genius sperm banks)等案例中,科学的优生应用也可以说继续存在。在上述案例中,有很多都需要运用新的科学技术来改善个体婴儿和总体人口的基因,同时防止被认为"不合格的"婴儿的出生。这些生命政治实践进一步强化了一个能力至上的社会所存在的偏见,同时,也借助愈发不受国家限制的方式而延续了优生学的目标。

# 权力/知识

⊙ 埃伦·K.费德

在其理论创作的中期,即"谱系学"阶段,福柯明确提出了"权力/知识"(power/knowledge, pouvoir/savoir)这一复合术语。然而,与此同时,权力/知识这一范畴还通过多种方式统摄了福柯的整个创作,它描述了作为"谱系学"明确焦点的"考古学"作品中所暗含的规划,同时也描述了他在后期的"伦理学"工作中对一种美好生活的内涵所进行的构想。

要理解福柯所说的权力/知识,我们首先有必要进行一个小小的翻译。请注意,当该术语出现于用英文写作的哲学作品时,福柯用法语所说、所写的原文通常紧随其后。在法语中,有不同方式来表达被说英语的人标记为"民间知识"(folk knowledge)或"书本知识"(book knowledge)的各有所异的知识类别。在很多早期的考古学作品中,福柯感兴趣的是探究某种特殊的隐性知识——savoir——怎样渗透到一个历史阶段之中,换言之,被视为"常识"的、对特定时间/地点/人物的理解,怎样塑造了显性的知识——connaissance——它在构成人文科学(包括自然科学[如生物学]或社会科学[如心理学])的各门学科中得以制度化(Foucault 1972:182-183)。

作为一个名词,pouvoir 最常被翻译为"权力",但它也是意为

"能够做某事"(can be able to)的动词的不定形式,同时还是罗曼语中表示"能"(can)的最常见方式。在福柯的作品中,pouvoir 必须从这样的双重意义上加以理解,它不仅是讲英语的人所普遍接受的"权力"(在法语中亦可被翻译为权势[puissance]或力量[force]),同时也是一种潜能、才能或能力。福柯告诉我们,权力必须被理解为一个比权势更复杂的术语;它具有多种表现形式,并能够产生于"任何地方"。福柯敦促我们,不要仅仅以"旧有的"君主形式来思考权力,就好像它是某种可以被个体掌握并运用于其他某个人或某些人的东西。在他看来,权力通过文化与习俗、机构与个体而得以运作。同样,权力的效果也是多重的,不纯粹是消极或积极的,而是如福柯所言,是"生产性的":它们是一些积极而又消极的、流变不定的评价,这些评价可以在历史的进程中出现反转。

"权力/知识"这一复合词也并非完全可译。文学理论家、翻译家佳亚特里·斯皮瓦克颇有帮助地使我们注意到了她的描述,即"savoir 包含在 savoir-faire[在英语中是一种现成的、精湛的'专门知识']之中,pouvoir 由 savoir-vivre[一种对社会生活与习俗的理解]转换而来的朴素的动词性",并暗示,由此看来,

> 你可能会想到诸如此类的事情:如果理解某事物的思路是以既定的方式确立下来的,那么,只有在该事物有可能存在于这些思路之中,并被这些思路所组织的情况下,你才能实现对它的理解。pouvoir-savoir 可以有所作为——只有在你能够理解它的情况下。

(Spivak 1993:34)

此外,福柯借助这一术语向我们指明的知识并没有明确的起源,而是对一种谱系学分析——一种对可能性的历史条件的考察——的阐释,它所描述的是历史进程中的偶然事件,这些偶然事

件带来了被视为真理或知识的特定聚合体。它不是由某些权威机构"居高临下地"颁布的知识,而是在被动语态中得到了更精确的描述:这是一种"被认定为正确"、"被公认为事实"的知识。对于福柯而言,上述知识只有在权力编排的支撑下才能存在,这样的编排同样没有明确的起源,没有个体或团体可以被说成"拥有"它。

有一个案例可对权力/知识在福柯作品中的多个层面加以说明。它也将有助于阐明权力/知识这一概念怎样在学者们通常划分的福柯创作的不同阶段中显现出来:按照福柯后来的说法,在他早期(考古学)的文本中,权力/知识虽未被命名,但已经存在;[1] 在中期(谱系学)的文本中,权力/知识这一概念得到了明确的介绍;而在后期(伦理学)的思考中,被理解为"能力"(capacity)的权力变得更加重要。在接下来的内容中,我将考察性别差异(sexual difference)的观念及其具体施行。虽然福柯对"性态"问题的兴趣已众所周知,但他并没有直接提出性别差异问题。尽管如此,过去几十年,在致力于这一问题的学者和活动家当中,福柯的作品一直都产生了极大的影响,这有力地印证了福柯的分析方法怎样推动我们阐明并深化对一个具有批判性,然而又出人意料地未经充分研究的概念的理解。

## 案例:性别的区分,或男孩终归是男孩

我们将性别的差异视为理所当然。似乎很明显,男人和女人,男孩和女孩,构成了这个世界的芸芸众生。我们可能认识到,在全

_____

1　在福柯的早期作品中,权力/知识得以显现的方式与他在《词与物》(1973)中详尽阐述的知识型(episteme)概念紧密相关。知识型,即在特定历史阶段占主导地位的知识秩序,它解释了事物如何在理解或认知的整个"领域"中联系起来;它还描述了知识在其中得以可能的条件。

球范围内,人们对性别差异的理解有所不同;某些文化对男性和女性的行为有不同的标准。但是,在社会差异的裹挟下,被我们看作一种庸俗的生物或遗传"事实"的性别差异依然存在。常识——即一种无可争议的知识——告诉我们,这种男性和女性的性别区分是真实存在的情况。但是,倘若这种差异太过明显,我们便可能质疑,上述对不同性别的区分为何需要被强制施行。

以四岁的内森为例,他被同班同学取笑,因为他喜欢表现得"像个女孩",他穿的是高跟鞋和裙子,而没有穿得像个小牛仔,他喜欢玩洋娃娃,而不喜欢玩具卡车。或许我们可以说,这个男孩之所以遭受其学龄前同学的嘲笑,是因为他的表现违反了其他孩子的常识。"你不能变成一个小姑娘"(Rekers & Varni 1977:428),别的孩子这样对内森说。

内森的情况在学龄前儿童中并非罕见。但内森的故事又是特别的,因为他的故事在众多相关案例中第一次被公开发表,同时也在 1970 年代早期的美国精神病学中首次得到讨论。"性别认同障碍"(Gender Identity Disorder,简称 GID),在今天仍得到积极的治疗。在关于内森故事的论文中,作者阐述了对内森的诊断如何导致他接受长期的治疗,以帮助他接受,作为一个男孩就应该玩一些"男孩的玩具"。他的父母被教导应观察他,并积极支持他玩适合其性别的玩具,当他玩不合适的玩具时,则应予理会。最后,根据这项案例研究的记录,内森得到了一块手腕计数器,并被告知,当他玩男孩的玩具时,就按下计数器,当他玩女孩的玩具时,则不要按。当他积累了足够的分数时,他将得到一个奖品。

58    通过福柯的理论视角来解读内森的故事,令人惊讶的是,内森的治疗方案同福柯在《规训与惩罚》中所描述的监督的层次与特征,以及全景敞视建筑所组织的不同层级的监督紧密相关。大多数对全景敞视监狱的说明都聚焦于这部机器中的犯人(或疯子、乞丐、学龄儿童),他们被分离开来,并成为中央塔楼上不可见的看守者所代表的匿名目光的清晰对象。全景敞视主义(panopticism)的目标是使权威的目光得以"内在化"。身处其中的人

> 隶属于这个可见的领域……承担起实施权力压制的责任。他在权力关系中同时扮演两个角色,从而把这种权力关系铭刻在自己身上。他成了征服自己的本原。

(Foucault 1979:202-203)[1]

然而,全景敞视主义的诸多启示之一在于,貌似集中于单个人的权力实际上"分布"在整座建筑中,因而,每个人同时是这种权力的"对象"和"主体":犯人一方面"被观察",另一方面又接受训练以观察自己,从而成为自身的监督者。监督者被定义为"观察者",但他同样也是某种目光的对象:他作为观察者的举止行为始终都处于监视之下。全景敞视监狱是福柯所留下的最可贵启示,它动摇了我们对权力及其运作方式的常规理解。

　　福柯的分析向我们指出了权力从意想不到之处得以运作的方式。正如对一系列相关事件的研究所公布的那样,将内森带到由心理学家和研究人员(这些人让他接受治疗)组成的团队之中的原因,并不是内森自己的苦恼——他想要玩女孩玩具的要求,或他所面对的嘲笑——也不是他的父母或老师对他的行为的担忧;相反,其他孩子的嘲笑使老师感到困扰,并提醒了父母,后者最终让内森接受治疗。似乎很明显,孩童之间的互动是他们心理发展中的一个重要维度,但孩童的声音所掌控的权威同样引人瞩目。我们可以推断,父母、老师和医疗团队在其他孩子对内森行为的排斥中发现了某些重要的,甚至是"自然的"内容。或许,将孩童视为性别规

---

1　中译参考米歇尔·福柯,《规训与惩罚:监狱的诞生》,刘北成等译,北京:生活·读书·新知三联书店,1999年,第227页。——译注

范的自然仲裁者,有可能把握"内森事件"中成年人的某些直观感受,但上述观点同样需要对内森四岁的同学们怎样获取这样的权威加以分析。

59 　　在《规训与惩罚》中,福柯比较了规训权力与对权力的通常理解,后者认为,权力是某种能够"作为一个物品而被占有",并能够向其他人炫示的东西(Foucault 1979:177;亦可见 Foucault 1990a:94)。按照福柯的观点,规训权力是权力的一种表现,这种表现与福柯在《知识考古学》中谈到的,使个体在社会生活中扮演特定角色的主体位置的"分配"密切相关(Foucault 1972:95),这些主体位置为权力的运作提供了多种多样的可能。人们仅仅通过为人父母,便可以行使作为父母的权力——这是由社会和法律所保障的权力——这便是一个恰当的例证,而一位机动车辆管理局的官员所行使的权力也同样如此。这并不是说,在福柯看来,处于其中某一个位置的个体"是"有权力的,而是说,这些个体所占据或分有的不同位置为权力运作提供了特定的领域。一旦该个体不再占据某个给定的位置——比如,父母去学校完成其大学学位,并至少在一天中的某些时候行使学生的职责,或机动车辆管理局的工作人员在一天的工作后回到家中——与这一位置相关联的权力就无法得以行使。在《性史(第一卷)》中,福柯这样解释道:"权力不是一种制度,不是一个结构;它也不是我们与生俱来的某种力量;它是人们在特定社会中给予一个复杂的战略处境的名称。"(Foucault 1990a:93)一个在操场上遭到嘲笑,并成为心理学研究案例的小男孩,他的故事阐明了权力关系怎样在孩童、教师和心理健康专家中广泛分布,并形成了福柯所描述的一张"贯穿于各个机构和制度,但并未局限于其中的密集网络"(Foucault 1990a:96)。对于福柯而言,将权力描述为"从上层"或"外部"产生是不准确的;相反,更具启发意义的是将权力理解为"来自下层"(Foucault 1990a:94)。

在边沁对全景敞视监狱的规划中,中央塔楼的看守者占据了对每一个犯人(事实上,也对他们彼此)加以监视的位置。内森的同学们也被要求参加到一个全景敞视机制之中,这一机制的作用在于确保主体被正确地性别化。如果说,同学们对目光的运用已在其嘲笑中得以体现,那么,这种运用就应当被归入规训权力的"基本技术手段"之列。福柯将这类技术手段描述为:

> 总是非常精细,往往是一些细枝末节,但它们又规定了某种对身体加以具体的政治干预的模式,某种"权力的新的微观物理学"。[它们]不断向更广阔的领域扩展,似乎⋯⋯要涵盖整个社会。
>
> (Foucault 1979: 139)[1]

60

在脱离其论域的情况下,孩子们对内森的直率宣言"你不能变成一个小姑娘"无法被界定为一种权力的微妙表现。然而,倘若在自身论域内加以思考,他们直言不讳的否定便恰恰是一种"毛细血管式的干预"(capillary intervention)(Foucault 1990a: 84),并集中体现了一种权力的微观物理学。这种否定之所以至关重要,并不在于其纯粹的力量,而在于它能够激发的规训权力,即是说,它可以"向更广阔的领域扩展"。在内森的案例中,孩子们的干预触发了一部包含着相互关联的制度性利益的复杂机器——通过他的老师、他的父母,以及由心理学家、助理和技术人员所组成的整个团队而得以体现——其作用在于将内森置于一个"可见的领域",使他像自己的同龄人一样,学会承担起"实施权力压制的责任⋯⋯[由此而]成为征服自己的本原"(Foucault 1979: 202-203)。孩子

---

1　中译参考米歇尔·福柯,《规训与惩罚:监狱的诞生》,刘北成等译,北京:生活·读书·新知三联书店,1999 年,第 157 页。——译注

们位于这一"贯穿于整个社会机体的生产性网络"(Foucault 1980d:
119)的边缘,他们对内森的越轨行为的暴露以两种相互关联的方
式发挥功效:它激活了在治疗中将内森纳入其指定角色,并矫正导
致其反常行为的父母过失的组织机构;它也提供了一个机会来生
产新的知识,即新的"理解"和新的"真理",这些新知识不仅关涉到
内森,同时也关涉到日益增多的孩童——和他们的父母[1]——他们
将在这种新的疾病中得以确认。[2]

　　边沁自己也明白,"全景敞视主义"的作用并不仅仅是传播权
力,正如监狱的例证所表明的那样,它的作用还在于生产知识。福
柯对"权力/知识"一词的表述由边沁本人的预期发展而来,即全景
敞视监狱应当成为一座"实验室……[它]可以被当作一个进行试
验、改变行为、训练并矫正个体的机构"(Foucault 1979:203)。它
是一个"对人进行试验,并十分确定地分析对人可能进行的改造的
优越场所"(Foucault 1979:204)。"由于它的观察机制",福柯表
示,全景敞视监狱"获得了深入人们行为的效能。随着权力取得的
进展,知识也取得进展。在权力得以运用的事物的表面,知识发现
了新的认识对象"(Foucault 1979:204)。然而,尽管很多人会狭隘
地理解这个在 20 世纪晚期被建构为"性别错乱"儿童的新的"对
61　象",福柯对权力/知识的进一步分析表明,上述对象必须被视为以
更广泛的形式分散开来。事实上,没有人能够逃脱这一出现于 19

---

1　性别认同障碍儿童的父母,本身也被诊断为患有不同类型的精神疾病,从而成
　　为进一步调查的"案例"(比如可见 Coates 1990)。
2　这些年来,这种疾病的发病率一直处于变动状态。一开始,它被认为是非常罕
　　见的,大约只会影响到 1/100000 的儿童(Rekers et al. 1977:4-5);到了 1990
　　年,临床医生得出结论,这种疾病"可能发生在 2%-5% 的普通人中"(Bradley &
　　Zucker 1990:478);上述调查结果在九年后被同一批作者修正,他们将这种疾
　　病的发作频次同自闭症一类的疾病相提并论,这本身就是对其预计发病率在过
　　去几十年中稳步提升的一种诊断结论。对于福柯而言,这些差异所显示的,是
　　为证明诊断与治疗的合理性而出现的历史需求的变动。

世纪,并围绕性别认同观念而展开的对象化过程。

## 性(态)的规范化

在紧随《规训与惩罚》之后出版的《性史(第一卷)》(其惟妙惟肖的法文标题为"认知的意志")中,福柯对权力/知识的这种表现作出了最负盛名的阐述。在《性史》中,福柯作出了一个著名的论断,即"性的'问题'"在 19 世纪晚期已成为最重要的问题,该问题"具有两重内涵:既要求询问和质疑,同时又要求坦白并整合到一个理性的范围之内"(Foucault 1990a:69)。大量的技术手段应运而生,用以规范被理解为一个人的(性)"本质"(个体的真实状况,他或她"真正"是谁)的东西。在这些技术手段中,最引人瞩目的是坦白(confession),它首先是宗教性的(由早期基督教强制执行),其后是心理学的(存在于 19 世纪的精神分析科学中),最后是政治性的,因为信息生产的任务成了后来众所周知的人口控制的基础。[1] 将上述不同技术手段结合起来的,是专注于辨识(福柯因而解释了事实上作为一个"类别"或"理解的对象"而被创造的东西)在这一阶段所出现的形形色色的"变态"(perversions),它们以不同方式违背了关于合法与不合法、正常与不正常之间重要区别的不断增多的规范。

在所有这些技术手段中,医学在"规范"的发展中扮演了最重要的角色,例如,医学决定了什么是正常的婚姻关系。儿童的性行为同样引发了热切的兴趣与关注,这不仅仅是因为人们意识到,需要有新的规范来"检测"违规行为,而且,正如我们在内森的案例中

---

[1]  国家在人口控制这类问题上的干预,是福柯所谓"生命权力"的一个例证。要探讨这种与众不同的权力形式,有必要将其视为权力/知识的一种表现,见本书第 3 章对生命权力的论述。

所看到的那样,这也是为了对父母在抚养儿童时所存在的问题保
持警惕:

> 在它们[手淫]有机会发生的所有地方,人们都安装了各
> 种监控设备,布置了迫使手淫者坦白的陷阱……人们向父母
> 和教师们警示,让他们怀疑所有的儿童都是有毛病的,而且,
> 如果他们对此怀疑得不够的话,那么他们自身也将为犯错误
> 的恐惧所缠绕……人们规范了他们[父母]的行为,并改造了
> 他们的教学法。人们还在家庭中制定了一整套性医学的
> 规章。

(Foucault 1990a: 42)

此外,在这一时期,一大群不正常的个体开始被辨识出来。在嗜动
物癖者(那些与非人类的动物发生性行为的人)、自性恋者(那些只
能通过自身而体验到性快感的人)、男子乳房发育症者(拥有异乎
寻常的超大胸部的男人)、恋老癖者(那些与年长者发生性行为的
人)、性交困难的女人(那些性交对于自己而言是痛苦的女人)之
中,或许最具持久性的个体类别是"同性恋",这是"诞生"于 1870
年的一种新的个体(Foucault 1990a: 43)。[1]

在 20 世纪晚期对性别焦虑儿童的诊断中,包含了一段权力/
知识的完整历史,它涉及在福柯的作品中被指认为"规范化"
(normalization)的诸多复杂元素。规范化,即对于规范、对于被视
为符合规范的东西的制度化,它暗示了建构并规定社会意义的普
遍标准。规范既无所不在,又无迹可寻。例如,在我们谈论可以对
智商或体重进行测试的各种标准时,规范是显而易见的。但规范
在未被说出口时则不那么显眼,我们甚至可以将其视为自然而然,
或将其理解为我们自身的一部分(福柯认为这是规范的"内在

---

1 关于同性恋被"发明"的历史的详细研究,见 Katz 1995。

左栏页码 62

化"),与性别相关的规范便经常如此。

我们可能会认为,医学在塑造我们对规范的理解上一直都发挥了作用,但福柯关于早期医学史的著作《临床医学的诞生》却表明情况并非如此。在古代,理解健康概念的依据并非单一标准(个体基于这一标准而被检测),而是个体和谐运转的状况。医学的作用是提供"治愈疾病的技术"(Foucault 1975:34)。这种对医学的看法一直持续到 18 世纪,按照福柯的说法,在这一时期,医学开始形成了一种"关于健康的人的观念,即是说,对于无病之人的研究和对于标准之人的界定"(Foucault 1975:34)。在此时,医学采取了一种"规范的姿态,这使它不仅有权对如何健康地生活给出各种忠告,而且还有权制定个人与社会在身体和道德关系方面的各种标准"(Foucault 1975:34)。从专业人士与公众的角度来看,这都是对医学认识的一个重要改变,它为如下转变铺平了道路,即从专注于被视为个体特质的健康,转而对正常性(normality),对一种从外部强加的标准加以关注。

在内森及其父母的案例中,存在着一种矫正那些被视为不正 63
常的行为的明确努力。这一案例研究所论述的技术手段以奖励来强化"好的"行为,以置之不理的方式来惩罚不当行为,并要求内森通过手腕计数器对自己的行为加以控制,它们具体演绎了福柯在《规训与惩罚》中描绘的关于全景敞视监狱运作的各种实践。对于福柯来说,把这些实践的目标描述为"压抑"是不准确的。相反,全景敞视监狱对权力/知识的展现,其目的在于贯彻某种标准,这种标准是它在同一时间内通过比较不同的个体,权衡个体之间的差异,进而将它所"发现"的有关标准的真理认定为准则而试图确立的(Foucault 1979:182-183)。诸如此类的实践说明了福柯为何要使用权力/知识这一复合词:在权力与知识这两个术语中,每一个术语的表现在每一个节点上都相互关联。

## 权力/知识与抵抗

在考察权力/知识的运作时,我们很难记住,对于福柯而言,权力不应当只是从压制或束缚的消极层面上加以理解。在《规训与惩罚》中,福柯坚称:

> 我们不应再以消极方式来描述权力的影响,如把它说成"排斥的"、"压制的"、"审查的"、"分离的"、"掩饰的"、"隐瞒的"。事实上,权力具有生产性。它生产现实,生产对象的领域和真理的仪式。个人及从其身上所获取的知识都属于这种生产。

> (Foucault 1979:194)[1]

虽然很多人都试图抵抗已造成极大伤害的规范化权力(尽管采取不同方式,并产生不同效果,但可以说对我们所有人都造成了伤害)所带来的影响,对于福柯而言,抵抗的努力本身也必须被理解为一种权力的表现。在《性史(第一卷)》中,福柯回到同性恋这一典型案例来对此加以说明:

> 毋庸置疑,在 19 世纪的精神病学、法理学和文学中,出现了一系列有关同性恋、性倒错、鸡奸、"心理阴阳人"及其变种的话语,从而使社会控制有可能取得长足的进步……但是,它还有可能形成一种"倒置"(reverse)话语:同性恋开始利用人们在医学上贬低它的语汇和范畴来谈论自己,要求人们承认其合法性或"自然性"。

> (Foucault 1990a:101)

福柯所说的"倒置"话语是什么意思呢? 如果说,同性恋在 19

64

---

1　中译参考米歇尔·福柯,《规训与惩罚:监狱的诞生》,刘北成等译,北京:生活·读书·新知三联书店,1999 年,第 218 页。——译注

世纪医学中的"规范化"标志着一种新的"不正常性"（abnormality）观念的产生，那么，不正常个体在 20 世纪对这一过程的抵抗，同样必须从上述角度来加以理解，只不过，情况正好相反；换言之，它需要被理解为一种重塑正常状态，并将这类新的同性恋人群视为正常的努力。重塑正常状态意味着不再将医学类别当作我们每个人都应当据以被评判的限定性规范，而是从个体的健康标准这一"古老"的意义上对同性恋倾向加以理解。这种个体的健康标准持续构成并确证了当前对正常性的认识。（即使存在着各种关于健康的明确标准，我们依然有理由谈论什么是"对我而言"的健康。）正如福柯所言，这种将"同性恋者"、"构造"为精神医学对象的规范化权力，同样也产生了"不可思议的"、"自发性"（Foucault 1990a：101），"同志的骄傲"（gay pride）这一在过去无法想象的概念，导致了同性恋于 1973 年在美国的去病态化（depathologization）。

关于同性恋去病态化，以及作为一种诊断结论的同性恋从《精神疾病诊断与统计手册》中被删除的情况，在很多方面都值得我们关注（其中包括：这是美国精神病学会第一次，也是迄今为止仅有的一次通过会员投票的方式，将某种诊断结论从《精神疾病诊断与统计手册》中删除）（Bayer 1981）。但同样值得一提的是，《精神疾病诊断与统计手册》的第一版并未将作为一种诊断结论的同性恋（DSM III，出版于 1980 年）收录其中，而是将作为一种诊断结论的儿童性别认同障碍收录其中。据负责诊断的最具影响力的研究人员宣称，性别认同中未经治疗的"问题"所存在的"危险"，是对同性恋身份的最终接受（Rekers *et al.* 1977：4-5）。[1]

从同性恋被性别认同障碍替代的案例中，至少可总结出两条

---

1　在这种诊断的后续发展中，或许未经治疗的性别认同障碍所存在的更严重风险，是对于变性人身份的接受（Bradley & Zucker 1990：482）。

经验教训。其中一条经验关涉到儿童在这个"规范化社会"中所扮演的角色,福柯在《性史(第一卷)》中对此作出了较详尽的阐述。
65 基于对权力/知识之运作加以理解的目的,这一经验告诉我们,当抵抗以一种"倒置话语"的形态得以表现时,其本身又是如何遭到抵抗的:在性别认同障碍的诊断中,精神病学发现了一种将同性恋归于病态(或维持其病态化)的新方法,换言之,一种使同性恋作为心理干预的对象而为人所知,陈述其真实情况,并对那些(无论在医学,还是在社会意义上)被打上此类标签的人们加以治疗的新方法。

由于新修订的《精神疾病诊断与统计手册》目前正在编写中(计划于2012年出版)[1],围绕性别认同障碍的诊断这一话题,出现了大量争论。不少活动家、心理健康从业者和专家学者大力倡导删除该诊断结论,原因在于,早在二十多年前,同性恋便已从该手册中删除。然而,删除这一诊断结论,将妨碍那些心理健康从业者利用它来应对性别错位,或"多元性别特质"(gender variant)[2]的儿童所能体验到的困窘,这样的困窘是家庭或社会不宽容的结果,也是一种使带有多元性别特质的行为得以合法化的反击方式。这种治疗方法本身便是对"惯常的"精神疾病诊断的一种抵抗,它将问题定位于被诊断的个体。尽管有许多,甚至是绝大多数从业者依然按照《精神疾病诊断与统计手册》的规定来看待性别认同障碍,他们认为精神疾病"内在于"个体之中,但也有一些人反其道而行之,他们基于多元性别特质的儿童有可能面临的恶劣境遇来理解

---

1　即DSM V,原计划2010年出版,但直到2012年底修订工作才完成,实际出版时间为2013年5月。——译注

2　在心理学中,gender variant主要指个体自我认同的性别角色(及其外在行为和表现)与个体的生理性别不符。该术语目前在国内学界有"性别变异"、"性别混乱"、"性别失统"等多种译法,尚无定论。此处将其暂译为"多元性别特质",以照应正文所暗示的客观、公允、不带偏见之意。——译注

这一问题。那些以此种方式来对待多元性别特质的人,其隐含理据类似于对各种残疾所作出的解释(有问题的究竟是残障人士的身体,还是使活动或交往举步维艰的物质条件?)。[1] 某些心理健康从业者在实践中从根本上转变了心理治疗,在他们看来,那些性别行为无法与其所属性别恰切对应的儿童,并未承受性别认同障碍所带来的痛苦,毋宁说,他们是一种对多元性别特质的不宽容态度的牺牲品,这种"不宽容"反倒应当成为干预的重点。

以此种方式来看待诊断,实际上指它应当以不同方式被构造(例如,使用"多元性别特质"这样的术语,而非"性别认同障碍",后者是一个不必要且具有误导性的语词,因为它暗示,心理认同是一个需要被矫正的问题)。相较于删除诊断结论,另一种可能性是对诊断结论加以重新命名与表述,从而更好地反映个体的生活目标与痛苦经历,并进一步引导治疗,以探求缓解痛苦和促进康复的最恰当方法。

除去名称的改变,一个既有趣又有发展前途的提议,或许是使 66
用名为"V 代码"(V-codes)的辅助性诊断代码。在《国际疾病分类法》(*International Classification of Disorder*,简称 ICD,一本与《精神疾病诊断与统计手册》相对应的国际性手册)中,V 代码被定义为"其他有可能成为临床医学关注焦点的状况"(World Health Organization 2004)。有一些 V 代码是尚未通过适当的研究而被正式确认的诊断结论(从这层意义上说,性别认同障碍似乎应归于此类)。另一些 V 代码是外在于个体的"境况",但同样也会对个体的功能或健康产生影响。例如,"文化适应问题"(Acculturation Problem,V62.4)包含关于适应某种新文化的各种问题,它无法被理解为"个体的"问题;被《精神疾病诊断与统计手册》谨慎地描述为"缺乏工作满足

---

1　例如,见 Fine & Asch 1988。

感"的"职业问题"(Occupational Problem, V62.2),涉及在一个充满敌意的环境中工作时所感受的痛苦,将该问题仅仅归结为个体同样是不恰当的。至于儿童性别认同障碍,或许最典型的问题可以被描述为"亲子关系问题"(Parent-Child Relational Problem, V61.20),但它同样关涉到一个"生活状态问题"(Phase of Life Problem, V62.89)。将 V 代码纳入整个诊断体系,将提供一幅关于多元性别特质的儿童所面临问题的更准确图景,并进一步向从业者表明,需要以不同方式对治疗对象加以理解。[1]  在性别认同障碍的案例中,V 代码的使用可能(事实上,将会)受到规训的影响,而不只是在接受治疗者的生活中激发这些影响,这些影响将促成——无论在治疗师,还是在整个社会的层面上——关于性别差异的不同叙述方式。

在性别认同障碍的诊断中使用 V 代码的可能性与福柯对权力/知识的分析相一致。在福柯看来,权力/知识是一种无处不在、无法摆脱的机制,但与此同时,它也可以被抵抗或"反转"。这样的可能性在福柯后期的"伦理学"著作中成为关注焦点。

## 结语:权力/知识与自我的技术

在《性史(第一卷)》之后,福柯并未明确使用"权力/知识"这一术语。然而,福柯在伦理学中对"自我的技术"(technologies of the self)的关注,可以被理解为从"积极的"向度对权力/知识这一概念加以阐述,这一积极向度只是在其中期作品中才显露端倪。

---

1  正如福柯作品的细读者、心理学家迈克尔·怀特(Michael White)所解释的那样,这也可根据将个体或家庭所面临的问题加以"外在化"(exteriorizing)的观念来理解,这一外在化过程允许形成一种不同的意义,即"发展一种替代性叙事"(比如,可见 White & Epston 1990: 39)。

他仍然对主体性(屈从化[assujettissement])观念颇有兴趣,无论是 67
在"使成为主体"(making a subject),还是在"使屈从于"(making
subject to)的意义上,都是如此。他同样关注规训实践。他并没有
像在《规训与惩罚》中那样聚焦于促进规范化的规训实践,而是更
多关注这些实践怎样被用来对规范化加以抵抗。至此,福柯的分
析转向了主体与其自身的关系,即是说,转向了主体自身的主
体性。

建构知识的最重要方式之一是提出问题。对能够在特定历史
时期内提出的各种问题加以考察,可以说是福柯早期考古学作品
的关注焦点,而考察特定问题的用途与效果,则是谱系学论著的重
心所在。在后期的伦理学作品中,福柯转向了由反思所产生的知
识,这种反思是"思想活动中的一种自我操练",或者说是苦修
(askesis)(Foucault 1990a:9)[1]。在多元性别特质的儿童,他们的父
母,以及负责照管他们的心理健康工作者的思想实践中,有可能涉
及对所提出问题的重构。例如,就像福柯所阐述的那样,对有关多
元性别特质的"问题"加以追问,可以提供一个机会来"使人们了解
到,思考自身历史的努力,在何种程度上能使思想摆脱它沉思默想
的对象,从而也使它能够以不同的方式来思考"(Foucault 1990a:
9)[2]。正如福柯在一次访谈中评论的那样,认为性别认同障碍这一
诊断结论并非基于个体的疾病,而是一个关于不宽容及其引发的
痛苦的更大问题,实实在在地说明了这种思想的操练能够"向人们
展示,他们比自己所感觉到的要自由得多。那些人们作为真理、作
为明证而接受的东西,那些在历史的某一特定时刻建构起来的论
题,以及这种所谓的明证,统统都可以被批判和摧毁"(Foucault

----

1　该引文摘录自《性史(第二卷):快感的享用》(Foucault 1990b),此处文献说明
　　应为作者笔误。——译注
2　同上。——译注

1988：10)。

我们对疯癫,对"健康"的标准,以及对"正常"性态的理解,福柯最终宣称,所有这一切都是权力/知识复杂运作的结果,而他本人的作品也是其中的一部分。在叙述形成其作品的历史时,他的目标并非揭开"隐藏在事物背后的……无时间的、本质的秘密",而是要使更大的秘密暴露出来:"即这些事物都没有本质,或者说,它们的本质都是一点点地从异己的形式中建构出来的秘密。"(Foucault 1977：142)正如他在一次采访中谈到的那样,就他自己的研究规划而言,他所感兴趣的是探究"一种真实而又具有战略效应的话语的可能性,以及一种能够产生政治效应的历史真理的可能性"(Foucault 1980f：64)[1]。

---

1　该引文摘录自福柯的访谈《关于地理学的问题》(Questions on Geography,1976),此处文献说明应为作者笔误。——译注

# 第 2 部分

# 自　由

# 福柯的自由观

⊙ 托德·梅

在哲学中,自由(freedom)是一个晦涩难解的概念。它处于至少两个截然不同的哲学问题的中心。其中一个问题关涉到人类的形而上学境遇。另一个问题则关涉到他们的政治境遇。同时,令事情更复杂的是,米歇尔·福柯的自由观不存在于上述两类问题之中。不过,这种自由观却与上述两类问题互动,并使之复杂化。在此,我想要做的,是通过三个阶段来接近福柯对自由的探讨。首先,我将讨论传统哲学中的两种自由观。接着,我将转向福柯的自由理念,并展现它如何与传统观点相互作用。最后,为了更好地理解这一切,我将就福柯的自由观与另一位关注自由的敏锐思想家莫里斯·梅洛-庞蒂的自由观进行简要比较。

或许,我们可以将两种传统自由观称作形而上学的(metaphysical)和政治的(political)。然而,形而上学的一词多少又有些难以言喻,因此,在我们继续推进之前,最好弄清楚我们是在何种意义上使用该术语。形而上学被认为是对现实之终极性的关注。它所关注的是"何物存在",或"何为存在之物的首要或创始性原则"。在这一意义上,它可以用本体论这一术语来加以描述。形而上学所聚焦的一个领域是心灵(mind)与身体(body)的关系。原因在于,如果说,现实从根本上由两种不同的材料,即精神材料

( mental stuff) 与物质材料( physical stuff) 构成,那么,这两种材料之间的关系便成了一个核心问题。这一问题至少从笛卡尔开始便一直存在。对身心关系的关注所引发的一个问题,是心灵能否对身体加以控制。上述问题已经演变为关于自由意志( free will) 的问题,我们稍后还会回到对该问题的讨论。

在马丁·海德格尔思想的影响下,"形而上学"一词难以言喻的特征在 20 世纪的进程中得以显现。在海德格尔看来,整个西方哲学的特征就是他所谓的形而上学。按照他的用法,"形而上学"与我们刚才所看到的形而上学有所关联,但又无法等同。对于海德格尔来说,存在( Being) 是思想的终极问题。在他眼中,问题在于,在绝大多数的西方哲学中,存在总是依据存在者( beings) 而得以解释。存在被认为仅仅是另一种存在者。因此,当我们探询实在( reality) 的本质,当我们追问"何物存在"时,我们最终将追问"存在着何种存在者"。这种方法忽视了存在自身的问题。所以,当海德格尔使用"形而上学"这一术语时,他所指涉的是一种特殊的哲学方法,这种方法遗忘了存在这一哲学的终极问题,而热衷于关于存在者的问题。

海德格尔对"形而上学"一词的使用产生了无远弗届的影响,这种影响尤为明显地体现在法国哲学家雅克·德里达及其追随者的思想中。然而,鉴于本文的目标,我们可以将这种使用方式搁置一旁。我们所说的形而上学的自由( metaphysical freedom) 与存在或存在者的问题无关,而是关涉到自由意志。(那些深受海德格尔或德里达思想轨迹影响的哲学家,也许会斥责我仍是在他们的意义上使用形而上学。这是一场有待在另一场合展开的论争。)

那么,什么是形而上学的自由? 这是人类可能具备,也可能不具备的东西。那些认可形而上学自由观的人们,尽管就自由所包含的内容持有大不相同的见解,但他们都承认,无论自由是什么,都涉及某些使我们抵抗被决定(resists our being determined)的内容。因而,要理解形而上学的自由,我们就必须理解决定论(determinism)的律令。那么,决定论又是什么呢?这是一种认为人类无法控制其行为或思想的观念。无论我们做什么,其源头都存在于我们意识的控制之外。决定论包含多种不同类型。加尔文教徒崇奉一种名为宿命论(predestination)的宗教观。这种观念认为,上帝决定了将要发生的一切,而人类生命只不过是对上帝手中剧本的演绎。遗传决定论者认为,关于我们将会怎样,以及我们如何对外物加以回应的一切,都已被编码到我们的基因当中。再或者,行动主义者相信,我们生存其中的环境彻头彻尾地塑造了现在的我们;我们只不过是正面和负面的强制的产物。以上观点的共同之处在于,人们无法控制其生活中的任何一个方面。他们是自己无力改变之力量的产物。

73

相较之下,那些认为存在着形而上学的自由的人们,则否认人类生命是完全被决定的。在此存在着诸多不同观点,它们不仅关涉到形而上学的自由所包含的内容,同时也关涉到我们实际上拥有多少这样的自由。一些(尽管是极少数)哲学家相信,我们所做的每一个决定都是完全自由的。大多数人则秉持不那么激进的信条。然而,所有关于形而上学的自由的观点,在根本上都否认了我们的完全被决定。人类除非在精神上遭受损伤,否则都能够对自己的思想和行为加以有意识控制。

政治的自由与形而上学的自由有所区别。政治自由所关注的,是某个人作为特定社会的成员所享有或无法享有的自由。例如,言论自由便是一种政治自由。英国人(至少在表面上)和美国人(越来越少如此)享有这种自由;而生活在缅甸的人们则无法享有。不同于形而上学的自由,政治自由并非关于人之本性的律令。相反,它是对社会中特定要素的描述。

形而上学的自由与政治的自由在观念上各有所异。可以想象,人们掌握了其中一种自由,而丝毫未掌握另一种自由。一方面,人们在没有任何政治自由的情况下,在形而上学层面却可能是自由的。例如,让我们假定,人们并非完全由他们的行为所决定。在这样的假设下,一个作为政治犯被羁押的人,在形而上学层面是自由的,在政治层面则并非如此。另一方面,如果我们假定,人们完全由他们的行为所决定,那么,在一个给予充分政治自由的社会中,他们有可能在政治层面是自由的,在形而上学层面则并不自由。

这种观念上的差异是哲学传统的典型特征。不过,它或许有些太过简单。或许,它并不是为了澄清概念,而是为了混淆事实。例如,归根到底,人们难道无法想象,某一社会中政治自由的持续缺乏,将限制人们所能够做的事情,即使他们突然间获得了解放?行动主义者认为,我们完全由自己身处其中的环境所决定。我们不需要推进到如此地步,便能够认识到,我们所谓的形而上学自由有可能受到包括缺乏政治自由在内的各种环境因素的制约。毕竟,在过去几十年中,我们已经注意到,在人们世代处于政治压迫的状况下,他们在行使政治自由的过程中所遭遇的困境。

形而上学自由论者或许会在此争辩,政治自由的缺乏并不会74 威胁到形而上学自由的存在。他们声称,形而上学的自由是每个人都拥有的。那些在政治上被解放的人,不会得到或丧失任何形而上学的自由。他们只是不知道如何利用这种形而上学的自由,以服务于自己新近获得的政治自由。

然而,上述回应似乎并未切中肯綮。如果我们想要知道人们的生活是怎样的,他们可以做什么和不可以做什么,那么,倘若我们被告知,无论具体境况如何,人们在形而上学层面都是自由的,这或许不完全有帮助。大多数人感兴趣的并非他们是否在某种抽

象的意义上不受约束,而是他们在面对一个更具体的问题时可能
会作出怎样的选择。即是说,倘若人们长期为某种特定方式所强
制,倘若所有这一切都意味着人类并未完全屈从于这些强制,那
么,宣称他们"原本不应受此强制"将沦为一句空谈。他们更感兴
趣的,是理解自己所遭受的具体约束的性质,这些约束怎样作用于
他们的身份与行动,以及他们要怎么做才能将自己从这些约束中
解放出来。

正是在这一点上,米歇尔·福柯的思想同关于自由的思考息
息相关。福柯没有为任何形式的形而上学自由辩护。他也并未
否认形而上学自由的存在。人们常常将他视为形而上学自由的
否认者,因为他描述了一些限制我们的约束。然而,正如他反复
强调的那样,他所描述的约束并非形而上学的束缚,而是历史的
给定物。这是一些可以被克服的约束。不过,对这些约束的克服
又并非一种形而上学或哲学层面的运作。这是一种政治运作。
换言之,福柯既没有捍卫,也没有否认形而上学的自由。为促使
政治抵抗的发生,他假定了诸如此类的自由。但他的兴趣并不在
此,而在于作为我们的历史承续的一部分的具体约束。他想要知
道的是,这些约束是什么,它们如何形成,它们将产生怎样的效
果。唯其如此,我们才能使自己从这些约束中解放出来。正如他
在最后出版的一部作品中所写的那样,"归根到底,如果对知识
的热情只是为了获取一定的远见卓识,而不是以种种方式尽可能
使认识者自我迷失,那么,这样的热情又有什么价值呢?"
(Foucault 1990b:8)。

福柯并未出版过关于自由的论著。无论在形而上学还是在政
治层面,他都没有就自由作出持续的反思。他几乎总是在讨论其
他问题时援引"自由"这一术语或概念。然而,我们可以公允地说,
纵观福柯的整个学术生涯,自由问题从始至终地驱策了他的工作。

75

这个问题并非"我们是自由的吗?",而是"我们如何遭受历史性的约束,以及我们应当如何应对?"。同时,尽管福柯几乎没有就问题的第二部分发表意见,但他非常珍视自己在解答第一部分的问题时所承担的职责。他的职责并非告诉我们可以做些什么,因为这将带来一系列新的约束。相反,这是为了帮助我们(和他自己)理解我们所遭遇的特定的历史性约束,同时也是为了帮助我们理解这些约束只不过是历史性的。依循上述思路,他曾经这样写道:

> 有一种乐观主义认为事情会变得好起来。我的乐观主义却在于声称,很多事情都会发生改变,不管这种变化何其脆弱;事情将更具一种随意性的特质,而非不证自明;事情将变得更加复杂,更具暂时性和历史性,而不是由不可避免的人类学常数来决定。

(Foucault 1990d:156)

到目前为止,我们都在以一种非常普遍的方式对自由加以探讨。然而,倘若福柯的方法是富有成效的,我们便需要从关于自由的广泛的哲学思考,转向关于我们的具体境遇的情境化、历史性的分析。当然,这便是福柯的作品试图达到的目标。为了领会自由在这些作品中所起到的隐而不显的作用,让我们简要地对一个案例加以思考。《规训与惩罚》是福柯关于监狱的兴起历史,尤其是(尽管不单单是)在法国的兴起历史的研究。该书描述了从酷刑(torture)向康复治疗(rehabilitation)的转变,以及其中经历的一个两相交织的阶段。在酷刑阶段,犯罪只是被随意却严厉地惩罚。所有犯罪都被理解为对君主的冒犯,这一冒犯可以说是对君主政体的攻击。对于这样的冒犯,必须通过对罪犯身体的压倒性惩罚予以反击,这将重新确立君主的权力和地位。于是,酷刑便应运而生。

在很多方面,酷刑都是一种无效的惩罚方式。它以一种代价高昂,且有失公正的方式施行,并常常引发对犯罪分子的同情。伴随资本主义的兴起,以及与之相应的对财产犯罪的关注,需要有一个更有效的惩罚制度。福柯将关于监狱兴起的复杂故事描述为解决上述问题的一步到位的方法。就我们的目标而言,在这个故事中,重要的是关注焦点逐渐由犯罪(crime)转向了罪犯(criminal)。新的制度并未惩罚犯罪,而是将犯罪视为犯罪行为(criminality)的表现。因此,需要应对的,便是犯罪背后的罪犯。这便需要更先进的监视与干预技术,这些技术是独立于修道院、医院和军队中的刑罚制度而发展起来的。这些技术被融合进监狱的封闭环境中,在那里,人们可以对被囚禁的身体加以持续不断的监视与干预。监狱是福柯所谓驯顺的身体(docile bodies)得以缔造之处,这些身体在行动上是高效的,同时又屈从于权威。

监狱所建构的东西并不止于此。监视(surveillance)与干预(intervention)的技术在整个社会中得以弥散。随着遍布伦敦的监控摄像头和美国的窃听技术的出现,关于监视技术的新闻已愈发耳熟能详。干预技术的传播更加隐微难察,其效果却不遑多让。从每个中等规模的人力资源部门到大型企业,再到为数甚多的学校辅导员和社会工作者,家庭和个体都不断受到心理监控,以确保其符合相应的社会角色。

围绕这种被福柯标注为规训的监视与干预制度的当代状况,人们展开了大量的讨论。一些人认为,我们已经进入了一个新的后规训(post-disciplinary)阶段,其中最著名的代表是哲学家吉尔·德勒兹。然而,我们所关注的问题,则是自由如何与这样的历史研究相互关联。为领会这一点,我们必须首先认识到,在《规训与惩罚》中,福柯所描述的是一系列针对人类行为的历史性约束的兴起。这些约束以时常为传统政治哲学家所忽视的方式运作。

这些约束不是通过阻止人们做他们原本想做之事而发挥作用。相反,它们以某种特定的方式对人们加以构造,从而使其成为驯顺的身体。

权力这一概念在本书其他篇章中将得到更深入的讨论。目前,我想要说的仅仅是,在《规训与惩罚》及其他历史分析中,福柯所呈现的,是一种他所谓的积极而非消极的权力观。按照这种观念,权力的运作靠的是创造(creation)而非强制(restraint)。权力并未限制我们的自由;它使我们成为某一类人。权力在两个层面上实现这一目标。首先,它训练我们的身体,并使之以特定的行为方式为导向。其次,或许更重要的是,它促使我们以某种方式对自身加以思考。例如,福柯在《规训与惩罚》中描述的大量心理监控和干预创造了这样一个社会,其中,人们将自己理解为一种心理的人(psychological beings)。作为结果,他们认为,自己的不愉快有着心理上的根源,并需要接受心理治疗。他们并未质疑自己生存其中的社会的性质,而是自我质疑。必须改变的,是他们自己,而不是社会的规划。这将把任何针对社会规划的批评意见转移到那些心怀不满之人的身上,从而反过来强化这些社会规划。就起源而言,所有问题都变成了心理的,而不是社会的或政治的。

在这种情况下,权力通过所谓的约束(constraint)而非强制(restraint)来发挥作用。但就像强制一样,约束可以对一个人的选择加以限制。比如说,通过使人们成为一种心理的人,它创造了一种遵从,同时降低了社会抵抗或尝试其他生活方式的可能性。此外,它较之强制要更为有效。当一个人被强制时,他依然可以欲想被禁止之物。然而,当一个人被约束时,他将被塑造为只能对公认的适合欲想之物加以欲想。人们不仅被阻止获取其欲想之物;面对呈现在自己面前的可能的社会选择,他们甚至无法考虑替代性方案。

这一切与自由有什么关系呢？回想一下形而上学的自由观。倘若我们在形而上学层面是自由的，那么，我们便可以控制我们的某些思想和/或行为；我们不会受到外在于自身的某种力量的控制。在《规训与惩罚》中，福柯所描述的是一种外在于我们的力量，这种力量影响了我们思考和行动的方式，事实上也影响了我们能成为怎样的人——至少在我们历史的这个时间节点上是如此。在他所描述的力量与关涉到形而上学自由的力量之间，区别在于，他所描述的力量是历史性而非形而上学的。他并没有描述一种必然控制人类思想和行为的力量（上帝、环境、基因）。他描绘了一系列偶然的历史性实践，这些实践在这个特殊时期对我们的行为产生了影响。正因为如此，我们没有理由相信，倘若我们理解了自己的历史承续，我们仍无法对其加以改变。

这便是福柯为何会在上一段引文中提到"很多事情都会发生改变"。他秉持了一种从启蒙运动承袭而来的观点（很多人认为他是拒斥这种观点的）：如果我们理解了自己的处境，我们就有机会改变它。这样的观点默认了形而上学自由的理念，尽管它没有为这一理念辩护，也没有试图确立其特定的性质或局限。当福柯写下这样的话语时，人们能够对上述理念有所体认：

> 唯有主体是自由的，权力关系才可能存在。如果某个主体完全受到他人的宰制，成为他人的物，成为他人滥用暴力的对象，那么便不存在任何权力关系。要想使权力关系发挥作用，双方都必须至少拥有某种形式的自由。

78

（Foucault 1994：12）

不难发现，福柯认为自由与改变我们的现状有关，而这样的观点受到了政治上的影响。这就提出了一个问题，即这种自由与政治自由有怎样的关系。如前所述，政治自由是关于我们在特定社会或社会规划中享有何种自由的问题。一开始,人们可能会说,福柯描述了特定社会或社会规划影响自由的方式。这不是完全错误的。福柯的确论述了可供选择的生活方式如何为"我们被塑造为怎样的人"和"我们如何被引导去思考自我"的观念所约束。然而,这种看待问题的方式带有某些误导性。它似乎预设了一种有别于福柯的、对权力与自由加以构想的模式。为了理解这一点,我们需要花一些时间来描述这一模式。

对于传统的自由政治理论而言,在国家权力与自由之间,存在着一种必须被平衡的张力。如果国家掌握了过多的权力,那么,它将不公正地剥夺个体创造适合自己的生活的权利。另一方面,如果自由是不受约束的,那么,人们将会为追求自己选择的生活而妨害彼此的权利。因此,自由政治理论的作用,是要找到介于国家权力与自由之间的特定平衡,这一平衡能够恰到好处地避免上述两个极端。(自由政治理论还承担着其他任务;此处我们只是考察它在政治自由方面的作用。)从这一观点来看,国家权力是施加于个体自由的外部约束;问题在于,这种权力应当在何种程度上,并于何处得以运用?

这种权力观认为,权力是消极的、强制性的。然而,正如我们所见,在《规训与惩罚》及其他作品中,福柯并未依照一种消极的权力观来对待权力。可以肯定的是,他并未否认消极权力的存在,尤其是在国家层面上。然而,在他看来,权力的大部分运作并未发生于国家及其各种压制性机构的层面,而是更接近底层。权力栖居于我们的日常实践中,将我们塑造为特定类型的顺从的生命。

如果福柯的作品把握了一种权力运作的真正模式,那么,我们就有必要对传统的自由主义自由观进行修正。它不再仅仅是一个"对何种行为施加多少限制"的问题。它还必须关注我们如何成为我们自己,以及我们能对此做些什么。因此,政治上的自由不仅仅是一个"使人们做想做之事"的问题,它也是一个理解我们以何种方式被塑造,以至于某些事物能够取悦我们(而另一些事物则不能)的更关键问题。除此之外,它是一个理解我们还能得到什么的问题。我们可以对上述这一切加以简要概述,即政治自由不再仅仅关注我们可能从何种束缚中得以解放,它认为更值得关注的,是鉴于当前所受到的的约束,我们可能为了何种目标而争取自由。

福柯在一段引文中把握了上述观念,这也将加深我们对他的自由观的认识:

> 我很想谈一谈关于当下之本质的一切诊断所具有的效用。它并不意味着对我们的身份的简单描述,而是通过遵循当下的脆弱性的线索——设法领会如其所是(that-which-is)为何并怎样有可能不再如其所是。从这个意义上说,任何描述始终都必须依照这些虚拟的裂隙而进行,这些裂隙打开了自由的空间,后者被理解为一个包含着具体的自由的空间,即是说,一个包含着可能的转变的空间。
>
> (Foucault 1990c:36)

在此,可以清晰地发现我们从福柯的自由观中抽离出来的主题:作为一个历史问题的约束,这种约束的偶然性,以及具体而非抽象的自由。此外,通过"一个包含着可能的转变的空间"这一短语的使用,福柯把握了这样的理念,即自由不仅仅是一个孤身独处的问题,也是一个将我们重新塑造为自己想要成为之人的问题:自由是为了争取某些东西,而不仅仅是从束缚中得以解放。基于上述引文,我们可以将福柯的自由观界定为,我们能够以特定的历史境遇为参照而对自身加以塑造。

倘若我们这样来界定自由,我们就需要以确切方式对自由的定义加以审慎理解。首先,我们不应当认为,我们能够在特定的历史境况下将自己塑造为一系列预先给定的对象。这并不是说,存在着一种关于我们能够成为什么的所谓"真理",一旦我们理解了自身的历史境况,我们就能够发现这一真理。这样的见解将违背福柯的规划,即历史化(historicizing)我们身上那些被我们视为永恒或不可变更的方面。它将对我们在流变不居的现实历史境遇中的种种可能性加以具体化。

其次,与前一点相关,我们不应当假定,自己能够全然领会身处其中的历史境遇。如果说,我们是各种实践复杂互动的产物,那么,至少那些与塑造我们的力量相关的层面很可能超出我们的理解范围。例如,《规训与惩罚》并非对我们完整身份的解释。它所解释的,仅仅是我们身份中的某一个方面。《性史(第一卷)》是另一个例证,而福柯围绕治理术(governmentality)所作的系列讲座(Foucault 2007,2008c)则是又一个例证。此外,我们的身份随着我们实践活动的改变而发生变化。因此,要想领会我们在特定时刻的身份状况,将变得更加困难。我们总是面临着理解自己过去的身份,而非当下身份的风险。

这样的结果是——对于福柯而言——自由成了一个关于实验的问题。打开一个"包含着具体的自由的空间",并不意味着弄清我们的身份,进而执着于这种身份;而是让我们去尝试生活的不同可能性,即不同的"可能的转变",并探究这些转变将指向何方。自由的生活就是自我的实验,人们并不总清楚是否已摆脱了塑造自身的力量,亦无法确定这种实验所产生的效果(我们将在稍后回到这一问题)。自由的生活,就是在大致了解人们如何被塑造的情况下,试图在一个不确定的空间中创造某种生命。

那么,这便是我们所面临的境遇。如果我们建构了福柯式的历史,这样的历史向我们描述了影响我们成其所是的力量的不同方面,那么,我们便可以对自己如何成其所是有一定程度的了解。

由此出发,我们便能够决定,在这些力量中,哪些是我们可以接受的,而哪些(按照福柯的说法)又是我们不可忍受的(intolerable)。(福柯的历史研究只是描述了不可忍受的力量,因为那些力量是我们最有可能想要改变的。)在试图克服不可忍受的力量时,我们有必要实验成为自己有可能成为的人,而不必完全知晓自己是否已真正摆脱了上述力量。这是只有在我们的实验进行之后才能被发现的东西。因此,当面对塑造我们的力量时,我们既不是无能为力,也无法确定自己该如何应对。从某种程度上说,我们介于两者之间。这是我们的自由所在,事实上,也正是我们的自由的内涵。

由于我们只能在无法确定实验结果的情况下进行实验,我们必须始终保持警醒。我们无法提前预知,我们的实验会将自己引向何方。到头来,我们可能创造了新的自我,也可能只是重新创造了不可忍受的力量。因此,我们既不能停止福柯所从事的历史研究,也不能满足于他的这种研究。有关我们身份的历史是一项仍在不断进行的规划。若非如此,我们的自由的效果将和我们的自由本身一样难以确定。我们绝不能想当然地认为,我们对"包含着可能的转变的空间"的利用,必将使我们的境况有所改善。自由不能与解放等量齐观。没有人能向我们保证,我们的自由是否就意味着解放。唯有通过实验和历史层面的智性反思,我们才能知晓这一答案。

81

为了更好地理解福柯的自由观,将这种观点与一位先于福柯的法国哲学家的理论主张加以比较,也许会颇有助益。莫里斯·梅洛-庞蒂同样提出了一种情境化自由的观念,他认为,我们是自由的,但并非完全自由。考察上述两种自由观的不同之处,或许可以加深我们对福柯的研究方法的理解。

相较于他的同代人让-保罗·萨特,梅洛-庞蒂建构了自己的自由观。萨特的自由观是,我们在形而上学的意义上是绝对自由的。

没有什么东西不可以被我们决定。至少在其早期作品中,萨特驳斥了如下所有观点,这些观点认为一种精神分析式的无意识或一种潜在的历史力量使我们成为自己。依照一种纯粹的存在主义风尚,萨特提出,我们的选择完全属于我们自己。我们必须为这些选择负全部责任。梅洛-庞蒂不接受这种激进的自由观。在梅洛-庞蒂看来,身体是一种无法被我们掌握,但又使我们成为自己的力量。肉体性/有形性(corporeality)——这是梅洛-庞蒂所要理解的核心命题——使我们第一次可以通过感知与世界交互作用,同时,也使我们第一次对世界加以领会。血肉鲜活的身体,而不是任由感觉通过的呆滞实体,反倒是我们对世界的最初参与的源泉。我们或许能通过某种方式改变这种参与,但我们的涉身性/具身性(embodiment)[1]确保了我们生活中无法被完全控制的方方面面。在我们的生活中,存在着我们始终无法企及的无意识层面,这一层面贯穿于我们与世界的肉体性/有形性互动的过程。此外,正如梅洛-庞蒂所指出的那样,这种互动不应当被描述为一端的"身体"与另一端的"世界"之间的交互作用。它比那种状态要更为密切。这种互动更适合被描述为一种身体/世界的复合体(body/world complex)。

这样的立场导向了一种远不如萨特那样激进的自由观。对于萨特来说,身体只不过是一个被意识操控的呆滞对象。如果意识是不受约束的,那么,意识的自由也将是绝对的。当然,萨特认识到,意识在某种程度上是涉身化的/具身化的(embodied),因而,即使人们可以自由地作出决定,比如说,决定飞起来,也不意味着他们实际上能够飞翔。但这种决定本身是完全自由的。梅洛-庞蒂

---

1　在认知心理学中,涉身性/具身性主要指抽象观念在客观物理事实中的体现。此概念在梅洛-庞蒂的知觉现象学中得到了进一步阐发,用以描述身体与心灵在认识外部世界的过程中交互作用、彼此统一的特质。——译注

对涉身性/具身性的分析消解了萨特对身体与心灵的激进区分。正如梅洛-庞蒂所展现的那样,在人们还没有开始有意识地反思时,身体便已经参与了知觉解释。(他以视觉幻象为例来阐明自己的观点。在有意识的反思试图矫正这些幻象之前,它们便已经被视为某种实际存在的东西。)倘若这一点是真实的,那么便不存在绝对的自由。涉身化/具身化的人被他们的身体与世界的交互作用所约束。这并不意味着人们不能对这种交互作用加以反思。只不过,人们总是作为一个已经涉身化/具身化的存在而进行这种反思。

82

类似于福柯,在梅洛-庞蒂看来,这种反思与行动的自由是一种情境化的(situated)自由:

> 我们选择了我们的世界,世界也选择了我们……自由始终是外部世界和内部世界的一种会合……随着我们生命的身体材料和结构材料的耐受性(tolerance)降低,自由也将缩减,但不会消失无踪。

(Merleau-Ponty 1962: 454) [1]

我们的自由存在于我们的身体与世界所设置的约束之中。这些约束可以为行动带来更广阔或更狭小的空间,即更大或更小的耐受性。但是,倘若没有身体及历史上存在的制度框架,自由也将不复存在,原因在于,自由只有通过它们(也就是说,身体)才能够得以演绎,也只有它们(世界)才是自由所关涉的对象。

梅洛-庞蒂的情境化自由观在某些方面与福柯的自由观相似。二者都承认我们的涉身性/具身性的重要意义,同时,也都认识到了身体同世界的接触及其实践。此外,在上述两种研究方法中,同

---

1　中译参考莫里斯·梅洛-庞蒂,《知觉现象学》,姜志辉译,北京:商务印书馆,2001年,第568页。——译注

世界的接触也会对人们的自由形成限制。二者的区别在于使这些
认识得以维系的分析层次。梅洛-庞蒂的情境化自由是一种形而
上学的自由。他为人类身体与周遭世界的相互交织提供了一种普
遍的哲学阐述。这样的阐述展示了身体与心灵、身体与世界怎样
形成一个独立的整体。由此出发,他得出了与萨特背道而驰的结
论,即所有人类的自由都是情境化的。不存在一种彻头彻尾的自
由,因为在我们的生命中,没有哪个方面能够外在于我们的躯体对
世界的介入。所有的自由,都是一种植根于世界及其历史之中的
涉身化/具身化意识的自由。

　　福柯不需要拒斥所有这些观点。然而,他也不需要对其全盘
接受。他的研究方法依照一种不同的思路而得以建构。他所提出
的,并非关于人类自由之本质的形而上学问题。毋宁说,他所关注
的是更具政治性的问题,即在特定的历史境况下(换言之,在我们
的历史境况下),我们有可能获取怎样的自由。他所感兴趣的情境
化自由,并非居于世界之中的人类身体的自由,而是关涉到我们的
处境的自由。在此前的引文中,福柯强调指出,对当下之本质的诊
断必须以某种方式来展现其脆弱性与裂隙。当下的脆弱性不应当
归因于人类所拥有的形而上学自由,尽管如我们所见,福柯似乎的
确假定了某种形式的形而上学自由。毋宁说,这种脆弱性应当归
因于历史的偶然性结构。

　　历史不是按照某种预先给定或超验性的框架而得以展开。历
史在很大程度上是分散的实践的产物,这些实践以无法被事先预
测,且不遵从任何超验性模式的方式相互交织和影响。(这并不意
味着人们无法从历史中找出某些特定模式;而是意味着,只有当人
们通过偶然性实践的交互作用来创造自身时,才能够发现这些模
式。)情境化自由作为这种历史偶然性的结果而出现。因此,就某
个人的自由而言,令人感兴趣的并非有关这个人是谁、其自由存在

于何处的形而上学问题,而是有关这个人的特定历史将其安置于何处,以及这段历史如何被干预的问题。简言之,对于福柯而言,情境化自由是一个历史性和政治性的概念,而不是一个形而上学概念。

正如其作品的多个方面所表明的那样,福柯的自由观既是哲学性的,也是历史性的。作为一种以哲学为导向的观念,它以大多数历史学家无法企及的更复杂方式来看待历史。作为一种受到历史影响的观念,它向传统的哲学分析提出了疑问。福柯的作品需要沿着上述两条轴线来阅读,其中每一方都处于同另一方的对话之中。如果我们允许自己参与这两个层面的对话,便不仅能进一步意识到自己通常看待世界的方式在哲学上的具体反映,也能意识到这种方式所具有的历史偶然性和可塑性特质。换言之,我们便可以面对自己的自由。

# 自由与身体

⊙ 约翰娜·奥克萨拉

米歇尔·福柯哲学的重要影响并非基于他所提出的明确理论或判断,而是基于他在分析我们的当下境况时所采取的方法。虽然科学和大部分哲学的目标,在于从事件与经验的迷乱中分辨出必然的、能够作为普遍律令而加以表达的内容,但福柯的思想恰恰与之背道而驰。他试图借助更深入的哲学审视,从显而易见的必然性中发掘出偶然的、历史性的和随文化而变更的内容。所有事物,尤其是那些被我们深信为无历史可言的事物,都会被细细审视。

这种研究方法也被运用于福柯的身体观。福柯从未提出任何关于身体的理论,甚至没有就身体作出统一的阐述,他对身体的理解必须从他的谱系学论著与论文中辨析出来。然而,他用以研究身体的哲学方法却显得与众不同。身体是理解历史之影响和现代权力机制的核心。身体与权力实践的彼此纠缠,意味着它在抵抗的实践中同样发挥了核心效用:它能够展现出一个自由的维度。

按照福柯的观点,在我们眼中,身体只是服从于生理学的必然而普遍的律令,历史和文化不会对它产生影响。事实上,身体由社会所塑造:它们以不同方式被使用和体验,它们的特征因文化实践的不同而不同。它们由工作节奏、饮食习惯和不断变化的关于美的规范所形成。它们由节食、运动和医学干预所具体塑造。简言之,身体同样有自己的历史。

86　　　在他最广为流传的著作《规训与惩罚》(1975)和《性史(第一卷)》(1976)中,福柯的目标在于,通过研究身体同权力的技术与机制之间的关联,使身体成为历史学的焦点所在。他对身体的理解在为数甚多的访谈与论文中得到了进一步阐述。在此,我将聚焦于福柯所讨论的核心文本,以展现对福柯的身体观的完整而连贯的解读,并特别关注这种身体观同权力与自由的关系。为了阐明身体与权力的关系,我将讨论福柯在《规训与惩罚》中对监狱的分析,并讨论他在《性史(第一卷)》中对性态的分析。为了阐明身体如何同抵抗与自由的实践密切相关,我将再次援引《性史》,以及福柯对阴阳人(hermaphrodite)赫尔克林・巴宾生活的分析。通过讨论福柯的作品以何种方式影响了酷儿(queer)和女性主义(feminist)理论家的解放运动,我将结束本章的论述。

　　应当记住,福柯从未打算将他对身体的见解整合为统一的理论。我们最好将他的谱系学理解为一个工具箱(toolbox),即一种有着不同来源,且适用于各种问题的灵活、多样的方法论取向。然而,将上述见解统摄起来的一个核心理念是,谱系学始终是至关重要的"身体的历史":它们往往会质疑一切关于人类行为的复杂领域(如性态、精神病或犯罪)的纯生物学解释。

## 驯顺的身体

　　在《尼采,谱系学,历史学》这篇关于其谱系学方法的早期的权威性论文中,福柯遵循尼采的思路,他坚称,谱系学的任务在于以身体为中心。尼采之所以抨击哲学,是因为它否定身体的物质性与生命力,是因为它自命不凡的形而上学仅仅对价值、理性和灵魂等抽象概念加以讨论。谱系学必须成为"一门治疗科学"(a curative science),它所描绘的是形而上学观念在身体的物质性中漫长而曲折的历史（Foucault 1984b：90）。谱系学不会去思考被认为是崇高和高尚的东西，而是聚焦于那些最接近它的事物：身体、神经系统、营养、消化和精力（Foucault 1984b：89）。福柯雄辩地写到，哲学家需要身体的谱系学来"驱赶自己灵魂中的阴影"（Foucault 1984b：80）。

在这篇文章中，福柯还提出了最极端的身体构想，即身体完全被历史与文化所塑造。他似乎拒绝承认，存在着任何关于身体的普遍的、非历史的因素，这些因素能够被理解为身体的牢固而稳定的中心："在人身上——即使他的身体也不例外——没有什么东西是足够固定的，可以作为自我认识或理解他人的基础。"（Foucault 1984b：87）

然而，福柯将尼采的身体观作为一种历史造物（historical construct）来加以讨论，其目的并非发展某种关于身体的极端的社会建构理论（social constructivist theory）。他并未将身体视为一个理论对象，而是认为，身体以两种不同的方式成为其谱系学的基础所在。第一种是政治或伦理的方式：福柯想要借助谱系学来研究那些据信没有历史的事物的历史。正如加里·古廷所言，"尽管许多传统的历史学试图证明，我们置身其中的境遇是不可避免的，基于其论证所揭示的种种理由，福柯的历史学旨在展现历史所赋予我们的偶然性——以及由此而产生的可超越性。"（Gutting 1994：10）因此，福柯理论的要点，并非坚持一种将身体视为文化建构（cultural construction）的极端观点，而是将身体置于怀疑之中，并进一步审视所有关于身体的不变之存在（本质、基础和恒定物）的论断。

身体为福柯的谱系学奠定基础的第二种方式体现在方法论层面：他希望将身体置于历史学的焦点，并通过身体对历史加以研究。福柯的谱系学在方法论上别具一格，因为它批判了权力通过对思想的意识形态操控而得以运作的观念。这种观念认为，主权者试图对民众进行洗脑，以使其相信那些不真实的东西。福柯的目标，

87

在于揭示身体所受到的物质操控,以显示这种权力观的局限性。

　　在其谱系学阶段的第一部主要著作《规训与惩罚》中,福柯以富有冲击力的方式阐述了权力如何通过对身体的操控而得以运作。这部作品绘制了现代监狱机构的谱系学,同时,通过分析犯人的身体被有意识操控的方式,而对权力与身体的关联加以审视。该作品也有效论证了福柯关于身体与权力在本质上相互交织的观点:身体并非给定的、自然的对象,而是在包括惩罚实践在内的权力的文化实践中展现其形态与特征。

　　规训是一种历史上特有的权力技术,它出现于 18 世纪,并通过身体得以运作。规训包含了形形色色的技术,其目标在于使身体变得驯顺而有用。新的规训手段对犯人、士兵、工人和学龄儿童的身体加以约束,以便使他们在大规模生产中发挥更大的作用,同时变得更容易控制。这些身体的功能、动作与能力被分解为细小的片断,被详加分析,并以效率最大化的方式被重新组合。人体成了一部机器,其运作可以被优化、估测和改进。福柯认为,在 17 世纪,一名士兵依然从实际战斗中习得其大部分的专业技能,通过这样的战斗,他也证明了自己天生的力量和内心的勇气。然而,到了 18 世纪,士兵却成为一部战斗的机器,成为某种可以通过恰当的训练而被构造的东西。福柯告诉我们:

　　　　人体正在进入一种探究它、打碎它和重新编排它的权力机制……它规定了人们如何控制其他人的身体,通过所选择的技术,按照预定的速度和效果,使后者不仅在"做什么"方面,而且在"怎么做"方面都符合前者的愿望。这样,规训就制造出驯服的、训练有素的身体,"驯顺的"身体。

　　　　　　　　　　　　　　　　　　　　　（Foucault 1979: 138）[1]

---

1　中译参考米歇尔·福柯,《规训与惩罚:监狱的诞生》,刘北成等译,北京:生活·读书·新知三联书店,1999 年,第 156 页。——译注

因此,现代规训权力的一个新的方面,是这种权力并非外在于由它所支配的身体。尽管在过去,身体同样跟权力和社会秩序紧密相关,但福柯宣称,规训权力在本质上是一个现代现象。规训权力不同于早期的身体控制形式,后者是暴力的,并常常是表演性的(performative),如公开的拷问、苦役和绞刑。规训权力并非要使身体遭受极端的暴力,它不是外在的或景观性的(spectacular)。它不会对其目标加以损毁或强制,而是通过细致的训练对身体加以改造,从而产生各种新的姿态、习惯和技能。它专注于各种细节,专注于每一个动作及其时间和速度。它对特定空间中的身体加以组织,并规划身体的每一次行动,以达到最大效果。以上这一切通过确定的、细致入微的规则,持续不断的监督,以及层出不穷的审查与检查,在工厂、学校、医院和监狱中得以完成。身体依照其可能的最优性能,依照其尺寸、年龄与性别而得以分类。不同于旧有的身体强制方式,规训权力不会对身体加以毁坏,而是对身体加以改造。个体真正将权力的对象内化为自身存在的一部分:内化到自己的行动、目标和习惯之中。

例如,在监狱中,规训技术对身体加以操控和实质性的塑造,从而迫使犯人屈服。犯人的身体不仅在分类和审查的实践中,也在有形的、空间的层面上与其他人相分离。他们通过训练机制、饮食安排和严格的时间规划而受到操控。上述权力过程通过犯人的身体而得以运作,但它们在本质上也是一种对象化(objectifying):通过分类与审查的过程,个体被赋予了某种社会身份与个人身份。他/她成了一个过失犯,一个拥有与众不同的身份标签的人。因此,规训权力通过"有形的身体操控"和"话语层面的对象化"来建构过失犯的身份。这两个维度彼此强化。一方面,有形的身体操控使话语层面的对象化得以可能,由此导致了诸如犯罪学与犯罪精神病学这些学科的出现。另一方面,这些学科的发展又促进了监

89

狱中规训技术的发展与合理化。这两个维度通过规范化而进一步有效地结合起来。科学话语产生了作为规范的真理:它们告诉我们,对于某一特定的性别群体和年龄群体而言,正常的脂肪百分比、胆固醇指标或性伴侣数量分别是什么。现代权力通过这些规范的内在化而得以运作。我们在试图接近"正常"的过程中不断对自己的行为加以修正,也正是在这样的过程中,我们成为特定的主体类型。

　　这样的规范化过程在《规训与惩罚》中得以阐述,在该书中,福柯分析了规训权力用以征服罪犯的各种战略。就犯人而言,规训权力的目标并非压制他们的兴趣或欲望,而是要将这些欲望改造为"正常"。这并非通过对犯人思想的意识形态操控,而是通过他们的身体来完成。规训技术的目标在于,使犯人重建其行为模式,并由此将社会规范铭刻在他们的身体之上。犯人必须使自己屈从于权力,以使权力的目标内化于自己对"正常"的理解之中。福柯以诗意的方式描述了这种征服的全过程,他倒转了"身体是灵魂的监狱"这一古老的哲学与宗教观念:

> 　　人们向我们描述的人,让我们去解放的人,其本身已经体现了远比他本人所感觉到的更深入的征服效应。有一种"灵魂"占据了他,使他得以存在,这种灵魂本身就是权力驾驭肉体的一个因素。这样的灵魂是一种政治解剖学(political anatomy)的效应与工具;这样的灵魂是身体的监狱。
>
> 　　　　　　　　　　　　　　　　　　(Foucault 1979:30)[1]

犯人的"灵魂"——这应当是他身上最真实的部分,因而也成为使他获得解放的关键——事实上是他的身体被征服所产生的效果。

---

[1]　中译参考米歇尔·福柯,《规训与惩罚:监狱的诞生》,刘北成等译,北京:生活·读书·新知三联书店,1999年,第32页。——译注

## 性化身体

在接下来的重要作品《性史(第一卷)》中,福柯通过性态来探讨身体这一主题。这部作品展现了福柯关于性态之话语构造(discursive constitution)的著名论断。尽管该书是就 19 世纪现代性态的出现所进行的一项历史研究,但福柯的批判同样指向了性态的当代观念。在 1960 年代和 1970 年代的西方世界,普遍流行的观点是,存在着一种为全人类所共享的、自然的、健康的性态,这样的性态在当前受到了诸如资产阶级道德、资本主义社会经济结构这样的文化禁忌与习俗的压抑。由于一种积极、自由的性态是必不可少的,被压抑的性态便成了种种神经官能症发作的因由。因此,关于性态的流行话语热情洋溢地倡导性解放:我们必须将自己的真正性态从压抑性的权力机制中解放出来。

福柯对上述观点提出了质疑,他所证明的是,我们对性态的构想与体验事实上始终是特定文化习俗与权力机制的结果,并无法独立于这些文化习俗和权力机制而存在。如同过失犯罪一般,性态仅仅存在于某一社会之中。这样,解放我们被压抑性态的使命便从根本上走入了歧途,因为不存在有待解放的真正的或自然的性态。从一套规范中解脱出来,只不过意味着用另一套规范取而代之,其结果将会和规范化如出一辙。福柯以调侃的笔调写到,性态机制的反讽之处在于"使我们相信,自己的'解放'是悬而未决的"(Foucault 1990a:159)。

为质疑性态与压抑性权力之间普遍公认的关系,福柯不得不重新对权力之本质加以构想。他的主要论点是,权力在本质上并非压抑性的;事实上,权力是生产性的。权力并非依靠对某种自然性态的真切可信的表达加以压抑与禁止来发挥作用。毋宁说,通过文化的规范性实践和科学话语,权力生产出的是我们体验与想象自己性态的方式。

性化身体(sexual body)是上述过程中必不可少的组成部分。在一个被频繁引用的段落中,福柯写道:

> 我们不必错误地将性构想为一种自发的能动性,它在与权力相接触的整个过程中派生了性态的多重效应。相反,性是最不确定、最理想化、最内在的因素,它存在于权力为控制身体及其质料、力量、能量、感觉和快感而组织起来的性态机制中。

(Foucault 1990a:155)

福柯因此声称,性是权力借以掌控我们身体的战略中的一个基本因素。但在这段话中,福柯所说的性究竟是什么意思呢?法语词 sexe 具有模棱两可的特征,因为它可以表示性器官解剖学和生物学意义上使男女两性得以区分的不同范畴;它也可以表示一种自然的功能,一种男性和女性的身体所共有的生物学基础或定律;它还可以表示性交的行为。然而,就福柯的论点而言,这种歧义性是至关重要的,因为他试图证明,"性"实际上并非一个自然的实体,而是指一个由不同因素组成的、完全任意且虚幻的统一体。

在《性史》的结尾部分,福柯预设了某种反对意见,从而展开了他对性的讨论。他虚构了一个假想的论敌,这一论敌声称,他关于性态的历史学只是设法为性态的文化建构辩护,因为他回避了"性功能在生物学意义上的坚实存在,以期从或许是多变的,但又是次要的和总体上肤浅的现象中获取利益(Foucault 1990a:150-151)。因而,这个假想的批评家提出了关于身体之性态的自然和必要基础的问题:即使性态的表现形态具有文化建构性和可变性,但在身体中必然存在着一种生物学基础,一种无法被随意扭曲的、先于文化的、具体的给定性。必然存在着某种纯粹自然的东西——生物学意义上的器官、机能与本能——它引发了性态在文化层面各不相同的表现形态。

福柯对自己的论敌作出了回应,他首先否认自己对性态的分析暗示了"对身体、解剖、生物性和机能的忽略"(Foucault 1990a:151)。相反,我们所需要的,是一种能够消除生物学与文化之间区隔的分析(Foucault 1990a:152)。他的谱系学历史研究的目标,恰恰是为了表明,在现代权力形式(如规训权力)的发展过程中,历史与身体如何以复杂的方式紧密结合。福柯明确提出,他将性态作为一种话语造物(discursive construct)来加以分析,这种分析并未否认身体的物质性,也未否认性功能在生物学意义上的坚实存在(Foucault 1990a:150-151)。事实上,他的研究是为了表明:

> 权力机制是如何直接地与身体——与各种身体、功能、生理过程、感觉、快感——联系在一起的;……需要借助分析来展现的是,生物性与历史性并非前后相继……而是以一种愈发复杂的方式,依照以生命为目标的现代权力技术的发展而联结起来。因此,我并没有设想一种"心态史"(history of mentalities),后者只是通过身体被感知、被赋予意义和价值的方式来阐释身体;我所设想的是一种"身体史"(history of the bodies),它只是以最具物质性和生命活力的方式来对身体加以解读。

92

> (Foucault 1990a:151-152)

因此,福柯在本体论意义上承认了某种物质性的存在:存在着诸如身体、器官、躯体位置、机能、解剖生理学系统、感觉与快感这样的东西。然而,福柯拒绝接受的是,这种物质性将以一种无可争议的方式与性观念相对应。换言之,性观念并没有自然或必然的指涉物。在关于性态的科学话语中,性观念所指涉的是某种在现实中完全无法作为自然统一体(natural unity)而存在的东西。这是一个伪科学(pseudo-scientific)的对象,就像是癔症或偏执狂,现在我们将其视为不同症候的纯虚构的统一体。性这一术语在福柯的文本中被置入引号内,因为该术语已变得令人生疑。他将这一概念的普遍公认的意义括入括号,以便能研究其谱系,即"性"这一观念如何在权力的不同战略中形成,而它在这些战略中又发挥了怎样的作用。

　　福柯注意到,这样的性观念产生了三种理论上的效益:它首先使不同类型的因素——例如,解剖学特征、行为模式与幻想——有可能结合起来,并将这种虚构统一体(fictitious unity)作为解释不同形式之性态的因果原理而加以使用。其次,这样的性观念使性态的科学与生殖的生物科学相接近,这也成了它们的准科学性(quasi-scientificity)的保证。最后,因为性是某种生物性的和自然的东西,权力只能作为某种外在于它的因素而出现。

　　与之相反,福柯驳斥了这样的观点,即认为性是一个给定的生物学基础,是相对于权力而言的"他者"。在他看来,自然而基础的性观念是一种规范化、历史性的建构,它是权力的一个重要支撑点。福柯之所以对性化身体加以分析,是为了研究"性"的科学观念如何在权力的不同战略中形成,并在这些战略中发挥了怎样的作用。那种认为"性"是个体的性别身份/性别认同(gender identity)、性身份/性认同(sexual identity)和性欲望(sexual desire)的科学基础与真正起源的观点,使我们有可能对性与性别行为(sexual and gendered behaviour)加以行之有效的规范化。借助有关个体的真正的性的知识,我们有可能将他的性与性别行为视为"正常"或"不正常",从而对其加以评估、病态化和矫正。

93

### 身体、快感与自由

福柯对权力的分析试图描述加诸我们的历史限制,但这种分析同样是一次有可能修改并跨越这些限制的实验:在权力关系中,总是包含着抵抗关系和难以驾驭的方面。我们无法超越限制自身经验的权力网络,但总有可能以不同方式在这样的网络中思考和存在。自由并不是指"一切皆有可能",而是意味着,当下的思考与存在方式并非一种必然。自由所涉及的,是结构与界限——包括我们当下经验领域的界限——的偶然性。

这一点对性经验而言同样千真万确。福柯并未将性化身体仅仅视为支配性话语和权力技术驯顺而消极的对象。它同样表现出抵抗这种话语和技术的可能性。在《性史》的一个重要段落中,福柯这样写道:

> 我们不要认为在对性说"是"的时候,我们就是在对权力说"不";相反,我们所遵循的是性态之普遍机制的轨迹。如果我们想通过对各种性态机制的策略性逆转,利用身体、快感、知识的多样性及其抵抗的可能性来反对权力的控制,那么,我们便必须从性的能动性中摆脱出来。反抗性态机制的支点不应当是性欲,而应当是形形色色的身体和快感。

> (Foucault 1990a:157)

在这段话中,福柯的言外之意是,在身体中蕴藏着颠覆权力之规范化目标的可能性。身体是一个抵抗与自由的策源地(亦可见Foucault 1980a:56)。身体从来就不是完全驯顺的,而它的经验也永远无法被完全还原为规范的、话语性的因素。作为科学话语和规训技术的对象,性化身体始终是话语性的。然而,它也是一个在现实中行动并体验快感的身体。即使我们承认,语言对我们的经验与思想形成了必然限制,我们同样有必要在话语和经验之间加

94

以区分。即使我们相信,自己只可能经验那些可以用语言表述,并可以通过语言来理解的东西,经验本身依然无法被简化为语言。

经验和话语之间的本体论区分——对某事物的经验,以及对这种经验的语言性描述与解释——在理解身体之抵抗的过程中是至关重要的。鉴于身体经验永远无法被完全简化为话语秩序,身体所代表的是一个自由的维度:具体的经验和语言并非完全一致,因为经验在某些时候超越了语言的限制,在某些时候,它又是完全不可表达的。身体能够扩展、扭曲并逾越其话语性的决定因素,亦能够敞开某种由新的方式所表达的、令人惊异的新的可能性。

如果说《性史(第一卷)》已暗示出将身体与快感理解为一个抵抗之策源地的可能性,那么,紧随其后的《赫尔克林·巴宾:最近发现的一位19世纪法国阴阳人的自传》(1977)对于理解福柯的抵抗身体观而言同样至关重要。赫尔克林·巴宾是一位生活于19世纪末期的阴阳人,在该时期,关于性和性态的科学话语变得愈发引人瞩目。她在出生时被指认为女性,但在成长的过程中,她对自己身体的独特性产生了某种模糊的意识。在成年之后,她决定向一位牧师坦白自己在解剖学意义上的特殊性,结果,她被医生以科学的方式重新归类为男性。然而,她/他却无法适应这一新的身份,并在三十岁时自杀身亡。她/他留下了讲述自己悲惨遭遇的回忆录,福柯在公共卫生部门的档案中发现了这份回忆录。他编辑了这些回忆性文字,并连同与此事相关的医疗与法律文件,以及他本人所撰写的导言一道出版。

这部作品的编撰方式颇为耐人寻味。它有效地将如下两种表述并置起来,其中一种是赫尔克林回忆录中关于阴阳人身体的第一人称的生动叙述,另一种是法律和医学中针对这种身体的第三人称叙述。毋庸置疑,赫尔克林本人的表述无法被理解为关于其身体经验的真实或权威性的描述,因为这样的表述显然是由当时有关阴阳人的叙述惯例和文化观念所塑造的。不过,第三人称的法律解释和医疗诊断同样无法被认为是"真实的"叙述。赫尔克林所经历的悲剧,恰恰是在主体自身的身体经验与关于其"真正的性"的支配性科学和法律话语之间出现分离与断裂——当然也包括必然的对应与重叠——的结果。

95

因此,这本书的形式(而不只是内容)对于福柯的如下尝试是至关重要的,他试图证明,尽管我们的身体经验始终无法独立于支配性的话语和权力实践,但这种身体经验同样无法被简化为两者中的任何一方。身体总是通过一个复杂过程来获取意义,在这一过程中,相互抵触的话语、概念和实践与私人性的感觉、快感和痛苦交织在一起。

## 如何运用福柯式的身体?

如前所述,福柯将他的作品构想为"工具箱",读者能够从中翻找出他们需要借以思考和行动的工具。因此,作为总结,我们有必要追问,福柯的身体观怎样被当代思想家采纳,以期对我们管理自身性态的当代方式加以理解和改变。

福柯通过权力机制来理解身体之历史建构的思路,对女性主义理论(feminist theory)产生了深远影响:它所提供的是一种从物质性层面对身体加以理论说明的方式,同时又避免了一切对身体的自然主义表述。[1] 它也为理解女性身体的规训式生产提供了工具。女性主义者利用福柯关于身体与权力的观念,来研究女性塑造其身体的不同方式——从整容手术,到节食和进食障碍——并

---

1　关于女性主义对福柯的采纳,比如,可见 Butler 1990,Braidotti 1991,Sawicki 1991,McNay 1992,McWhorter 1999,Oksala 2005。

将这些日常实践作为服务于父权制规范化权力的规训技术而加以分析。这些规范化的女性实践训练女性的身体,使之变得驯顺,并服从于特定的文化诉求,与此同时,通过"权力"与"控制",上述实践又以一种悖论化的方式为女性所体验(比如,可见 Bartky 1988; Bordo 1989)。

福柯对性的历史化同样深刻影响了女性主义理论。朱迪斯·巴特勒(Butler 1990)有效利用了福柯关于主体、权力与性之间关系的思考,以此来解决性别化主体(gendered subjects)的问题。她承袭了福柯的思路,并宣称,在性别身份/性别认同的背后,并不存在能够成为其客观成因和生物学基础的"真正的性"。相反,在权力与知识的网络中,性别身份/性别认同被建构为一个规范化、标准性的理想。个体重复与该理想相接近的行为,从而对性别加以演绎。尽管人们的行为被理解为他们的性的必然而自然的结果,巴特勒却认为,这些行为实际上是一种不存在任何自然与根本原因的操演(performance)。例如,女性行为并不是一种真正的、根本的女性的性的结果,事实与之相反:真正的、根本的女性的性这一观念是女性行为的产物。稳定的性别核心观念是一种虚构,它由一系列持续不断的操演所支撑。

福柯不仅对女性主义思想家产生了影响,他就性化身体所提出的观点同样影响到了同性恋研究。他的性态观在很大程度上建立了一种研究性态的新的理论方法,这种方法可被称作酷儿理论(queer theory)。

潜藏在酷儿性态观背后的主导思想是,男女同性恋与异性恋的身份都不是自然的、本质性的身份,而是通过规范性话语和权力关系(它们规定了何为"健康"与"正常"的性态表现),在文化层面上得以建构。这并不意味着同性恋没有"真实地"存在。正如女性的案例所表明的那样,某些事物的被建构并不意味着该事物不是真实的。人们是被定义的,他们必须按照诸如此类的建构来思考与生活。然而,性政治(sexual politics)的目标,并不只是通过对性化身体的诸方面加以科学研究,而发现人们的真正的身份。性化身体,以及被认为应当由它引发或建构的性身份/性认同,通过压抑性的权力关系而得以建构,这样的权力关系是我们的性政治必须试图去挑战与抵抗的。[1]

因此,相较于仅仅从权力、从对同性恋或性别身份的认定中解放出来,酷儿与女性主义政治的目标要复杂得多:自由的实践需要质疑,甚至否定那些以自然和必然的方式强加给我们的身份,它将使人们看到这些身份的文化建构性,看到这些身份对运作于社会范围内的权力关系的依赖。我们应当研究这些身份的组织构造,以及性态作为必然与之关联的复杂建构而形成的方式,而不应当从诸如男性—女性、异性恋—同性恋这类稳定的二元范畴出发来展开思考。

虽然人们对身体的共同关注已经揭示了女性主义理论、酷儿理论与福柯思想之间的重要关联,但同样有人认为,福柯心目中的身体显得太过驯顺,在文化上也具有过强的可塑性,因此,就女性主义的目标而言,他的身体观是片面和有局限的(比如,可见 Bordo 1989, 1993;Bigwood 1991;McNay 1991;Soper 1993)。反对性的意见也随之而提出。例如,朱迪斯·巴特勒便批判性地指出,福柯在《性史》中对身体的思考回到了“一种没有规范的野蛮状态”(Butler 1997:92)。巴特勒提出,尽管福柯在《性史》中主张对性态和性施以批判性的历史化,但他并未将这种历史化延伸至性的身体(sexed body),而只是天真地将身体与快感看作抵抗权力的场所。

97

---

1　关于福柯与酷儿理论,比如,可见 Halperin 1995。

然而,我试图表明的是,福柯的身体观为我们对身体的理论说明提供了卓有成效的工具。身体既是权力的某种效果,也是一个抵抗与自由的策源地。身体既是驯顺的,也是无政府主义的。它们无法被简化为一个生物学事实的集合体,而是为实验和各式各样的快感提供了可能性。它们总是不可避免地与权力机制交织在一起,但它们也开辟了创造性政治和个人实验的领域。就打破并扰乱一切总体性而言,它们敞开了一片自由的领域,但这样的自由领域不能被理解为某种外在于权力的、绝对而神秘的东西。福柯强调指出,我们有必要从改变自身当下境况的具体实践出发,对那些使我们以不同方式思考和行动,进而"打开了自由的空间"的"虚拟的裂隙"加以理解(Foucalt 1990c:36)。我们必须尝试以有利于当下的具体政治变革的方式,对我们身体的不确定性和本体论上的偶然性所带来的可能性加以重新阐释。福柯向我们传达的信息是,性态应当被理解为一种为存在提供不同可能性的实践或存在方式,而不应当被理解为一种我们必须从中揭示出真相的心理学或生物学状况。它应当从生物学的必然性领域转向自由的实践领域。

# 自由与精神性

◎ 凯伦·文特吉

　　在福柯的作品中,精神性(spirituality)是一个独辟蹊径的概念,这一概念可以被恰如其分地描述为一种"没有'精神'的张力"(intensity without a "spirit")[1]。要理解福柯对精神性的具体构想,我们有必要对其作品,尤其是后期作品(即1976年以来的著作、访谈和讲稿)中的一些基本论题加以思考。在这一章中,我将首先分析福柯在其早期作品中使用精神性概念的方式,他的灵感来源于超现实主义作家。这一分析在很大程度上依赖于杰里米·卡雷特的著作,他在《福柯与宗教》(2000)一书中辟专章讨论了这一主题。在本章的第二部分,我简要讨论了福柯在其"中期"(1970—1976)作品中对主体性在现代西方的主要形式所进行的分析。上述讨论为本章的第三部分作出铺垫,这一部分分析了精神性概念在福柯后期作品中的"出口"(exit)地位。在此,我所表明的是,精神性构成了一种伦理的自我转化,一种有意识的自由实践。在第四部分中,我讨论了福柯关于精神性与真理之间关系的认识论诉求。在接下来的两部分中,我分析了福柯的"政治的精神性"(political spirituality)概念,同时指出,这一概念为我们提供了一种跨文化政

---

1　我从杰里米·卡雷特的作品中(Carrette 2000: 60;亦可见162-163, n.72)借用了这一表述方式。

治的新的规范性视角。在结论部分,通过深入新兴的伊斯兰女性主义(Islamic feminism)话语,我将对福柯作为自由实践的精神性理念加以阐明。

## 100 超越身体/心灵二元论

正如卡雷特所表明的那样,在他的早期(1970 年之前)作品中,福柯只谈到过一次精神性。在一场关于"新小说"(new novel)和超现实主义(surrealism)的讨论中,福柯就某些超现实主义实验发表了评论,在这些实验中,他目睹了人们试图令身体言说。福柯谈道:

> 作者不断地引证某些经验——如果你愿意的话,我可以用引号将其标注为"精神经验"(spiritual experiences,即使"精神"一词不太恰当)——如梦幻、疯癫、无理性、重复、重影、时间的混乱、回归,等等。这些经验形成了一个无疑相当协调的集合体。而令我吃惊的是如下事实,即这一集合体已经在超现实主义中得到了描述。
>
> (Foucault 1999b:72) [1]

类似于超现实主义者,福柯同样对"激进批判理性和确定性所创造的新思维空间"深感兴趣,然而,他并没有接纳超现实主义者在更广泛意义上对宗教理念的迷恋(Carrette 2000:56)。通过诸如阿尔托和克洛索夫斯基这类半超现实主义作家的作品,福柯试图使自己的思考超越西方基督教与笛卡尔哲学传统中身体/心灵的二元论(body/soul dualism),并构想一种卡雷特所谓的"精神的肉体性"

---

1  中译参考米歇尔·福柯等:《关于小说的讨论》,桂裕芳译,见《福柯集》,杜小真编,上海:上海远东出版社,1998 年,第 15-16 页。——译注

（spiritual corporality），以及一种"将精神概念置于身体之中的重新规划"（Carrette 2000：54）。

然而，超现实主义将神秘主义和诺斯替主义的影响融入其对僭越（transgression）的迷恋，以及对克服"理性的所有控制"的尝试（Carrette 2000：50）。福柯对"精神性"的兴趣则关涉到植根于身体的经验模式，这一模式与理性的或有意识的思考背道而驰。正如我们将看到的那样，福柯在他的后期作品中保留了这种"精神的肉体性"元素，但也在其中加入了另一些内容，因为他不再满足于这样的观念，即抵抗主要从身体上得以体现的理性主义或逻各斯中心主义秩序（Thompson 2003）。

## 对正常性的批判

在其中期作品中，福柯对现代西方社会中的主体性形式作出了详细的探讨和批判。在 1970 年代的作品中，他揭穿了启蒙运动通过理性为人类和社会带来进步的宣言。"'启蒙运动'既发现了自由权利，也发明了规训。"（Foucault 1979：222）这些产生于 19 世纪的规训——诸如监狱、学校，以及医疗和福利机构这样的全景式、控制性、话语性的机构——将监视、训练、审查等权力技术运用于个体的身体，以此形成理性化的自我控制。理性使自我控制得以可能的观念，使规训技术不仅为各种机构所用，同时也作为增强这种控制的手段而得到了个体自身的运用。这样，一个内在的"核心自我"（core self）便得以建构，而独立自主的主体也随之而诞生。

人文科学在规训中发挥了重要作用，它对人们进行分等与归类，监视人们的行为，并在这些行为被认为"不正常"时对人们加以治疗。精神病学、生物学、医学与经济学，以及随后出现的精神分析、心理学、社会学、人种学、教育学、犯罪学，在其所有的实践层面上——例如,建筑、治疗室、接纳程序、考核——就理性与非理性、正常与不正常、人道和非人道制定了法则。通过这种政治理性体制,自启蒙运动以来,理性而独立之个体的主体形式便成为西方文化的规范。

然而,在福柯看来,西方社会所特有的政治理性不仅为所谓的不正常人士(罪犯、性变态者、疯人等),同时也为"正常的"人建造了一座监狱,而他显然对这两类人都报以同情(White 1996)。[1] 在《规训与惩罚》中,福柯细致分析了应用于身体,并形成理性的自我控制的监视性权力技术,而在《性史(第一卷)》(1990a)中,他探讨了一种内在的、更深层次的主体化/屈从化(subjectification)。为了一种必须被揭示的内在真相,心理学、精神病学、教育学、医学这样的话语迫使人们吐露被认为是隐藏起来的性感觉,进而将特定的性身份分配给每一个人。认识自己成为一项转向内心更深层次的永无休止的工作。在福柯中期的作品中,普遍意义上的心理科学和特殊意义上弗洛伊德的精神分析成为他的*厌憎之物*(bêtes noires)。通过上述学科的作用,现代西方主体成了一个所谓真实的、深度的自我,他一次又一次地被迫坦白其内心深处的感受。对于福柯而言,这种深度自我(deep self)无疑是一座监狱。

## 精神实践

福柯对西方主体的历史化,使他在后期作品中转向了古希腊和希腊化的主体性形式。在 1981—1982 年的法兰西学院讲稿《主

102

---

1 很多人提出,福柯的《规训与惩罚》缺乏一种规范性视角。然而,一些直言不讳的话语又表明了福柯对规训的支配地位的拒斥,例如,他将规训的发展称作平等司法结构的建立(Foucault 1979:222)与"恶毒、烦琐的纪律及其调查"(Foucault 1979:226)的"阴暗面"。

体解释学》(2005a)中，他明确指出，"认识你自己"(you have to know yourself, gnothi seauton)这一古老格言并非植根于对个体内在真相的探寻。它与"自我关注"(care of the self, epimeleia heautou[关心你自己])这一自现代性以来便似乎被我们遗忘的传统相互交织。

自1976年以来，福柯便使用"自我关注"这一标签来说明各种古代实践，这些实践旨在实现一种与伦理的生活方式相关联的自我修养。古代伦理学本身便是一个相对独立于其他系统的强大体系。它所包含的是形形色色的语汇，这些语汇为作为伦理主体的自我的具体塑造提供了指引。对自我知识的追寻与人们的立场和行为息息相关，因而也能够对自我加以改造，"以求获得某种幸福、纯洁、智慧、完美或不朽的状态"(Foucault 1997d：225)。在此，我们所拥有的主体不再是被规训的深度自我，而是一个更为浅表化的自我，它所追寻的是行为的伦理一致性。通过不断的实践或"修行"(ascesis)，通过诸如书写练习、冥想、与自我对话这些"自我的技术"(technologies of the self)，人们试图创造一种"气质"(ethos)。这种个人伦理(在希腊语中，ethos一词的字面意思是"性格"[character]，它所涉及的是一个人的个性[personality])不仅仅是一个思想问题；它还是"主体的一种存在模式，与之相伴的，是一种特定的行动方式，一种他人可见的方式"(Foucault 1997e：286)。正是在这一背景下，福柯再次使用了精神性这一概念。

福柯在法兰西学院的同事、古典主义者皮埃尔·阿多的作品在此具有重要意义。在对古典哲学的研究中，阿多强调了这一事实，即古代哲学在很大程度上是一种"精神修炼"(spiritual exercises)。阿多认为，要表明古代哲学是一种与整个存在密切关联的生活方式，"精神的"(spiritual)是一个再恰当不过的术语：

> 我相信……有必要使用这一术语,因为我们所能使用的其他形容词——"心理的"、"道德的"、"伦理的"、"智识的"、"思想上的"、"心灵上的"——都无法涵盖我们想要描述的现实的各个方面……"思想"一词不足以清晰阐明想象与情感在这些修炼中所发挥的至关重要的作用。
>
> (Hadot 1995:81-82)

在其后期作品中,福柯明显受到了阿多的研究方法的启发,他以相似的方式使用了"精神性"概念,即是说,用这一概念来阐明人们的存在模式,而不仅仅是思维模式的转变:

103

> 我所说的精神性——我不能确定,这种界定是否长期有效——是指主体获得某种存在模式和发生一些转变,主体想要获得这种存在模式,就必须实现自身的转变。我认为,在古代的精神性之中,精神性与哲学是同一的,或几乎是同一的。
>
> (Foucault 1997e:294)[1]

在此,福柯将精神性与古代哲学等量齐观,而在1982年的讲稿《主体解释学》中,精神性概念则与自我关注联系起来:"纵观这些……不同的哲学形式、训练方式,以及哲学或精神实践,我们发现了通过各种表述方式而得以体现的自我关注的原则。"(2005a:12)卡雷特恰如其分地指出了伦理与精神性在福柯的后期研究中的重叠与融合,这两者都从属于一种"自我塑造模式"(mode of self-formation)或一种"存在模式"(mode of being)(Carrette 2000:136,138)。在福柯的后期研究中,精神性对应于他对通过修行而实现的伦理自我转化的定义,后者关涉到的是个体的整个生活方式。正是在这样的意义上,我们从福柯的作品中

---

1  中译参考米歇尔·福柯,《自我关注的伦理学是一种自由实践》,刘耀辉译,见《福柯读本》,汪民安主编,北京:北京大学出版社,2010年,第360页。——译注

发现了一种没有精神的精神性,这种精神性不具备超自然的无形存在或永生不朽的灵魂。

　　类似于早期福柯在超现实主义启发下提出的见解,精神性概念同样与笛卡尔的身体/心灵二元论格格不入。它在一个规范性的情境中明确关涉到身体维度,即是说,它以"气质"的形式得以表现。这样的气质是一种充满生命力的伦理学,并同样与身体的要素、行为和举动息息相关。

　　很明显,在福柯看来,通过自我关注而获取的气质是脱离现代人贫乏的自我技术的"出口",这些自我技术受到监视性、审查性的规训,并受到支配性实践的重重限定。"在古希腊和罗马文明中,诸如此类的自我实践与后来——尤其自宗教、教育、医学或精神病机构在某种程度上接管它们之后——相比,显得*更为重要,尤其是更具自主性*。"(Foucault 1997e：282,强调系笔者所加)[1] 在古代,自我关注曾是自我认识的框架,而在西方现代性中,情况则相反,自我关注唯有通过对真理的关注才能够发生(Foucault 1997e：295)。我们可以得出结论,在福柯的后期作品中,精神性概念表明,这种通过修行来实现的伦理自我转化的传统,是生命中一个独立自主的维度。因此,我们要讨论的是伦理自我转化的实践,这些实践不受道德律令或法则的左右,而是可归结为"自由的实践",原因在于,人们能够自由地将自己塑造为伦理的主体。这些伦理的自我实践"并非个体自身的发明。这些实践是个体从自身所处的文化中所发现的模式,并且是由个体所处的文化、社会,以及社会群体向他倡导、暗示和强加的"(Foucault 1997e：291)[2]。然而,借助这些模式、工具和技术,人们可以获取并自由地创造一种个人气质,这种气质通过其行为和生活方式而得以体现。

104

---

1　中译参考米歇尔·福柯,《自我关注的伦理学是一种自由实践》,刘耀辉译,见《福柯读本》,汪民安主编,北京:北京大学出版社,2010 年,第 350 页。——译注
2　同上,第 358 页。——译注

当被问及古典意义上的自我关注是否应得到更新时,福柯回答道:"确实如此。"但他又补充说,这种自我关注在现代当然会带来某些新的东西(Foucault 1997e:294)。现代人"能力的增长"应当从主导的权力机制中摆脱出来(Foucault 1997e 1997g:317)。鉴于自我关注在古代"离不开男性化的社会,离不开非对等性,毫不顾忌他人"("诸如此类的种种都极其让人厌恶!"),"难道个人的生活就不能成为一件艺术品吗?"(Foucault 1997e:258, 261)[1] 福柯的规范性视野在于,自由的实践应通过尽可能多的人而得到最大限度的发展。

福柯强调指出,在古代,对"气质"的习得总是发生在各种哲学流派与团体之中。这些流派与团体的成员通过精神实践来训练自身,以此而获取某种气质(Foucault 2005a:113)。他偶尔也会谈及宗教团体,比如在《主体解释学》一书中,他便对特拉普提派(Therapeutae)作出过讨论(Foucault 2005a:116)。他还谈到了宗教语境下自主的伦理精神维度,并讨论了基督教的某些思想脉络。例如,他这样论述道:

> 在文艺复兴时期,你会发现,一系列宗教团体……都在抵制牧师权力,并要求获得自己确定自己身份的权利。按照这些团体的看法,个体应该对自己的救赎负责,而不是依赖教会机构或教会牧师。因此,我们可以发现,在某种程度上,重新出现的并非自我的文化——这种文化从来就没有消失过,而是对自我文化之*自主性*(autonomy)的重申。
>
> (Foucault 1997f:278,强调系笔者所加)[2]

---

1　该引文摘录自福柯的访谈《论伦理学的谱系学:研究进展一览》(Foucault 1997f),此处文献说明应为作者笔误。——译注

2　中译参考米歇尔·福柯,《论伦理学的谱系学:研究进展一览》,上官燕译,见《福柯读本》,汪民安主编,北京:北京大学出版社,2010 年,第 319 页。——译注

请注意,福柯再次强调了伦理的精神的自我塑造所居有的相对独立的场域。同时,更重要的是,按照他的看法,这一场域也能够存在于宗教的情境之中(Vintges 2004)。正如卡雷特(Carrette 2000)在多处所暗示的那样,精神性概念并未涉及宗教信仰,而是指向了自由伦理的自我转化实践,这些实践在宗教框架的里里外外都可以被发现。

## 精神性与真理

精神性不仅表现为通过自我技术而实现的自由伦理的自我转化,同时,还出现在福柯与真理有关的后期作品中。在《主体解释学》中,福柯认为,"精神性"是

> 主体为达至真理而用来对自己施以必要改造的探究、实践和体验。这样,我们会把这一整套探究、实践和体验称为"精神性"……[它们是为了主体……]而成为达至真理的代价。

> (Foucault 2005a:15)

在笛卡尔之前,知识建立在这种精神性的基础之上。然而,"笛卡尔时期"(Cartesian moment)却标志着现代真理历史的开端,在这一时期,知识,且只有知识是主体把握真理的前提条件。除此之外,在笛卡尔看来,即使个体没有"改变或转换其作为主体的存在",换言之,即使个体不需要以实质性的方式来改造其主体性结构,这种对真理的把握同样是可能的(Foucault 2005a:17)。

福柯承认,我们能够认识到一门"假科学"(false science),是因为后者对这种改造所提出的要求(所具有的必要性)。然而,他也谈到,在"非科学的知识形式中,我们不应当试图以稳固而明确的

方式把某些要素、某些精神性诉求纳入科学的结构"(Foucault 2005a：29,强调系笔者所加)。马克思主义与精神分析是两种后笛卡尔的(post-Cartesian)知识形式,它们仍然需要从存在层面对主体加以启蒙和改造。然而,这两种知识形式都试图掩盖上述事实,而不公开承认伦理的自我转化的必要性,即是说,并未将精神性视为把握真理的前提条件(Foucault 2005a：29)。福柯似乎暗示,哲学家不应当试图将自己的知识形式同化到科学的结构之中,而应当着眼于精神性与真理的关系。

或许是为了避免给予某种植根于启蒙的哲学知识类型以特权,在接下来几年的讲座中,通过对直言(parrhēsia)这一概念加以分析,福柯详尽阐释了他所偏爱的"精神性作为把握真理之途径"的观念。parrhēsia 一词的意思是"说出一切"。直言者(parrhēsiastēs)是说出心中所想之一切的言说者,即使他所说的东西可能会危及其生命——例如,在他的言论与国王或绝大多数民众所相信的东西不相符合的情况下。福柯细致分析了勇敢地言说真理怎样成为"精神性作为把握真理之途径"这一古老传统的一部分。在 1983 年夏天发表于伯克利的系列讲稿《无畏的言说》中,福柯对直言的言语活动作出了如下定义:"在直言中,言说者运用其自由,他选择坦率而非说服,选择真理而非谎言或沉默,选择死亡的危险而非生命与安全,选择批判而非奉承,选择道德责任而非自我利益和道德冷漠。"(Foucault 2001：19-20)

在这些讲座中,福柯再次概述了古希腊人的理想,即个体的整个生活方式占据了至关重要的地位:真正的直言者是一个"有着操守与气节"的人,是一个"有着无可指摘的原则与信义"的人,他的行动和思想具有一致性(Foucault 2001：69)。在他对直言的研究中,福柯试图追溯"我们所说的西方批判性传统的根源"。他想要建构的是"西方哲学中批判性态度的谱系学"(Foucault 2001：170-

171)。福柯对古代精神性中直言的一面加以强调,很可能含蓄地回答了潜在的反对意见,即至少从笛卡尔开始,知识变得民主而开放,而不再是某个特权群体的先决条件;知识具有了批判性,而不再以说服为基础。福柯对直言的研究,意在对现有知识的民主、开放的精神基础加以阐明:一种批判的哲学态度所关涉到的是个体的整个生活方式,它在这一意义上是"精神的"。福柯将这种态度确认为西方启蒙运动的核心价值(Foucault 1997g),并在自己的工作和生活中将其付诸实践。[1]

## 政治的精神性

作为通过修行而实现的自由伦理的自我转化,福柯的精神性概念完全是政治性的,它是一个出口,一种对"正常的"西方主体形式的批判性替代。这种主体形式由理性而自主的个体和深度自我构成,它是西方现代性的权力/知识制度的产物。这就是为什么福柯会采用"政治的精神性"概念,他这样谈道:"通过区分真实与虚假的不同方式而发现支配自身的不同方式——我将这样的意愿命名为'政治的精神性'。"(Foucault 1991b:82,转引自 Carrette 2000:137)福柯表达了将我们的主体性从西方现代性的政治理性之中分离出来的需要。

---

1  在讨论康德的文本《什么是启蒙运动?》时,福柯指出,康德的回答"敢于认识"(sapere aude)不仅关涉到"制度性、伦理和政治的"境况,也和"精神的"境况息息相关。康德的回答同样涉及对某种"在勇气鼓召之下由个人完成的行为"的要求,这样的行为是依靠人"自己改变自己"而实现的。在福柯看来,西方启蒙运动是一种精神态度。他认为,启蒙运动"并不在于信守教条原则,而在于不断激活某种态度",正是这一态度将我们和启蒙运动联系起来(Foucault 1997g:306,312)。

福柯支持对主体性的真实/虚假体制加以抵抗,他在 1978 年的伊朗革命中发现了这样的抵抗。伊朗革命所反对的,是以欧洲模式对伊斯兰国家加以现代化的尝试。在他的论文《伊朗人在梦想什么?》的最后几行,福柯提到了"自文艺复兴和基督教大危机以来便被我们遗忘的可能性,一种*政治的精神性*"(Foucault 2005b:209)。在关于该主题的另一篇文章中,福柯讨论了什叶派这一伊斯兰教的分支,它在"对规范的表面顺从"和"深广的精神生活"之间作出了区分。在当时的伊朗革命中,对伊斯兰传统的认同与"精神体验的更新",换言之,与"更新其整个存在的意愿"结合在了一起(Foucault 2005c:255)。"政治的精神性"是对立于真理政体(truth regimes)的自由实践维度,它涉及福柯心目中人们的整个生活方式。我们再次发现,福柯同样将这一维度安置于宗教的情境之中。

## 一种跨文化的自由观

我们已经看到,在其后期作品中,福柯不仅在世俗情境中,也在宗教情境中就自由伦理精神的自我转化实践展开讨论。他不仅论及基督教和伊斯兰教的某些分支,同时还谈到了亚洲宗教。利伯曼·夏布讨论了福柯的作品中是否具有一种以隐藏话语(hidden discourse)的形态表现的,与身陷困境、毫无希望的"西方人"相对应的存在,这样的"对应物"可以被指认为一种"东方的潜文本"(Oriental subtext)(Liebmann Schaub 1989)。福柯之所以隐藏了这一潜文本,是因为他想要避免自己的作品被打上"宗教的"或"形而上学的"烙印,同时,也因为他不希望提供任何人类学的模型,换言之,不希望提供任何关于人类境况的绝对真理。

按照利伯曼·夏布的看法,福柯的非西方式的反话语可以从他的风格,而不是从他对西方的、"规范化的"生活方式的公开抗拒中见出。然而,夏布只是对早期福柯加以分析,将关注焦点集中于他的僭越理念，以及他就理性、自主之主体的隐退所作出的思考。
她认为，福柯令人不安的风格受到了佛教的启发。他想要展现的，是
语言在表达真理上的本质性匮乏，换言之，智慧是无法用语言来表达
的。福柯的风格批判了作为一个整体的西方文明，正是通过这样的
风格，他才成了一位"导师"（teacher）和一位"道德家"（moralist）。

然而，如果转向福柯的后期作品（其中，东西方哲学从实践的、
伦理的层面得以研究），我们便会发现，通过他所提出的新的精神
性概念（这种精神性意味着由修行而实现的、自由伦理的自我转
化），福柯并没有为"规范化的"西方生活方式提供一种积极的替代
物。在1978年访问日本期间，福柯对禅宗的实践表现出浓厚兴趣。
他聆听了相关课程，并在课后向教师提问："我想请教您一个问题。
这个问题关涉到禅宗的普遍性。是否有可能将禅宗的实践与整个
宗教，以及与佛教的实践区分开来？"（Foucault 1999b：113）他还谈
到，尽管禅宗和基督教神秘主义无法相互比较，但基督教精神性与
禅宗严格说来却存在着比较的可能。福柯的问题和言论表明，他
对作为一种跨文化现象的伦理精神的自我技术深感兴趣。他不仅
在1978年探讨了禅宗，也考察了伊斯兰教，正如我们在他的文章中
所发现的那样，他将伊朗革命描述为一种精神性，这种精神性反抗
真理政体，并具有激发新的政治形式的潜能。我从这些文本中看
到的，并不是关于伊朗革命的正确或错误的判断1，而是对一种跨

108

---

1 在此，我的意见与阿法雷和安德森（Afary and Anderson 2005）相反，他们对福柯
的观点大肆抨击。对二者观点的批判可见 Honig 2008。我们必须考虑到，在
1978年，很多人认为，伊朗革命主要是一场反殖民主义革命。福柯试图在一些
报刊文章中对这种反帝国主义起义的热情加以描述，他讨论了人们怎样因自己
的整个生活方式遭受威胁而"从精神上"参加到这场起义之中，同时，又怎样借
助一种反对真理政体，并生成新观念的"政治的精神性"来发表意见。对于标志
着伊朗革命后权力斗争的暴力事件，福柯选择置身事外，因为事件的结果只不过
是另一种形式的真理政体。在发表于1979年4月和5月的报刊文章中，他对反
抗"原教旨主义教会的血腥政府"的个体权力予以支持（Foucault 2005d：265）。

文化的新的自由观所进行的探究。这种自由观可以将包括宗教体系在内的形形色色的道德体系纳入考量范围。

套用利伯曼·夏布和伯纳尔（Bernauer 2004）的说法，我的结论是，一种"东方的潜文本"贯穿于福柯的全部作品之中。伯纳尔追问的是，是否可以从福柯对西方个人主义的激进质疑中发现某种来自东方的影响，同时，他的自我风格化（self-stylization）理念是否受到了亚洲的影响，更具体地说，是否受到了他在 1970 年和 1978 年访问日本的经历的影响。我认为，上述影响成为福柯对自由加以重新思考的背景，他的思考并非立足于个体理性的自主性，而是立足于作为伦理的自我转化的精神性。这种精神性通过训练而实现，并涉及个体的整个生活方式的创造与发明。在我看来，他对东方的兴趣从总体上促发了这种关于自由实践的规范性视野，后者成了对西方自由主义的主流自由观的一种跨文化替代物。

## 新兴的伊斯兰女性主义话语

新兴的"伊斯兰女性主义"话语阐明了福柯的新观念所具有的时效性。自 1990 年代以来，新的观点和实践得以发展，从而表明，伊斯兰教和"性别正义"（gender justice）在本质上并非水火不容。上述观点与实践同样对西方女性主义和自由主义加以批判，这两种"主义"将西方世界中自由、自主的观念强加于信仰真主的穆斯林妇女和宣称伊斯兰世界中的妇女已经能够过最充实生活的伊斯兰教原教旨主义者。[1] 例如，在埃及、马来西亚、印度尼西亚、伊朗和摩洛哥，信奉真主的穆斯林妇女在对《古兰经》这一伊斯兰教道德根源的重新阐释中，为性别平等（gender equality）和性别正义摇

---

1　相关概述见 Dubel and Vintges 2007。

旗呐喊,并由此而挑战了伊斯兰世界中的男权统治结构。利拉·艾哈迈德、阿米纳·韦杜德、阿斯玛·巴拉斯等学者探讨了伊斯兰教的动态而多样的历史,从而对《古兰经》和伊斯兰教的历史传统作出了重新解读。他们所强调的,是伊斯兰教的伦理精神讯息中所蕴含的平等精神,以及妇女在伊斯兰教的历史中所发挥的积极作用。其他研究显示,妇女在今日伊斯兰社会中所发挥的积极作用,证明伊斯兰妇女绝不像许多西方女性主义者所认为的那样,只不过是一些被动的、受压抑的生物。在穆斯林人口占多数的国家,同样存在着拥有其女性主义议程的妇女组织(比如,马来西亚的"伊斯兰姐妹会")。

这种新兴的伊斯兰女性主义可以被解析为一种"政治的精神性",即是说,可以被解析为一种自由伦理的自我转化实践,这种实践所反对的是西方自由主义的真理政体和伊斯兰教的原教旨主义形式。这些伊斯兰妇女从集体和个体这两个层面出发,采取各式各样的自我技术——例如,在新的环境中蒙上面纱,通过解读《古兰经》而实现自我教育,施行跨性别的祷告仪式,并将自己塑造为现代的、信仰真主的穆斯林妇女——从而以自由的,同时又符合伦理的方式来改造自身。这种新兴的伊斯兰女性主义话语表明,那些主张将女性主义建立在世俗的自由主义法则之上的西方女性主义者,应当对他们的自由观加以拓展(如果不是修正的话),以此来摆脱强加在所有妇女头上的种种限制。[1]

当被问及西方哲学技艺的现状时,福柯答道:

---

1　奥金(Okin 1999)在关于女性主义和多元文化主义的论争中极具影响力。正如其作品的标题所表明的那样,奥金认为,多元文化主义对妇女是有害的,唯有西方自由主义才能为妇女的权利提供一席之地。与之相反,我认为,西方自由主义以独特的方式对妇女造成了限制,因为她们不得不使自己适应西方社会中自主、理性之个体的生活方式与主体形式。

> 欧洲思想发现自己正处于一个转折点上⋯⋯(这一转折
> 点)是帝国主义的终结。西方思想的危机与帝国主义的终结
> 如出一辙⋯⋯没有一位哲学家能够成为这一时代的标志。因
> 为这是西方哲学时代的终结。因此,倘若未来的哲学还存在
> 的话,它必定产生于欧洲之外的领域,或是产生于欧洲与非欧
> 洲的相互交流和影响。
>
> (Foucault 1999c:113)

　　借助"没有精神的精神性"(在通过自我技术而实现的自由伦
理的自我转化的意义上)这一全新概念,福柯为我们带来了新的自
由和平等观念。这些观念批判了西方现代性[1]和其他真理政体,同
时,也为我们提供了一种跨文化的规范性视角。在我看来,福柯超
越了自己的时代,因为他意识到,我们有必要改变自己的观念,并
由此而理解我们生存其中的文化多元主义世界。

110

---

1　"我们今天的政治、伦理、社会和哲学问题不是试图将个体从国家和国家机构中
　解放出来,而是要将我们从国家跟与国家相关联的个体化形式中解放出来。我
　们有必要拒斥数个世纪以来强加于我们的个体性,以此而促发一种新的主体性
　形式。"(Foucault 1982a:216)

# 自由的实践

⊙ 爱德华多·门迭塔

## 自由的历史

在西方哲学传统中，自由是最令人困惑难解的哲学问题之一。事实上，西方哲学史是由定义自由的不同尝试所书写的。毋庸置疑，道德的历史取决于定义自由的方式。在西方世界，自古希腊以来，我们所认为的"人"，或者说人的"人性"，已经被定义为自由。按照这种观点，人类是自由的动物，其他动物则是不自由的，因为它们由本能所决定。然而，究竟是怎样的自由标志着人类和非人类动物之间的分野？它怎样同理性联系起来？它怎样同我们的激情与情感联系起来？它怎样同我们的想象联系起来？当我们服从于一条公认的理性标准时，我们会得到自由吗？这难道不是一种限制自由的支配形式吗？如果我们选择违背所谓的上帝的诫命，我们会得到自由吗？如果我们由于与自己不相干的原罪而被判坠入地狱，我们会得到自由吗？如果我们放纵自己，行走在危险的边缘，寻求娱乐至死的快感，我们会得到自由吗？此外，或许最重要的是，在不同历史时期，自由被解释或定义的方式是相同的吗？换言之，埃及农民的自由是否等同于古希腊、罗马公民的自由，是否等同于美国种植园中奴隶的自由，是否等同于欧盟国家中公民的自由？如果道德有一段历史，那么，自由也必然有自己的历史

112　(Patterson 1991)。这样,自由的历史最终便成为道德的历史,同时也成为我们对主体、行动者和自由人的意义加以构想的不同方式的历史。

在本章中,我将提供一种把米歇尔·福柯的作品作为极具原创性的自由分析来阅读和理解的方法。我对福柯作品的解读将会说明,当他被完全理解为一位关于支配、奴役、征服、规训、规范化和权力的思想家时,他的作品也就遭到了深刻的误解。我将表明,福柯的作品可以被理解为一种对自由的探究,因为他试图通过多种方式来理解自由缘何并不是一个既定的事实,并不是一种主体所拥有的先验、原初而根本的权利,而是一种获取、一种实践、一种使命、一种修行、一种存在方式。我们并非生而自由。借助关注自我和治理他人的实践,我们通过他人而与自己联系起来,从而使自己获得了自由,这是因为,无论对他人的喜爱或憎恨都是一种与自我相关联的方式。因此,自由也就不是一种存在状态,而是一种与我们自己、与他人、与我们的世界相关联的方式。自由是一种实践。此外,我将试图表明,自由不是统一的,也不具备本体论上的稳定性,而是关系性的(relational)和创生性的(generative)。自由既不是人性中的某个方面,也不是一种人性。我们通过创造自由的模式,创造与我们自己、与真理、与我们的特定历史阶段或当下相关联的方式,而生产出自己的人性。如果存在着一种自由的话,那它始终是创造性的自由(creative freedom)。因此,我希望证明,福柯是当代最举足轻重的自由哲学家之一。

在本章中,我将遵循福柯的思路,将他的作品描述为被三条重要的中轴线吸引(或围绕这三条中轴线而旋转),每一条中轴线都标志着他的理论工作中的一个特定时期或阶段。这样,便存在着"知识"、"权力"和"道德"这三条中轴线。这些中轴线一直是特定研究路径或方法——考古学、谱系学和解释学——的焦点所在。

然而,福柯本人拒斥并质疑从他的作品中发现一系列方法或问题的尝试。在他看来,他的作品通过主体,或者更确切地说,通过"自我的实践"这一中心命题而聚合为一个整体(Foucault 1997c,2005a,1997a)。我们不应将福柯的作品解读为一种权力分析,而应将其理解为一种主体的谱系学。谱系学分析试图理解某一事物怎样成为思考、关注、争论和训诫的对象。谱系学的目标并非预设某一分析对象的给定性,而在于展现一系列实践、机构和组织如何建构了研究的对象。此外,对于福柯而言,谱系学反过来也成为我们当下的历史;它是对我们的当代或当代性所进行的探究。我们所追问的,是这一特定分析对象以何种方式得以建构,同时,这种建构又如何对我们的存在与交流方式产生影响。然而,按照这样的方式来理解福柯的作品,同样意味着我们必须承认,自由问题在福柯的研究规划中具有何等重要的意义。谱系学是一种分析的技术,它使那些被我们视为自然的、本体论上稳定的、历史上恒常不变的东西转化为历史上偶然的、被生产出来的、变化不定的,因而也朝向转变、修正、离弃和挑战开放的东西。可以说,谱系学是一门关于自由、关于创造性自由的科学,它要求我们超出、违背并跨越由现存的主体性和主体化模式所确立的界限,从而使存在的视域得以敞开。

福柯的现代主体谱系学的目的在于阐明自由为何是一种实践,而不是某种给定的、先验的、先于主体而存在的事物。在下文中,我将表明,通过对西方哲学经典中核心人物的原著加以阅读,福柯发展了这种对自由的创造性理解。我将聚焦于福柯在自己的著作中,以及在自己生命最后十年的法兰西学院讲稿中细致研究过的三位核心人物,他们是苏格拉底、奥古斯丁和康德。我将说明,通过对每一位哲学家的阅读,福柯要求我们从一个新的角度、从自由与主体之历史的角度出发对他们加以审视。

## 苏格拉底或民主的自由

毋庸置疑,苏格拉底是西方哲学经典中最重要的人物之一。同时,他也是福柯所谓"作为一种生活方式的哲学"(Foucault 2005a)的典范。他被自己的雅典同胞判处死刑,并因此而丧命。苏格拉底被指控"腐蚀青年"和"不敬神"。苏格拉底选择了死亡,而没有选择逃亡(并因此背叛雅典)。苏格拉底为他的信仰而死:他不愿意背叛雅典或自己在哲学上的使命感。因此,苏格拉底也是一位作为生活方式的哲学的殉道者(见 Hadot 1995)。

在柏拉图的许多对话录,尤其是那些讨论美德(virtue)的对话录中,我们遭遇了这样一位苏格拉底,他将知识、勇气和正义视为美德(Gorgias, Laches, Protagoras, Sophists)。然而,这些柏拉图对话录也留给我们一个哲学问题。知识、勇气和正义究竟是一种美德,还是彼此独立的美德? 如果说,知识和勇气是美德的话,这难道不意味着我们也应当是正义的,换言之,是道德的? 如果说,勇气和正义是知识的表现形式,这难道不意味着我们应当以正确的方式行动? 总的说来,在西方哲学的历史中,特别是在援引柏拉图著作的历史中,苏格拉底的道德理论既被认为是一种道德知性主义(moral intellectualism),也被认为是一种道德幸福主义(moral eudaimonia)(Vlastos 1991)。道德知性主义是一种道德认识论,它认为,道德是一种知识形式,如果我们开始质疑以正义而道德之方式行事的理由,那么我们便会发现正确的行事方式应当是怎样的。另一方面,道德幸福主义认为,道德是对快乐的、令人满足的、充实的生活的追求。值得注意的是,对于希腊人而言,幸福或快乐跟快感或自我陶醉无关,而是关涉到对一种美好而令人钦羡的生活的实现。因此,追求快乐的、令人钦羡的生活,也就是追求与知识相关的美德。

　　对于苏格拉底而言,道德是一种知识形式。如果我们知道怎样做是正确的,我们有可能不这样做吗? 如果我们没有这样做,原因又是什么呢? 这样的现象被称作意志薄弱的问题,亦可被称作无自制力(*Akrasia*)。在柏拉图的《普罗泰戈拉篇》中,苏格拉底便已对该问题作出过诊断,他提出,"无人自愿作恶"(*Protagoras* 358d)。很显然,如果一个人知道什么是善与恶,他将会选择能带给他快乐的东西,这种快乐是与知识相伴而生的。然而,这又与我们的世俗经验相悖。甚至极度重视道德的希腊人也无法选择善而舍弃恶,尽管他们的神志清醒。我们并不总是选择理性层面上最适宜的对象,在某些时候,我们会选择那些明显非道德的东西。于是,在哲学经典中,我们便得到了两类各不相同,甚至难以兼容的苏格拉底形象。一方面,我们拥有一位坚守作为知识之形式的道德生活的苏格拉底;另一方面,我们还拥有一位屈从于其雅典同胞的非正义和明显"无知"的苏格拉底。苏格拉底自己选择了非正义,而不是正义,尽管他拥有关于这种非正义的知识。

　　在最后几部作品中,尤其是在《性史(第二卷)》(1990b)和1981—1982 年法兰西学院讲稿《主体解释学》(2005a),以及1983年秋季在伯克利所授课程的讲稿(2001)中,福柯对苏格拉底作出了讨论。通过将色诺芬、柏拉图和普鲁塔克作为关于苏格拉底性格与生活方式的资料来源而加以阅读,福柯对苏格拉底进行了颇为独到的解读。通过上述解读,在五六年时间所创作的文本中,福柯所呈现的是苏格拉底作为生存技术(technology of living, tekhnē tou biou)之拥护者的形象。这种生存技术与自我关注(关心你自己)相辅相成(Foucault 2005a:86)。通过对柏拉图的对话录《亚西比德篇》的重点阅读,福柯证明,苏格拉底将生存的艺术(the art of living)表述为一种自我关注的艺术(an art of taking care of oneself)。这种自我关注是一种包含着政治意味的、与自我的关联。如果一

115

个人未能对自我加以关注,他也便无法治理或支配他人。因此,苏格拉底在《亚西比德篇》中所阐明的,是一个"从作为关注对象的自我到作为治理他人的政治知识"的循环(Foucault 2005a:39)。此外,苏格拉底还将展现,这种自我关注怎样构成了哲学生活。这样,哲学便成为一种气质,或一种生活方式,它要求我们通过自我关注,以恰当的方式生活;这并不是说我们能够以自恋的方式来看待自己,而是意味着,我们能够恰如其分地治理他人。在此,我们可以发现,自我如何成为无法被预先给定的对象。自我并非一种不可化约的实体,并非某些需要被发现或开掘的、隐而不显的品质。自我通过警觉、勇气和毅力而得以塑造,这样,人们便有资格对他人加以治理。

按照福柯的观点,在自我关注与言说真理之间存在着某种关联。虽然说真话可能会使自我与他人面临危险,但从福柯的视角来看,人们之所以言说真理,是因为他们关注自我,并通过关注自我而关注他人。苏格拉底的经历说明了这一点,而福柯在其后期的文本与讲座中,也特意从直言的角度出发回到苏格拉底的形象。他将直言翻译为一种坦率、真诚、无拘无束的言说:简言之,一种无畏的言说(Foucault 2001:11-13)。在1983—1984年法兰西学院讲稿《说真话的勇气》中,福柯将苏格拉底视为一位以坦率、自由、无所畏惧的姿态言说的人:一位直言者(Flynn 1997:268)。苏格拉底是真理的代言人。在福柯对苏格拉底的阅读中,占据核心地位的文本是《申辩篇》,福柯在这篇对话录中重构了苏格拉底的审判。在《申辩篇》中,我们读到了这样的警句:"未经省察的生活是不值得过的生活。"(*Apology* 38*a*)然而,福柯的关注焦点,是苏格拉底如何将自己的辩护与申辩转换为对雅典人未能自我关注的控诉,从而对雅典政体加以质疑。苏格拉底说出了真理,他在公共广场与其他人对话。他之所以这样做,是因为无论对他自己,还是对别人而言,无法言说真理都将是一种失败。

这样,按照福柯的分析,柏拉图的对话录《申辩篇》、《亚西比德前篇》、《高尔吉亚篇》论述了生存的艺术怎样在"自我关注"和"言说真理"之间加以协调,以便能够在一个民主国家过一种美好而符合道德的生活。苏格拉底一方面促使我们对自己加以理性化说明,另一方面又为我们作出了这种理性化说明的示范(Foucault 2001:97)。这种勇敢地言说真理,从而对自己加以理性化说明的行为,便是福柯所谓的苏格拉底式的民主的直言(Foucault 2001:97)。坦率而无畏的言说也许会对民主政治构成威胁,但这样的言说对民主政治的健康同样必不可少。如果不能坦率而无畏地言说,我们便无法以适当的方式对自我加以关注,因而也无法恰如其分地参与生存的艺术。福柯对埃庇克泰德[1]的评价同样适用于苏格拉底。的确,埃庇克泰德将苏格拉底所开创的进程推向了顶峰。"对于埃庇克泰德来说,自我关注是一种 特权-义务(privilege-duty),一种神赐-职责(gift-obligation),它在驱使我们把自己当作孜孜以求的目标的同时,确保了我们的自由。"(Foucault 1986:47)要把自己当作关注的对象,我们就有必要成为言说真理的直言者,这样,我们才能够对自己和他人加以治理。

自由通过直言与关心你自己、无畏的言说与自我关注这些"自我的技术"而产生。在此,自由是竞争性的和创造性的,它并非来源于对外部权力的屈从,而是来源于对某种运用于自身,因而也足以运用于他人的权力的创造。因此,这种由自我与他人竞争所引发的竞争性的自由(agonistic freedom),同样是一种民主性的自由(democratic freedom),它不可避免地脱胎于一种民主的生活,并为

116

---

1 埃庇克泰德(Epictetus,50? —130?),古罗马著名的斯多葛派哲学家,强调禁欲主义和"人类皆为兄弟"的普世价值。——译注

着这种民主的生活而产生。我们从未处于孤身一人的自由状态，而是与这样一些人相伴相随，在他们面前，我们借助无所畏惧的言说来表露心声。

## 奥古斯丁或品性塑造的自由

奥古斯丁或许可以被称为第一位基督教哲学家，同时，他无疑也是西方世界第一位重要的基督教神学家。奥古斯丁和波伊提乌斯[1]一样，是将古希腊、罗马思想融入一种独特的基督教哲学的关键人物。他的《忏悔录》依然是关于这种独特精神修炼的最具影响力的作品之一（Augustine 1991）。奥古斯丁也被认为对如下问题作出了创造性的解答：为什么尽管上帝是全能的（almighty）和全善的（all-beneficent），但世界上依然有恶存在？

在《上帝之城》、《论意志的自由选择与善的本质》、《驳摩尼教徒》等作品中，奥古斯丁建构了自己的神义论（theodicy）。神义论在字面上意味着上帝的正义（theo 指"上帝"，dyke 表示"正义"），它是对恶的存在这一问题的回答。奥古斯丁认为，恶不是一种实体，而是一种匮乏、一种缺失或一种善的缩减。针对摩尼教徒的观点[2]，他认为，恶不是一种独立的实体、对象或存在。摩尼教徒的观点将成为一种异端邪说，因为它将挑战基督教有关"上帝无所不能"的一神论信条。因此，恶不是什么具体的事物，而是一种非存在（nonbeing）。恶自身并不是一种本质，而是对某些先验或原初的

117

---

1　波伊提乌斯（Boethius，480—524），中世纪开始时百科全书式的思想家，具有神秘主义和禁欲主义的思想倾向，其代表作为《哲学的慰藉》（Consolations of Philosophy）。——译注

2　摩尼教兴起于公元 3 世纪，是一种带有诺斯替主义色彩的二元论宗教，强调灵魂与肉体的分离，以及光明与黑暗、善良与邪恶的永恒对抗和斗争。奥古斯丁最初曾加入摩尼教，后脱离该教派，并对摩尼教信条加以驳斥。——译注

善的反转、否定与剥夺。在其著名的《论意志的自由选择》中,奥古斯丁提出,恶是人类意志背离上帝之善的产物(Augustine 1993)。人类意志之所以背离善而转向恶,并不是因为这种意志是恶的,而是因为它本身被奥古斯丁所谓的邪欲(libido)或无节制的欲望(inordinate desire)改变。这种无节制的欲望一直被称作或翻译为肉欲(concupiscence)。我们是如何让自己被肉欲迷惑的?在奥古斯丁看来,我们之所以将恶带到世间,是因为我们渴求世俗的或暂时的东西,而不是以永恒的、真正的善为目标。我们之所以将恶带到世间,是因为我们无法对自己的肉欲和嗜好保持警惕。我们容许自己更高级、更完美的意志与精神屈从于肉体这一更低级的、有限的对象。

对于福柯而言,奥古斯丁在自我技术从晚期古代向中世纪和早期现代转换的进程中占据了至关重要的地位。在《性史(第一卷:导论)》于1976年出版后,福柯曾一度计划出版《性史》的另外五卷。第二卷被命名为"肉体与身体"(*Flesh and the Body*),它原本计划讨论早期基督教思想中的肉体问题。其余几卷可能是《儿童的改革运动》(*The Children's Crusade*)、《女人、母亲和歇斯底里》(*Woman, Mother, Hysteric*)、《变态者》(*Perverts*)和《人口与种族》(*Population and Race*)(Davidson 1994:117)。福柯只出版了另外两卷:《快感的享用》(1990b)和《自我关注》(1986)。这一点是值得关注的,因为我们可以推测,福柯计划中的第二卷将对奥古斯丁展开广泛的讨论。对于福柯而言,奥古斯丁标志着在古代晚期,从对分布于不同技术——从饮食到身体的操练,到发生性关系的时间与对象,再到使关于死亡与不朽的问题和关于欲望、性、婚姻,以及"通往真理之条件"的问题有可能集中于一个理论框架之下的"理论的统一"——之中的欲望的专注所开始的转变(Foucault 1990b:253-254)。性、肉欲和欲望成为通往主体的一个私密入口,或者更确切地说,主体是围绕着个体的欲望、身体和肉体之间的特定关系而形成的。在奥古斯丁看来,饮食和健康问题成为对主体的罪孽和救赎的考验。事实上,仿佛拥有自我意志的肉体被解读为人类罪孽的象征。诚如福柯所言:"勃起中的性爱是男性反叛上帝的形象。性的傲慢既是对男人的傲慢的惩罚,也是这种傲慢的必然后果。"(Foucault 1997c:181—182)在奥古斯丁这里,肉体对上帝的反叛成为欲望与意志之间关系的问题。这样的问题将会导致一种"永恒的自我解释学"(Foucault 1997c:182)。

在福柯的作品中,还存在着一种对待奥古斯丁的,或许更有趣、更具煽动性的态度,这种态度可以从 1982 年以来名为"自我的技术"的一系列讲座中见出。在这些讲座中,福柯从"书写技术的运用"和"自我关注的操练"出发,对奥古斯丁加以探讨。自我关注不仅仅是一种饮食的、健康的、哲学的关怀;它同时也是书写的对象。一个人之所以书写,是为了对自己加以关注。

> 自我是需要书写出来的东西,是书写活动的一个主题或对象(主体)。这并非宗教改革或浪漫主义运动中诞生的现代特质,而是最古老的西方传统之一。到奥古斯丁写作《忏悔录》之时,这样的观念早已发展健全,且根深蒂固。
>
> (Foucault 1997c:232)

事实上,《忏悔录》可以说是古代日记书写实践的缩影与范例。在 1981—1982 年的讲稿《主体解释学》中,福柯将奥古斯丁和普鲁塔克[1]联系起来讨论,而正是普鲁塔克对自我书写这项自我技术作出了示范。书写是一种以使人与众不同的方式来自我言说和自我发现的工具。这些个体而私密的书写,将我们导向了一种转化我们

---

[1]　普鲁塔克(Plutarch,46—120),罗马帝国时期的传记文学家、历史学家、哲学家,著有《希腊罗马名人传》(*The live of the Noble Grecians and Romans*)。——译注

的知识形式。古希腊人用 Ēthopoios 或 Ēthopoiein（塑造品性）等语词来描述这种转化性的知识。他们用前一个词表示具有转变人的存在方式的特征的东西。而借助后一个词，他们表示那些能产生、改变并转化某种气质、生活方式、行为准则的东西（Foucault 2005a：237）。通过上述语词及其同源词，古希腊人标明了一种对自我具有决定性和转化性的知识类型。存在着某种多余的、无足轻重的知识，但同时，也存在着某种能使人无可逆转地发生转变的知识。这种由自我的解释学所产生的知识必然导致自我的牺牲，这样，一个新的自我也便有可能应运而生（亦可见 Foucault 1997a：227-231）。

这些由古希腊人所运用，并由奥古斯丁提升到一个新高度的各不相同的书写技术，也就是自我品性塑造的技术。它们的目标在于为一种审慎而冷静的自我分析提供物质载体，从而对主体加以转化。它们并非简单地限制或驯化主体，而是要转化主体。这种书写是一种自我的技术，它所唤起的是一种转化性的自我解释学。个人书写为品性塑造的知识提供了媒介。在这些自我书写的技术中，福柯发现了一种新的存在方式的生产机制。通过这些书写技术，人们可以自由地成为不同的自我。品性塑造的知识与品性塑造的自由相辅相成，这种自由转变了我们，赋予我们宣扬关于自我之真理的力量，从而有可能引导其他人的自我转化。我们之所以写作并坚持写作，是为了变得与众不同，通过变得与众不同，我们也就实践了一种转化性的自由。

119

## 康德，或批判即自由

现代道德哲学以伊曼纽尔·康德为起点。他就道德如何完全建基于理性，因而也可以抛开宗教、哲学，甚至是物质特性作出了一番哲学分析。康德表明,道德是理性存在的标志,同时也表明,意志的理性判断如何成为道德的哲学正当性的全部要求。在他看来,理性的人可以是自由的,只要他们使自己的意志服从于理性的裁判。在他最负盛名的道德理论著作《道德形而上学原理》中,康德神秘莫测地宣告:"在这个世界上——事实上,甚至在这个世界之外——除了善良意志(good will),不可能设想一个可称为无条件的善(good without qualification)的东西。"(AK:393)[1] 直到很久之后,我们才明白,康德为什么相信这是事实。善良意志是"彻头彻尾的善,绝不会成为恶,也就是说,当这种意志的准则变成普遍律令时,是永远也不会自相冲突的"(AK:437)。[2] 善良意志不可能是恶的,因为它是根据普遍性而决定的意志。因此,善良意志不是由任何外在于它的因素所决定的,无论这种外因是对上帝的顺从、对传统的尊崇,或是对我们的欲望或喜好的屈服。促使个体根据普遍律令来决定其意志的,并非康德在本书中所谈论的东西。他也不认为这样做在道德基础或道德正当性的层面上是恰当的。人们如何和为何按照道德律令行事,这是德性论(the doctrine of virtue)的组成部分,而德性论是康德道德哲学的第二部分。人们曾期待,如果福柯想要接近康德的道德哲学,他将会选择专注于康德关于德性的论说,或专注于我们如何引导自己的意志与精神,以选择符合道德的对象。然而,福柯并没有这样做。他转而聚焦于康德的历史哲学。

120 　可以说,康德是福柯在其学术生涯中讨论最多的哲学家之一。还是一名年轻学者时,福柯便翻译了康德的《实用人类学》,并随同撰写了一篇评论(Foucault 2008a)。他也在《词与物》(1973)一书

---

1　中译参考伊曼纽尔·康德,《道德形而上学原理》,苗力田译,上海:上海人民出版社,1986年,第42页。——译注

2　同上,第90页。——译注

中讨论了康德,并于 1970 年代晚期至 1980 年代初期就康德撰写了多篇重要论文(Foucault 1997a)。福柯在法兰西学院的最后一次讲座课程上时常论及康德(Foucault 2009)。福柯尤为关注的,是康德对"什么是启蒙运动?"(*Was ist Aufklärung?*)这一问题的回答。康德的名篇《答复这一问题:什么是启蒙运动?》刊载于一份报纸上,这篇文章以如下令人难忘的文字为开端:

> 启蒙运动就是人类脱离自己加在自己身上的不成熟状态。不成熟状态就是不经他人的引导,就无力运用自己的理智。当原因不在于缺乏理智,而在于不经他人引导就缺乏决心和勇气去运用理智时,那么,这种不成熟状态就是自己加在自己身上的了。Sapere aude! 要有勇气运用你自己的理智!这就是启蒙运动的口号。

(Kant 2006: 17) [1]

为了更直接地回答"什么是启蒙运动?"这一问题,康德写道:"如果现在有人问我们目前是不是生活在一个启蒙了的(enlightened)时代,那么回答如下:并不是,但我们的确生活在一个启蒙运动的(enlightenment)时代。"(Kant 2006: 22)[2] 正如福柯所强调的那样,启蒙运动是整个人类参与其中的过程;它也是一个正在进行中的过程,涉及我们与我们的理性之间关系的变化(Foucault 1997a: 105-110)。

康德的《什么是启蒙运动?》属于一个久远的传统,在这一传统中,思想家们试图破译时代的标志,他们认为,这些时代标志预兆或暗示了正在消逝的过去,或是蕴含着即将开启的未来。然而,对

---

1　中译参考伊曼纽尔·康德,《历史理性批判文集》,何兆武译,北京:商务印书馆,1990 年,第 22 页。——译注
2　同上,第 28 页。——译注

于福柯而言,康德的文本越出了上述传统,他既不希望将自己的时代置于一个神圣规划之中,也不希望将其置于一个理性历史规划的逻辑之中。康德既没有将启蒙运动的时代归入另一个时期,也没有将其归于某些新出现或未成熟的状况。

> 康德用一种几乎完全是否定性的方式来界定启蒙运动,视之为一个 Ausgang,即一个"出口"(exit),一条"出路"(way out)。在其他论述历史的文章中,康德偶尔也探讨某种历史进程的起源,或是对内在于这种进程的目的论加以确认。在专门讨论启蒙运动的文章里,他只探讨了有关现时性的问题,而并不想以某种整体性或终极目的为基础来理解现在。他所寻求的是某种差异:今天与昨天相比,引出了什么样的差异?

(Foucault 1997a:104-105)

121

换言之,在福柯看来,康德对启蒙问题的回答是一次阐明当下之激进特征的尝试,这样的尝试关涉到作为当代人、作为"时代之子"的我们所面对的任务。福柯将康德的问题置换为关于我们如何在新旧之间加以区分的问题。这样,启蒙运动便转向了批判。我们并未生活在一个启蒙了的时代,而是生活在一个启蒙运动的时代:"如果现在有人问我们目前是不是生活在一个启蒙了的时代,那么回答如下:并不是,但我们的确生活在一个启蒙运动的时代。"(Kant 2006:22)通过批判性地运用我们的理性,通过敢于去批判、去认知,我们退出、离开、放弃了一种强加于自身的教导——用另一个词来翻译即 Unmündigkeit(不成熟)。启蒙运动是当代人不接受任何人的教导、指引、屈从或贬损而运用其理性的时刻。启蒙运动是对理性的批判性运用。批判是启蒙运动所不可或缺的,因为正是通过批判,我们才能够辨明对理性的合理或不合理的运用。批判引导理性走向启蒙运动。正如福柯所言,"从某种意义上说,批判记载了理性在启蒙运动中逐步成熟起来的轨迹;而反过来说,启蒙运动又是一个批判的时代。"(Foucault 1997a: 111)

对于福柯而言,来自康德的挑战在于,我们能否辨识出一种哲学气质(philosophical ethos),这种哲学气质与我们自身的时代相关,正如康德的批判与他身处的启蒙时代相关。福柯本人的文章《什么是启蒙运动?》是对该问题的回应。在这篇文章中,福柯对他所谓的"哲学气质"作出了否定性与肯定性的描述,这种哲学气质可能适合于我们这个时代。在此,我们关注的是对这种哲学气质的肯定性描述,通过这样的描述,福柯所指向的是一种"我们自身的历史本体论"的发展。福柯解释说,可以将这种哲学气质概括为一种"界限态度"(limit-attitude)(Foucault 1997a: 124)。如果说,批判在康德眼中关涉到对界限的分析,那么,对于福柯而言,批评与批判则有必要转换为一个肯定性的问题。换言之,批判不应当涉及对界限的划定,而应当涉及对界限的僭越(见 Simons 1995)。在福柯的哲学气质中,批判转变为对僭越的沉思。"简言之,问题的关键在于:把以必然性界限形式展开的批判,转化为以某种可能性僭越形式出现的实践批判。"(Foucault 1997a: 125)批判意味着我们不再去探寻可能适用于所有人,并对其具有同样价值和意义的不变的先验结构,而是对那些使我们的存在方式得以形成的过程与事件加以历史性的探究。作为对可能性僭越的沉思,批判成了对我们存在方式的历史本体论的批判性分析。在此,历史本体论恰恰意味着对我们是谁、这样的"我们"如何出现加以追问。我们自身的批判本体论所揭示的,是我们的存在的建构性、偶然性、可撤销性以及可转换性。由于我们是后天成就的,我们也能够变得与以往不同。作为现代自我的谱系学,我们自身的批判本体论使我们可以从给人以预兆或暗示的偶然性中,抽离出某种可能性,在

122

这种可能性下,我们能够成为不同于当前所是的存在。福柯将当下的批判本体论所释放之物恰切地称为"不确定的对自由的追求"(Foucault 1997a:126)。

简言之,康德对当代性、对我们这个时代的批判规划,要求批判成为对启蒙运动的记录。福柯认为,在我们的时代,批判必须超越康德所赋予的纯粹的否定性面向。批判必须成为我们当下的批判本体论,并由此而成为肯定性的。这样,它便能勾勒另一个时代的轮廓,在这一时代,我们能够以意想不到的方式变得与众不同。康德在 18 世纪晚期的文本中所倡导的启蒙批判的哲学气质,在 20 世纪晚期被福柯转变为批判性历史僭越的哲学气质。这种与我们自身的批判本体论相对应的新的哲学气质是"对那些我们有可能越出的界限所进行的一种历史-实践性的检验,因而也是由我们自己对作为自由存在的自身所开展的工作"(Foucault 1997a:127)。我们可以满足康德的呼吁,敢于运用我们的理性,从而生活在一个即使不是启蒙了的,但至少也是启蒙运动的时代,要做到这一点,我们需要针对我们的界限而展开思考,这些界限通过一种批判本体论而得以清晰描画。正是这种僭越我们的历史偶然性的批判性工作,形成了"我们对自由的渴望"(Bernauer & Mahon 1994:155-156)。我们通过对这个时代的僭越性批判而塑造了我们的自由。我们通过批判人类所接纳的历史形态而实践了我们的自由。然而,自由在此是由我们的时代、我们的当下、我们的历史时期的灿烂偶然性所产生和形成的。自由通过对历史的批判性介入而产生,这样,自由便不得不成为历史性的,因而也拥有了一段历史。尽管如此,福柯还是表明,自由通过对理性的运用而得以实践和塑造,从而消解了历史的稳固性和普遍公认的必然性。

123

## 自由的真理与真理的自由

本章的指导思想是,如果我们遵循福柯借以组织其研究的不同"中轴线",我们便能够辨识出他对自由独特的、原创性的探讨。在最后一次法兰西学院讲座的第一堂讲座课程上,福柯以一种稍显不同的方式描述了自己的理论工作。他这样谈道:"从根本上说,我一直想要将说真话的方式、治理术和自我的实践这三者衔接起来。"福柯接着指出,通过分析说真话(或产生真理的实践)、治理术(或治理自我或他人的技术),以及自我的实践(或如何将自身塑造为一个主体),他实际上追求的是一种

> 三重的理论转换,即从知识(connaissance)的主题转换为说真话的主题,从支配的主题转换为治理术的主题,从个体的主题转换为自我实践的主题。在我看来,我们能够研究真理、权力和主体的关系,而不需要将三者混淆和相互还原。
>
> (Foucault,转引自 Flynn 1997:262)

很明显,有一条线索将上述三条中轴线联系在一起:自由。但是,当自由分别与每一条中轴线相关联时,我们又将发现它的不同面向。

或许,我们可以借用弗林的用词,即"棱镜式的"(prismatic)(Flynn 1997),进而对一种棱镜式的自由加以探讨:当自由穿越说真话、治理术以及自我技术的不同领域时,它将得到各不相同的折射。我在本章已经表明,自由可以是一种原初的创造性自由,当自由涉及真理的游戏,即福柯所谓的"说真话"时,它便成为品性塑造的自由;当自由与治理术相关联时,它便成为僭越性的自由;当自由指向自我的技术时,它便成为竞争性的自由。自由从来就不是单一而稳固的,它从来就不是一种先验或超验的自由。自由始终是偶然的,始终是被实践的,始终是松散的和关系性的,它是毫不

妥协和顽强不屈的。自由总是在权力的游戏中得以实现、持续、维护和谋取,在这样的权力游戏中,它总是如血液一般在一个鲜活的有机体中循环不止。环顾整个人类历史,我们都能发现关于自由的自明真理,但无论自由在何处得以实践,它都产生了属于自己的真理,这样的真理:

> 如果说社会能够持存和维系,那是因为,在一切的顺从与强制背后,在威胁、暴力和说服之外,还可能存在着这样一个时刻,其中,生命无法被交易,权力成为无能为力,而在绞刑架和机枪面前,人们将挺身反抗。
>
> (Afary & Anderson 2005:263-264)

# 第 3 部分

# 主体性

# 福柯的主体性理论与实践[1]

⊙ 爱德华·麦古欣

　　每个人,在某一时刻,都曾听到过这一似乎无所不在的告诫:做你自己(just be yourself)。认清现实,忠于自己,做自己的主人,自我发现,自我表达,自信,自尊,走自己的路,等等。一方面,这样的指令似乎是很自然的:我们不都是在尽最大努力做我们自己吗?然而,另一方面,做你自己这一指令有时听上去又异常空洞:毕竟,除了我自己之外,我还能是谁? 当然,每个人都很熟悉使我们无法做自己的方法。我们都了解使我们自我顺应、自我掩饰、自我否定的压力与冲动。我们说着自以为别人想要我们说的话;我们以别人希望我们采取的方式行动。我们欺骗自己,背叛自己,忘却自己,令自己消沉,怠慢自己。最重要的是,在我们生活的时代,对情绪加以化学操控的技术手段跟塑造身体和心理特征的基因工程得以迅速发展。在可以通过化学或基因操控来改变人的情绪、记忆、寿命或性别的情况下,"做你自己"又可能意味着什么呢?

　　然而,面对所有这些阻碍,我们依然在寻觅和珍视那真实的、

1　我要感谢赛琳娜·帕莱克(Serena Parekh)、保罗·布鲁诺(Paul Bruno)和狄安娜·泰勒,感谢他们阅读本章的草稿,并给予我宝贵的反馈和意见。这篇文章也从圣安塞尔姆学院的两位学生的细致阅读和犀利批评中受益匪浅,他们是萨拉·卡尔洛克(Sara Kallock)和瑞安·曼利(Ryan Manley)。

本真的自我,以及那真实的、本真的生命。这种成为真实自我的努力,是现代生活中的最重要特征之一。电影、音乐、文学、电视真人秀都对这一努力有所表现。这一努力也是商业广告、品牌营销、心理学、伦理学和政治学的核心议题。如果我们停止思考这一切,我们将会面对一种陌生的、令人不安的现实。所有这些对真实自我的关注,反映了对一种更高层次、更真实生活的渴望;这种对更高层次状态的向往,可以被称为一种"自我的伦理"或一种"真实性的伦理"(Taylor 1992)。然而,与此同时,我们似乎需要得到持续不断的鼓励,以成为真正的自我,这一事实同样意味着,我们的主要存在方式是非真实的,我们在大多数情况下无法真正成为我们自己,我们并不是我们自己。正如让-保罗 · 萨特(Jean-Paul Sartre 1989)所言,一个人不是一棵花椰菜。花椰菜永远不必面对身为花椰菜意味着什么的问题;它永远不必就如何度过一生作出选择;它的选择永远也不会遭受质疑。花椰菜就是其所是,完全由其作为花椰菜的本质所界定和决定。反之,从深层次上看,人对自己而言是疏远与陌生的,人既远离自我,又紧密联系自我。

　　毅然面对成为我们自己这一充满悖论的任务,也就是米歇尔 · 福柯所说的"自我关注"(the care for the self, souci de soi)。[1] 他将我们的"主体性"界定为我们在致力于自我关注时对自己的理解。通过更仔细地审视追求真实自我所需要的条件,我们便能够准确理解福柯对自我和主体性的关注究竟是什么意思。每一条耳熟能详的告诫——做真实的自己,自我表达,或自我发现,都涉及在自我与其自身之间建立起某种关系的途径。例如,当我自我表达时,我既是在进行表达的自我,也是被表达的自我。在自我表达的行为中(无论这种行为具体是什么),作为表达之施行者的自我与作

---

[1]　比如,可见 Foucault 1988, 1997e, 2005a。

为被表达之对象的自我密切关联。当我们谈到自我发现或自我表达时,我们倾向于对这些行为的内容产生兴趣,并由此而忽视其关系性特征。在寻找或发现自我的行为中,我的注意力全然集中于自我,这一自我是被追寻的对象,也是我所发现并逐渐了解的实体或本质。在自我发现或自我表达的过程中,我们感兴趣的是正在被表达的自我。如果我们对表达的动作或姿态予以关注,这往往是为了确保其适宜于被表达的内容。换言之,在我们看来,发现或表达的行为仅仅是被表达的自我得以显现与表露的工具。但通过更细致的考察,便会清楚发现,我们或许可以将发现与表达称为关系性行为(*relational* activities)。换言之,它们是形成、维持或强化各种关系的行为。自我的关系性行为显得独特而异乎寻常,是因为相关术语基本上是可以等同的。自我发现与自我表达形成了自我与其自身的某种关系。然而,这也暗示着,自我在某种意义上是不同于其自身的存在。

那么,这又是如何实现的呢?自我的关系性行为通过在身份中确立差异来形成某种关系。例如,在自我发现的行为中,自我将分化为(a)主动地追寻的主体(a subject actively seeking)和(b)被动地被追寻的对象(an object passively being sought)。当然,将上述二者联系起来的行为,不过是自我对其自身的主动追寻、发现与表达。但对于自我而言,要同时成为主动的施行者和被动的对象,就必须主动通过某些自我关联行为来对自身加以划分。换言之,正是寻找与发现的行为将自我构造或建构为主动的追寻者和被追寻的对象。

当我们开始努力与自身建立起某种关系时,我们所要做的就是自我关注。由此而产生的主体性是一种具体的行为方式,它界定了自我与其自身的关系。在这层意义上,主体性是作为施行者和对象之自我的真实基础。换言之,福柯认为,自我或主体不是一

129

种自足的存在,不是无论我们追寻与否,都存在于我们之中的本质或实体(Foucault 1996b)。自我或主体作为某种关系性行为的结果而产生。更重要的是,作为一种动态、积极的关系,主体性可呈现出多种不同的形式(Foucault 1996a:440)。例如,就像犬儒主义者或尼采那样,有人可能会相信,他们只有在面对巨大的困难或危险时才能发现真实的自我。或者,就像斯多葛派学者或笛卡尔那样,有人可能会认为,自我发现是安静、孤独的内省工作。还有一些人跟随苏格拉底的脚步,他们可能会认为,自我发现唯有通过与他人的激烈对话才得以可能,在这种对话中,个体将审视并质疑彼此最珍视的信仰。每一种自我追寻的行为都产生了一个不同的主动施行者,并使其显示出一种不同的自我-本质或自我-对象。无论在何种情况下,正是通过这种行为,个体与自身建立起某种动态的关系,从而确立了自己的真实身份。当我们忽略这一点时,我们便开始接受一种关于自己身份的静态的、固定不变的观念,这样,我们将倾向于忽视作为真实生命和主体性核心的积极关系的发展。[1]我需要认识到,积极面对困难使我成为某一种自我,而不是假定面对困难使我发现真实的品质和真实的自我。[2]

由于福柯认为主体性是自我与其自身的关系,这种关系由各种可能的行为构成,他并没有提出一种使我们了解自己真实身份的主体(或自我)理论——他并没有告诉我们,我们究竟是怎样的实体,或我们的本质是什么。相反,福柯同时完成了两项任务。首先,他向我们细致描述和分析了自古希腊哲学家的时代以来,西方

---

[1]  保罗·布鲁诺使我认识到存在于此的危机,即"关于我们究竟是谁的固定不变的观念"与行动/人的能动性之间的某种分离。换言之,当我们对自己持有一种固定不变的观念时,我们的行为将在某种程度上变得毫无意义。无论我们做了什么,我们依然把自己构想为固定不变的人。

[2]  见福柯对自我反思的讨论,这种自我反思由作为认知主体和客体的自我构成(Foucault 2005a:461-462)。

文明所产生的几种主体性形式。其次,他同时还实践了一种独特
的主体性形式。换言之,福柯所要做的,是赋予自己的主体性以形
式,并确立自己作为哲学家的特定存在方式。为了更好地理解福
柯的主体性理论与实践,并发现它是如何帮助我们成为我们自己
的,让我们简要介绍一下我们在试图与自身形成某种关系时所处
理的要素或材料。

## 规训的主体性

当我审视自己时,我发现了自己的思想和感受、愿望和欲念、
回忆和幻想。我认识到自己所拥有的感知与思考,专注与选择的
力量。我将身体(及其特征与活动)同我的精神或心理生活区分开
来。因此,我可能想知道,我是否完全是一种物质实体,或者,我是
否是一种非物质的精神实体,它在某种程度上与这个在世界上感
知并移动的物质身体相关,并依赖于这一物质身体。但即使我的
真实自我(精神或灵魂)不同于我的身体,这一自我势必要为其在
世间的行为负责。

无论何时,我的生活都由一系列密切关联的经验构成,我发现
自己卷入了纷繁复杂的关系之中,并投身于形形色色的工作,从而
以各种方式与不属于自己的对象、人物、场所和价值观联系起来。
事实上,我的绝大部分内心生活都来源于并关涉到我的行为、关
系、交往,或我跟外在的、独立于自己的其他对象、人物、处所和价
值观的交互作用。我对自己的所见和所为,对自己的所感、所欲和
所期形成了种种见解。我作出判断,以决定何者为善,何者为恶,
以决定自己喜爱某物而非其他。除了作出判断并形成见解,我还
深思熟虑并作出选择。似乎在每时每刻,我都面临着选择的可能
性,尽管在很多时候,事物的发展永无休止,我被裹挟着不断前行,

而无须表明自己的立场。但我相信,我可以自由地做一件事而非另一件事。最终,我试着去解释和理解所有这些事物,并对其加以阐述,在某些时候,我甚至会构造出关于世界的系统理论。

我花时间来做一些事情:上学,吃饭,睡觉,和朋友出去闲逛,消磨时间,自娱自乐,思考我究竟在做什么。有时候,我的生活似乎由一连串相当随机的事件组成。在另一些时候,我意识到,我所做的许多事情(也许是绝大多数事情)都包含一定的顺序。在这时,我将发现,我的生活由形形色色的规划与任务构成。我常常为达成某一目标而采取行动。这一目标常常又不过是达成另一目标的手段。例如,我去上学,是为了接受教育;我接受教育,是为了找一份好工作;我找一份好工作,是为了挣很多钱,这样,我便能养活自己,或许还能养活整个家庭。

我或许信仰上帝,并相信万事万物都包含自身的目的。我或许相信并没有上帝存在,你只是做一些事情,而后便离开人世。最有可能的是,无论是否信仰上帝,我通常会发现,我试图(或至少希望)在死前充分利用自己所拥有的时间。当我想到这些时,我将意识到,死亡带来了一种紧迫感,带来了对我所做之事的迫切要求。我不会永远生活在这个世界上,我也无法阻止时间的流逝。我的生命有一个方向,并源源不断地向未来奔涌,即是说,如果我没有过早死去的话,我将从出生走向童年和青春期,再走向成年,最后走向老年和死亡。即使在我生命中的黄金时期,我在某种程度上依然是一个脆弱的、易受伤害的、终有一死的存在。终有一天我将死去,而我又随时都可能死去。我的身体很容易受到外部对象的伤害,而它的内在进程也可能偏离轨道,致使我遭受痛苦或断送性命。相较于我的身体,我的内在生命(即精神或情感生命)在某些方面更容易受到外在事件或力量的左右:其他人影响了我对自己的看法,他们令我感到不适当、陌生、被误解、不正常或不怀好意。

我的脆弱性变得愈发强烈,因为我似乎依赖于别的人或物,而不是我自己。换言之,我与周遭世界的交互作用并非无关紧要,而是必要的和迫切的。我需要食物、居所和伴侣。我与其他人的交往显得尤为迫切,因而也充满了危机。我发现自己不断地寻求他人的肯定与认可,我希望他们能够认可我,珍视我的价值。我意识到,这样的认可对我来说至关重要——我渴望得到爱、尊重、荣誉。然而,我越是渴望这些东西,它们就变得越难以企及,我似乎就越依赖于他人以及他们对我的看法。与此同时,我意识到,他们所渴望的是和我相同的东西,在某些时候,他们甚至想要得到我的认可和爱。

　　这种颇为简单的仿效足以说明,对忠于自己、发现自己、表达自己的追求是何其复杂。通过对生命和自我的构成要素加以分类,我想要知道的是,我如何从这些要素中辨识和发现自我,并过上一种真实的生活。然而,当我意识到,我在一生中只需对这些事实稍加关注,而无须过多思考如何才能最好地理解和经历它们时,对真正的自我审查的需求将变得不再强烈。事实证明,我所面对的生活在很大程度上已经被安排就绪。每一天,我都被鼓励和教导,被温和地劝说,或是被坚决地逼促,以朝着正确的方向前行。仅仅像海绵一般吸收人生在世所需要知道的东西,这是再容易不过的事情。仅仅像机器人一般沿着预先设定的道路前行,这也是再容易不过的事情。例如,我去学校,记下并学习老师告诉我的东西。但我学到的不仅仅是课程内容。无论我是在学习数学还是历史、生物还是经济,通过起床、刷牙、穿衣、吃早餐、按时上课、按要求就坐并专心听课,我学到了许多其他东西,而不只是数学或历史、生物或经济。我学会了如何等待与聆听。我学会了如何延迟满足。我学会了如何以定量的方式来衡量自己:如果我在考试中拿到了一定的分数,如果我先于别人而做到了某些事情,那么,我

132

便是聪明能干的。我认识到了这些定量评估的重要性,并满怀热情而又焦虑不安地接受它们——字母 C 将首先激起上进心,接着会带来沮丧与怨愤,而最终则会使人感到心灰意冷。[1] 等级、评价、薪水、日用品使我明白我是谁,我做了什么,我的价值何在。

电视娱乐令我开怀,并给予我一个感受事物的机会,但它同样形塑了我的想象力,并帮助我建构了关于我所热爱、渴求、厌憎之物,关于我想要成为之人,关于我需要如何行动的具体形象,从而对我进行训练。市场销售发挥了同样的作用,只是不如前者那么有效。所有这些训练使我明白,该如何聚会和消遣,该如何着装与倾听,该如何谈话以及该与谁谈话。无论我是在听课,在和朋友闲逛,在工作,在和女友/男友相聚,在看电影,还是在玩电子游戏,我总是以时而直接、明确,时而间接、含蓄的方式获取这样的信息:如何做你自己?我的生活方式与自我形态,在很大程度上已被预先设置,并有待我来实践。

生活的这种先行设定的特质,来源于福柯所谓的规训权力或治理术。[2] 在经过每一个塑造我生活的机构(学校、工作场所、家庭、政府机构、诊所、娱乐场所等)时,我发现,自己陷入了一张强制与选择、欲望与需求的复杂交织的网络。我同专家和权威人士交流,他们有助于我成为一个心智正常的、快乐的、健康的、有用的社会成员。例如,心理学家和医生精心研究心理和身体发展的每一个微小阶段,他们设计出极为精确的仪器,依据这些阶段来对我们的生活与自我加以测量。市场和娱乐业都在竭力建构一个商品的世界,通过我们所消费的商品与品牌、所聆听的音乐、所观看的电影来帮助我们了解并表达真实的自我。这些行业、权威、专家和机

---

1　在美国大学的成绩评定体系中,字母 C 表示及格。——译注
2　见本书第 1 部分中关于权力的章节。

构引导我们去发现、重视与表达自我,"规训权力的主要功能是'训练'……规训'造就'个体"(Foucault 1979:170)。所有这些权威和机构都训练我们成为自己。

这一训练过程的核心,是聚焦于作为控制与认识对象的我(以及你和其他所有人)。规训是一种仔细观察、审查、记录与测量的权力形式。它之所以这样做,是为了帮助我充分发挥潜力。但如此一来,它又控制了我的行为并安排了我的时间,这样,我就能从中获得最大的效益。规训组织了每一个人的时间和行为,使我们大家相互比较,并由此而了解什么是正常的生长与发展。其最终结果是"可计量的人"(calculable man)——一种训练有素的动物,它非常能干,同时又非常"驯顺"(Foucault 1979:193;135-169)。上述进程也就是福柯所说的"规范化"(Foucault 1979:177-184)。尽管规范化进程已不那么明显,不那么咄咄逼人,但它将变得更普遍而深入。[1] 监视变得越来越隐微难察(监控摄像头捕获我在公共场所的一举一动,间谍软件监视我在互联网上的言行,老板可以审查我在工作时的电脑操作,我的移动电话很容易被监听,市场营销者记录我的行为与选择,并向我发布量身定制的广告)。我的生活越来越缺乏自由,非结构化的新兴通信技术可以把我从"格子间"中解放出来,但这样做是为了使每个地方都成为一张相互关联的网络的组成部分,这样,我就会一直待在办公室里。从益智玩具的科学设计,到占用大量时间的,结构完整、组织有序、监管严格的"游戏"小组与发展活动,儿童的生活受到了较之从前更多的管制、训练和约束。

在上述所有例证中,支配我的并不是某种压制或压抑的手段。相反,规训使我变得更高效,它训练我,培养我的生活能力。由于

---

1　自米歇尔·福柯去世以来,关于权力的扩展与强化的出色研究,见 Nealon 2008。

规训似乎站在我这一边,并为我提供了丰富的生活资源,因此,我很难对其加以抵抗。然而,尽管所有这一切都塑造着我,赋予我的生活以形式和秩序,帮助我形成关于我是谁、我应当如何感受与行事的观念,在某些时候,我依然会感觉到,这不是真正的我。

正是在这种规训的背景下,我们常常决定去寻找真实的自我,寻找那没有被塑造或驯服、没有被规训的自我。但即使在这一时刻,我们同样被管理或训练,从而以某种方式与我们自身相关联。正如我们已注意到的那样,那种认为存在着一个内在的、表象之下的真实自我的观点,其实是自我与其自身的一种非常特殊的关系。福柯将这种主体性称作"解释学的"(hermeneutic)或"坦白的"(confessional),因为它是通过自我解释(解释学是解释的技艺)与自我表达(坦白是表达并传递难以言说、但又必须言说之内容的技艺或实践)的行为而形成的。福柯的观点是,解释学和坦白无法认清并表达内在的真理。相反,通过对上述行为的实践,我们成为一种特殊的自我:

> 坦白的影响无远弗届。在法庭上,在医疗中,在教学中,在家庭关系中,在恋爱关系中,在最普通的日常事务中,在最庄重的仪式上,坦白都发挥着作用。人们坦白自己的罪行,坦白自己的罪恶,坦白自己的想法和欲望,坦白自己的疾病与烦恼。人们还力图准确无误地说出难言之隐……西方人已经成了一个不可思议的坦白的物种。
>
> (Foucault 1990a:59,强调系笔者所加)

解释学的和坦白的主体落入了我们在前文所提到的陷阱之中。当我们专注于由解释与坦白所揭示的自我时,我们无从得知,这些行为如何对我们加以定义,并如何使我们成为我们所是的人。规训安排并规范了我们的生活,解释学和坦白则形成了我们的主体性。

## 主体性与自我关注

　　为了对规训的生命形式与解释学的、坦白的主体性形式加以回应，福柯提出了思考并形塑我们的生活与自我的另一种方式。正如我们所看到的那样，对于福柯而言，主体性并非我们所是之物，而是某种我们所做出的行为。主体性是关系性的、动态的、不稳定的，同时也可能是难以控制和无法预知的。但如果说主体性是一种主动的生成(an active becoming)，而不是一种固定不变的存在(a fixed being)，那么，对探究或发现自我(以实体或本质的形式存在)的追求将会是徒劳无功的。更有甚者，当我们全神贯注于这一自我并竭尽所能地试图"表达"它时，我们忽视了自己的主体性生成(subjective becoming)，后者被规训式训练与规范化的进程取代。

135

　　为了对主体性加以描述和分析，福柯转向了一种他称之为"自我关注"的观点，这是他对时常见诸古希腊、罗马哲学著作的某种表达方式(关心你自己)的翻译。福柯将自我关注同坦白的自我和解释学的自我并置起来。解释学的和坦白的主体性由"认识你自己"这一律令所主导。而在古代世界，主体性则建基于"自我关注"这一律令。福柯试图表明，自我关注的观点使我们有可能更全面、充分地思考我们自己，并主动地成为我们自己。对于古代哲学家来说，主体性不是一种自我知识，相反，只有当自我知识成为自我关注的必要条件时，人们才会对这种知识加以追求。在自我关注这一更根本的尝试中，对自我知识的追求只是一个可能的因素，而不总是最重要的因素。因此，如果说自我关注不完全由自我知识所定义，那么，它还可能涉及哪些因素呢？自我关注由福柯在某些时候所说的"自我的技术"或"生存的艺术"所构成。

　　当福柯谈到自我或生存的"技术"(technologies)或"艺术"(arts)时，他是在借鉴古希腊语 technē，这也是我们所使用的

technology(技术)一词的词源。"technē"这一术语常常被翻译为专门知识、手艺或技艺。technē 是这样一种知识,它有助于某人完成一项特定的任务,或产生一个特定的结果。古代哲学家时常将哲学理解为 technē tou bio——生存的艺术(Foucault 2005a:177-178)。哲学被视为创造高贵、美好、真实之生存的艺术或技艺(在古希腊人的心目中,善、美和真往往被认为是相等同的)。在这样的框架中,自我被理解为一件技术产品,一件艺术品。

福柯关于自我的技术或艺术、关于生存的艺术的见解,跟关于艺术家、关于艺术家与其艺术品之间关系的一种相当普遍的、本质上是现代的见解无甚关联。我们常常从自我表现的角度来思考艺术,并再次回到我们对本质的、根本的自我所做出的预设。当我们屈从于这样的倾向时,我们就错过了艺术与艺术品的动态起源。我们不知道艺术家实际上是如何创作出艺术品的,我们也无法理解艺术家实际上是如何成为艺术家的。对于福柯而言,艺术或技术通过创造性的劳作或工作而得以实现(古希腊人将这种劳作称为 poiesis,即我们所使用的[poetry]"诗歌"一词的词源)。为了生产出一个对象或结果,有必要展开某些精确无误、井然有序的活动,这些活动需要具备一定数量的专门知识。例如,一位艺术家需要了解,如何将她所使用的特定颜料涂抹于她所绘制的表面上,因为颜料附着于表面或被表面吸收的方式,将使画面呈现出特定的形态。如果艺术家一开始便产生了完成一幅画作的想法,但不知道如何将颜料(或将何种颜料)运用于何种表面,那么,她将无法实现自己的想法,她将无法创作出艺术品。艺术家的专门知识不是主要通过学习而获得的知识;它在实质上并非"理论性的"知识。当然,了解油画颜料的化学原理和这种颜料附着于木质表面的情况,或许会有所帮助,但化学研究无法产生艺术。为了创作出艺术品,艺术家需要对颜料在表面所形成的视觉效果加以尝试与体验——没有哪一种化学研究可以提供这类专门知识。唯有通过调配颜料,选择特定的画笔和表面,以及将颜料涂抹于表面,艺术家才能发展出艺术与技术——这对于创作一幅画、一件艺术品而言是必不可少的。人们通过绘画的具体行动来学习绘画。[1]

这些非常细致的行动与专门知识(技术)是作品的艺术感的起源,它们不仅使作品的艺术感成为可能,而且(更重要的是)也是这种艺术感的结果。当然,绘画不仅仅是对颜料和表面的研究。除了涉及画家艺术感的问题之外,作为欣赏者的我们还往往聚焦于这样一些核心要素:绘画的形式或风格,以及绘画的内容或"意义"。一件完成的艺术品是对我们所说的艺术家的"视野"、"意图"或审美"理念"的实现。根据自我表现的艺术观,我们假定,视野、意图或理念表现了艺术家的真实身份。绘画因而被视为艺术家的一种坦白,其意义通过某种解释学而得以洞悉。这种解释学在显性的内容背后发挥作用,它可以辨明隐藏在艺术家的自我(灵魂、心灵、精神)之中的动机、视野、意图或理念。但正如形式、风格与内容是实际艺术工作的动因与起源,它们也是实际艺术工作的结果。艺术家对艺术品加以理解、想象和构思的能力,来源于通过具体绘画实践所把握的媒介的可能性。当然,通过关注可能的艺术主题,尤其是通过研究他人的作品,我们都将获得想象一件不存在的艺术品的能力。然而,在了解自己所希望处理的媒介的真实可能性之前,我们都未曾拥有一个可实现的审美视野或理念。这些媒介的可能性唯有通过绘画实践才能够被把握。意图、理念和视野是艺术实践的结果,而非其成因。艺术家的视野由实际的艺术工作所转变、深化、扩展或强化。事实上,正如她所创制的对象

137

---

1　technē 的一个重要特征在于其身体性:它是通过涉身化/具身化的行动、情境化的具体调查与实验而获取的。technē 是涉身化/具身化的或身体性的知识。

一般,艺术家也是一件艺术品。正是通过一丝不苟的艺术实践,我们获得了某种类似于视野的东西,并能够形成真正的、有意义的、可实现的艺术理念或意图。

这种对艺术的探讨如何运用于自我与其自身的关系?自我如何塑造自身及其作为艺术品而存在的生命?在古代哲学家的著作中,福柯发现了很多关于“自我的艺术”和“生存的艺术”的例证。在福柯看来,对这些实践的研究为我们提供了各种可以采纳并尝试的技术资源。在下文中,我们将简要地总结并研究一些由古代哲学家所发展的自我关注的技术。这将使我们对自我与生存的艺术产生更具体的理解。我们也将思考,自我的技术如何构成了福柯的工作本身。他之所以实践这种自我的艺术,是为了形成与自身的特定关系,并成为一种与众不同的哲学家。

首先,让我们来看看古代良心审查实践的一些例证。例如,福柯描述了马可·奥勒留[1]如何以一种预先的良心审查来开始自己的一天:

> 这种审查完全不涉及你在夜间或前一天所做的事情,而是对你将要做的事情加以审查……这种审查预先演示了你当天要做的事情,你作出的承诺,你订下的约定,你需要去完成的任务:记住你通过这些行动为自己设定的一般目标,你在整个人生中应始终牢记于心的一般目标,以及你为了在这些处境下行动而根据上述具体目标和一般目标所采取的预防措施。
>
> (Foucault 2005a：481)[2]

---

[1]　马可·奥勒留(Marcus Aurelius,121—180),罗马帝国时期的政治家、思想家、哲学家,于161—180年担任罗马帝国皇帝,其代表作为《沉思录》(*Meditations*)。——译注

[2]　中译参考米歇尔·福柯,《主体解释学》,佘碧平译,上海:上海人民出版社,2005年,第500页。——译注

　　由这种技术所形成的与自身的关系并不是一种坦白或解释。相反,它是一种准备和回忆。我必须牢记自己的目标与信念,我必须为当天的事情作好准备,这样,我才不会忘掉自己正努力追求的目标。与之相似,福柯讨论了一种可以从塞涅卡[1]的作品中见出的自我审查形式。在这一例证中,塞涅卡在一天结束时花费一些时间来回忆并记录自己在当天的所作所为。在此,他的主要目标与关注焦点并非从自己所做的事情中辨识出隐藏的动机,亦非对自己的种种行为加以审判(即使他的确用司法话语来描述这一过程)。在他的行为背后,并未潜藏着一个赋予这些行为以意义的自我。首先,他的行为是一种"查账"或管理工作,即把各种"财务状况表"汇总起来,查看自己在当天的工作情况。他还将这种技术描述为对当天行为所进行的审查,其目的在于发现自己是否已竭尽所能地做好每一件事,是否已学会了如何规避错误并在将来加以改进。同马可·奥勒留的清晨审查一样,塞涅卡的夜间审查

> 首先是一种激活行为之基本法则的考验,即激活人们应当牢记于心的目标,激活要达到这些目标(以及可能提出的近期目标)所应当采取的手段。在这一意义上,良心审查是一种记忆训练,它不只是对白天发生的事情的回忆,也是对人们必须时刻铭记的法则的回忆。

> (Foucault 2005a:483)[2]

　　无论对马可·奥勒留还是塞涅卡而言,良心审查都是一种形成主体性和自我的技术。它并非探究先在实体或本质的尝试,而是成为某一类个体,赋予生命以独特形式,以及塑造、深化、强化并

---

1　塞涅卡(Seneca,前4—65),古罗马政治家、哲学家、悲剧作家,曾任尼禄的家庭教师与顾问,其代表作为《道德书简》(*Moral Essays*)。——译注

2　中译参考米歇尔·福柯:《主体解释学》,佘碧平译,上海:上海人民出版社,2005年,第502页。——译注

138

培养自我与其自身关系的一种努力。这些自我审查的技术是一种自我关注的方式,它们有助于人们成为想要或需要成为的自我。马可·奥勒留和塞涅卡都探讨了生命的物质层面,即我们在本文开篇所提及的这些要素:思想与感受,行为与关系,等等。面对纷乱的事件与行动,情感的狂风暴雨,连绵不断的思想、判断与选择,他们试图赋予生活以形式,并对自我关系加以塑造。这样做的目的,在于确保我不会在各种纷杂世事中最终彻底丧失自我、迷失方向,而从不关注、也从不牢牢把握生命的真正价值以及自己可能取139 得的成就。福柯转向这些哲学家的目标,并不是要说服我们去重温斯多葛派[1]哲学家的生活。相反,他的工作使我们脱离了解释学与坦白的主体性实践,并向我们表明,自我并非一种实体或本质,而是一件艺术品。同时,他的工作还使我们体验了诸多各不相同的技艺,以及由此而产生的诸多各不相同的、可以被实践的自我。这样,他的研究便为我们提供了可资利用的新的资源和技术,即使我们并未恰如其分地在自己的一生中践行斯多葛派的生活方式与目标。

不是所有的自我艺术与生存艺术都属于自我审查。例如,在古代哲学中,最主要的自我艺术涉及对自然与外在现实的沉思。对于人们与其自身的关系,以及人们的生活方式,这种对自然的沉思具有强烈的转化性作用。例如,塞涅卡实践了一种自然哲学,从而能够在更高的层面上俯瞰自己和自己的生活(Foucault 2005a:275-285)。当我们为种种事务——工作与学习的压力、人际关系、金钱、健康等——所困扰时,生活中日复一日的焦虑将使我们心力

---

1　斯多葛派是古希腊最负盛名的哲学流派之一,于公元前3世纪由芝诺(Zeno)创立,其影响绵延至公元2世纪左右。斯多葛派强调理性在宇宙万物发展中的决定作用,其理论主张带有较强的宿命论和禁欲主义色彩。前文所提及的马可·奥勒留和塞涅卡均是其重要代表。——译注

交瘁。我们发现,我们执着于自己所关心的问题,纠结于自己的工作或人际关系,这样的做法对我们造成了负面影响,并可能带来伤害自己的行为与习惯,以及伴随生活与自我而产生的、无法控制的极度焦虑。然而,通过对宇宙之浩瀚与壮丽的沉思,我们将自己提升到了超越日常世界的高度。当我们以居高临下的姿态观察世界时,我们便获得了一种更广阔、更真实的宇宙观。我们每一天所关注的世界,其实就像是无穷无尽的时间中的一个短暂瞬间,甚至还比不上湮没于一望无际的太空、与日月星辰之力与美全然无关的一粒尘埃。其他古代哲学家各有其沉思自然的方式,但无论在何种情况下,这些方式都充当了塑造自我的艺术:它们使我们从恐惧与强制中得以解脱,使困扰于迫切问题的心灵得到慰藉,使不断被浅薄浮夸的需求、消遣、诱惑所侵蚀的意志变得坚定。对于福柯而言,这种自我的艺术表明,主体性的实践不一定要使我们的目光"向内转",专注于内在生命并使之本质化。相反,一种强有力的生存艺术将我们抛入这个世界,使我们摆脱关于"自我发现"和"自我表达"的种种先入之见。事实上,成为真实的自我或许会使我们全神贯注于自然界或历史与社会——换言之,使我们"向外转"而不是"向内转"。

140

## 成为自己

福柯对古代哲学中自我关注与自我艺术的研究不仅仅是对上述行为的记录与分析。事实上很明显,就像在他的所有哲学活动中那样,福柯借这项研究参与了形成其自身主体性的积极实践。倘若细致考察福柯理论工作的轨迹,我们将发现,通过哲学思维层面的努力,福柯形成了一种哲学实践的艺术。这种哲学实践的艺术充当了某种特定视野、某种与自身的特定关系的起源。福柯所

形成的,是一种作为哲学家的独特方式。他这样描述将自身塑造
为一件艺术品的努力:

> 至于我的动机,它十分简单;我希望它在某些人眼中是足
> 够充分的。这就是好奇心——而且是唯一的好奇心,无论在
> 何种情况下,它都值得我去坚持不懈地加以实践;这种好奇心
> 不是要吸收适合知晓的东西,而是要使我有可能摆脱自身。
> 归根到底,如果对知识的热情只是为了获取一定的远见卓识,
> 而不是以种种方式尽可能确定认识者的自我迷失,那么,这样
> 的热情又有什么价值呢?
>
> (Foucault 1990b: 8)

福柯的自我关注由数不胜数的技艺所构成——包括(但不限
于)阅读、思考、书写、教学——这些技艺使他"摆脱"自身。对于福
柯而言,哲学并不主要是一种知识或自我知识,而是"思想活动中
的一种自我操练"(Foucault 1990b: 9)。这种操练将带来怎样的结
果呢?

> 这就是我们为了改变自己的观察方式,修正认识对象的
> 视域,并试图超越自我而付出努力的反讽之处。它们是否确
> 实带来了一种不同的思考方式呢?或许,它们至多使我们可
> 以换一种方式来思考已经思考过的内容,可以从一个新的视
> 角,并以一种更清晰的理智来审视曾经做过的事情。当我们
> 走得足够远时,便会发现,我们可以居高临下地观察自己。这
> 段旅程使事物得以更新,也令我们与自身的关系变得密切。
>
> (Foucault 1990b: 11)

141

显然,摆脱自身并不等同于为了成为一个全新的人(无论这可
能意味着什么)而简单地放弃自己。相反,我们可以从一定的距离
和视角出发,"居高临下地观察自己"。但谁又是人们要摆脱的自

我呢？福柯要摆脱的，恰恰是由规训所形成的自我。这一自我的主体性通过解释学与坦白的实践而得以塑造。规训、坦白与解释学制造了这样一种自我，它按照某种既定的方式生活，并从规范化、自我解释与自我表达的角度来看待自身与世界。当福柯在"思想活动"中对自身加以"操练"时，他试图"换一种方式来思考"，试图使自身从业已形成的、受规训的、规范化的自我中解脱出来。自我的工作或艺术是这样一种操练，通过这种操练，福柯远离了规训、解释学和坦白的自我。但他是否已抵达了真实的自我？

做你自己。认清现实。走自己的路。福柯对主体性的描述赋予了上述语词全新的意涵，并有助于我们理解，为何它们所指明的任务是如此紧迫而艰巨，为何这些任务终究是没有止境的。做自己是一项艰辛的尝试，它需要保持明确的艺术感，这是因为，自我是一种持续不断的生成，而非固定不变的存在。因此，成为我自己的艺术在某种程度上也总是一种不再是我所是的艺术，这种艺术使自我与其自身相分离，从而与其自身形成一种更深层次、更睿智的全新关系，反过来，这种关系又将为自我的距离所取代，并引领我迈向无法预知的未来之途。

# 主体性与真理

⊙ 布拉德·埃利奥特·斯通

    主体性与真理在当代是否存在着某种关联？福柯的回答是"并没有"。在本章中，我试图解释福柯关于主体性与真理相分离的论断。以福柯对古代与现代哲学之间转换的论述为起点[1]，我在第一部分中表明，对真理的现代的、严格意义上的认识论理解，使我们不再可能与真理建立起某种伦理关系。然而，这种与真理的伦理关系又是古代哲学的核心，它的目标并非"知识"，而是人类的繁荣。第二部分探讨了真理在古代哲学中所发挥的作用。第三部分解释了福柯对古代哲学中直言的描述。直言是人们出于道德责任，即使在危险的境况下也要说出真理的行动。此外，我还举例说明了直言如何被运用于古代哲学，进而简要讨论了我们是否可以在主体性与真理之间重构某种有意义的关联。

## 在笛卡尔时期的阴影下

    在 1982 年的讲稿《主体解释学》中，福柯继续了他在 1981 年

---

1　或许正是在此，我们发现，福柯从海德格尔的《世界图像时代》（The Age of the World Picture，见 Heidegger 1977：115-154）一文中深受启迪。

的讲稿《主体性与真理》[1]中对主体性与真理之关系的探究。在
1981 年的讲座课程里,福柯集中探讨了古希腊人的性态观。在
1982 年,福柯想要以一种更普遍的方式来探讨主体性与真理之间
的关联:"'主体'与'真理'(这两个要素通常不属于历史学家的实
144　践或分析)的关系在西方是通过怎样的历史形式而得以形成的?"
(Foucault 2005a:2)主体性与真理在西方以何种方式联系起来(如
果这种联系真的存在)?

　　在 1982 年的开场讲座中,福柯的主要论点之一是,在主体性与
真理的关系中,存在着历史的非连续性。为了展现这种非连续性,
福柯讨论了古代和现代思想家在理解主体性与真理之关系时的根
本分歧。福柯回到了古老的哲学箴言"认识你自己"。这种对自我
知识的期求是哲学家的探索活动的焦点所在,它在本质上始终与
另一条箴言相辅相成——"关心你自己"。然而,这种结合在当代
已不再重要。对于古代思想家而言,要认识自己(更不用说认识其
他重要的事情),我们就必须成为一类特定的人。而在我们这个时
代,知识被认为是无论什么人都能够获取的东西。这便是福柯在
知识史上所发现的一个考古学(在福柯的意义上)断裂。福柯声
称,古代思想家认为自我关注是"'认识你自己'这一律令得以证实
的框架、范围和基础"(Foucault 2005a:8)。我们在今天可以不顾
任何道德要求而追求自我知识,这将是古代人所无法理解的。

　　1982 年的课程聚焦于成为掌握真理之人的古老方法。这将为
福柯的如下核心问题提供一个初步的解答:为何西方思想与哲学
对不断重塑自身历史的关心你自己这一观念置若罔闻?"(Foucault

---

1　《主体性与真理》是福柯 1983 年的著作《自我关注》的草稿,该书同时也成为
　《性史》的第三卷(Foucault 1986)。

2005a：12)为何当代思想通过对自我知识的探寻而宣称与古代思想的延续性,同时又忽视了这样的事实,即古代思想家对自我知识的要求是现代思想所无法满足的?

　　一种可能的解释,是基督教的兴起及其对无私的强调。基督教的非利己主义原则使人们认为自我关注是太过自私的。此外,犹太-基督教徒信仰全知全能的上帝,他们认为,可以寄希望于上帝的道德之善,而无须自我关注。尽管这是一个可能的解释,但它并未提供最具说服力的理由。对于福柯而言,更具说服力的是考古学,而非历史的理由。

　　在福柯看来,笛卡尔哲学代表了一个考古学事件[1],在这一事件中,自我知识的"观念"发生了转变。福柯描述了他所谓的"笛卡尔时期",这一时期的特征,在于"既从哲学上重新确定了认识你自己,又贬低了关注你自己"(Foucault 2005a：14)。在 1982 年开场讲座的前一个小时里,福柯用余下的时间讨论了这一时期所体现的主体性与真理之关系的历史的非连续性。笛卡尔时期的核心,在于相信自我知识是一个给定的事实,笛卡尔曾在《第一哲学沉思录》的第二个沉思中敏锐地证明了这一点。以自我知识为基础,人们能够确切无疑地了解上帝、数学乃至物质世界本身。福柯指出,此处所缺失的,是自我关注的古老观念。

　　在笛卡尔哲学(和笛卡尔以来的现代思想)的核心,所缺失的是精神性。福柯在专门意义上使用这一术语,而未将其与人们的宗教实践(尽管这种意义上的精神性也是福柯在此所说的"精神

145

---

1　当然,笛卡尔并非该事件的始作俑者,但由于笛卡尔是最为耳熟能详的人物,我们将对其加以探讨。福柯并不认为作者具有能动性(agency);因此,我们必须确保不要因即将论述的"笛卡尔时期"而"指责"笛卡尔。

性"的一种模式)相混淆。福柯将精神性定义为"主体为达至真理而用来对自己施以必要改造的探究、实践和体验"(Foucault 2005a:15)。当哲学与精神性相结合时,哲学便成为"这样一种思维方式,它追问是什么使主体能够达至真理,并试图规定主体达至真理的各种条件与界限"(Foucault 2005a:15)。古代哲学所追求的是那种能获取知识的生活,而不仅仅是对人们所知之物和如何知晓的分析。然而,笛卡尔时期带来了一种无精神性的哲学,它去除了哲学定义中的第一部分(是什么使主体能够达至真理?),同时保留了第二部分(主体达至真理的条件与界限是什么?)。这是古代与现代思想之间的一个衍射点(point of diffraction)(参见 Foucault 1972:65):古代思想发现定义的第二部分在没有第一部分的情况下是难以理解的,而现代思想则清晰地将认识论与伦理学区分开来。

福柯声称,古代人之所以无法理解现代哲学,是因为笛卡尔坚称,自我知识是由自身所赋予的,而恰当运用自己所具备的精神力量便可以达至真理。福柯提出,精神性的一个假定是"真理从不是被理所当然地赋予主体的";即是说,"主体并没有达至真理的权利"(Foucault 2005a:15)。对于古代人而言,主体所具备的精神"力量"恰恰是需要被克服的东西!精神性的第二个假定是,"如果没有主体的改变或转换,便不存在真理"(Foucault 2005a:15)。为了达至真理,我们必须自我关注,并成为一种特殊的人,一种为成为真理之传递者和言说者而作好准备的人。精神性的第三个假定是,真理一旦达至,便会"使主体澄明",并"赋予主体以灵魂的安宁"(Foucault 2005a:16)。知识的目的并非知识本身,而是为了产生一种特殊的人。

现代性不接受这三个古老假定中的任何一个。福柯阐述了在现代社会中获取知识的规则。首先，必须有一种认识论方法来引导人们走向真理。其次，一个人必须是理智的、有教养的，并愿意参加到科学共同体之中。福柯感叹到，在现代社会，"真理是无法拯救主体的"（Foucault 2005a：19），因为一个人没有必要为达至真理而改变自己的生活，而这种真理反过来又将进一步改变一个人的生活。在笛卡尔时期，哲学家的任务不再由自我关注所定义，而是被严格限定在知识的范围内。正如福柯在后来的采访中所提到的那样，在后笛卡尔时期，"我能够违背道德并知晓真理……在笛卡尔之前，一个人应当是纯洁的、有道德的，否则便不可能知晓真理"（Foucault 1997f：279）[1]。

《主体解释学》的剩余部分论述了古希腊人、希腊主义者（Hellenists）和早期基督教为获取知识而追求自我关注的实践。[2]在此，我不会考察这些实践，因为本书中还有其他章节将对其加以讨论。然而，我要提醒读者注意，在古希腊人、希腊主义者和早期基督教所理解的自我关注之间，存在着某些非连续性。例如，古希腊人将自我关注视为一个教育问题，它与准备治理城邦的年轻人息息相关；斯多葛派学者则认为，自我关注是一种涵盖了整个生命周期的医学治疗方法。这篇文章所感兴趣的，是这样两个时期之间的更大规模的考古学转向：在前一个时期，至少存在着对主体性与真理之间关系的某些期许；而在后一个时期（我们的当

---

1　中译参考米歇尔·福柯，《论伦理学的谱系学：研究进展一览》，上官燕译，见《福柯读本》，汪民安主编，北京：北京大学出版社，2010年，第320页。——译注

2　尽管在详尽阐述早期基督教的实践之前，福柯已超出了规定时间，但他在整个讲座中仍对此有许多提示。福柯对早期基督教（和后期基督教）实践的最出色论述，可见他同一时期的论文《自我的技术》（Technologies of the Self）、《性与孤独》（Sexuality and Solitude）以及《为贞洁而战》（The Battle for Chastity）（Foucault 1997c）。

代），正如福柯在《词与物》中所言，"道德是不可能的"（Foucault 1973：328）。

## 古代的真理言说

147　在去世前的几年里，福柯一直沉迷于作为一种道德行为的真理言说问题。在笛卡尔时期之后，真理仅仅是一个认识论问题，一个"陈述是否与事实相符合"的问题（或者，如果一个人是融贯论者［coherentist］的话，那么，真理便是关于世界的所有陈述能否在毫无矛盾的情况下进行的问题）。在古代世界，怀疑论所关注的是人类理解的界限，因而也成为认识论的倡导者和先驱。为了获取知识，人们必须能够克服怀疑论的威胁。笛卡尔认为，应对怀疑论的手段便是方法。在《指导心灵的规则》和第四个沉思中，笛卡尔展现了一种正确列举问题的各个部分的方法，这样，人们便能够清晰而明确地理解问题。在这些规则中，不存在任何道德方面的要求。

笛卡尔对真理的阐述跟希腊语中的直言和拉丁语中的自由言说截然不同。在 1983 年的加州大学伯克利分校讲稿《无畏的言说》中，福柯将直言定义为

> 这样一种言语行为，在其中，言说者表达了自己与真理的关系，并将言说真理视为一种责任而敢于冒生命危险……言说者运用其自由，他选择坦率而非说服，选择真理而非谎言或沉默，选择死亡的危险而非生命与安全，选择批判而非奉承，选择道德责任而非自我利益和道德冷漠。

（Foucault 2001：12）

这种与真理的关系是现代思想所缺失的，因而，一种"回归道德"的可能方法或许是探究何为直言，如何运用直言，以及在当代

社会我们是否有希望恢复作为一种哲学实践的直言。在 1981 年的法兰西学院讲稿《主体性与真理》(*Subjectivité et vérité*, 尚未出版 [1])中,福柯展开了自己对真理言说的探究。这一主题也贯穿于他去世之前的其他讲稿:1982 年的《主体解释学》,1983 年的《治理自我与治理他者》(*Le Gouvernement de soi et des autres*, 以法文出版, 尚未翻译为英文 [2]),以及 1984 年的《说真话的勇气:治理自我与治理他者( Ⅱ )》(*Le Courage de la verite*:*Le government de soi et des autres Ⅱ*, 以法文出版, 尚未翻译为英文 [3])。

福柯宣称,古代哲学以三种方式将直言作为其指导原则。首先,古代哲学与人们的生活方式不可分离。福柯谈到,我们应当将这种思想与生活的统一解释为"使生命被穿越、渗透和维系的直言功能的总体框架"( Foucault 2008b:315)。直言是一种哲学生活的关键所在。古代思想家不仅关心言说真理( dire-vrai),同时也关心真实生活( la vraie vie)。在现代哲学时期,真实生活的问题在很大程度上是缺失的。

其次,古代哲学"从未停止以这样或那样的方式向执政者发声"( Foucault 2008b:316)。福柯认为,哲学与政治的关系是古典时代的显著特征。正如他所言,"哲学是一种生活方式;它也是一个既公开又私密的政治顾问办公室"( Foucault 2008b:317)。尽管在笛卡尔之后,一些思想家将言说真理的能力奉献给了执政者,但这已不再被视为哲学家工作职责中不可或缺的组成部分。对于柏拉图(他的哲学王充当了《理想国》中城邦正义的典范)而言,这种

148

---

1　此讲稿已于 2014 年由法国 Seuil 出版社出版,英译本( *Subjectivity and Truth*)出版于 2017 年。——译注
2　英译本( *The Government of Self and Others*)已于 2010 年出版。——译注
3　英译本( *The Courage of Truth*:*the Government of Self and Others Ⅱ* )已于 2011 年出版。——译注

政治顾问功能的缺失将会是不可思议的。

最后,古代思想家并未将自己的工作局限于课堂。任何听众都可以成为哲学话语的聆听者,任何地点也都可以成为哲学讲堂。哲学是一项公共事业,它从来都不是向少数人讲授的一门课程,也不是躺在扶手椅上的孤独沉思;哲学的目标是改善人们的灵魂。哲学家"有勇气向他人说真话,并以此来引导他们的行为"(Foucault 2008b:318)。因此,不出意料,当苏格拉底因从事哲学而遭受谴责,并被问及应接受何种惩罚时,他的建议是,作为对其公共服务的报偿,他应当像获胜的奥林匹克运动员一般,在一年内的每一天中都享受免费午餐(Apology 36d-e)。对于他在哲学层面上为雅典所做的一切,这将是一个适当的褒奖。

福柯感叹到,现代哲学已失去了古代哲学的直言特征。他谈道:"现代西方思想——至少,如果我们将它视为它目前所呈现的那样(作为一门学问或大学课程)——与[古代的]直言哲学并无多少共同之处。"(Foucault 2008b:318)。奇怪的是,福柯使用了同一位短语"至少,如果我们将它视为它目前所呈现的那样"。是否存在着一种可以重新开启道德之可能性的思考现代哲学的方式? 或许吧,但我们首先需要做一些工作。如果想要道德,我们便需要进一步对直言加以探究,并确定在我们的时代,是否存在着直言的理想替代品。

## 149 说真话:直言

在《无畏的言说》中,福柯强调了直言的五个重要特征:坦率、真理、危险、批判和责任。这些特征将使道德上的真理言说同其他交流形式区别开来。我们将依次讨论每一个特征。

(a)坦率。首先,直言是直率地说(franc parler),或者如我们所言,"述其所是"(telling it like it is)。直言者——直言的施行者——不使用修辞术;她只是就特定论题坦露自己的全部想法。正如福柯所描述的那样,"言说者应当对自己的想法加以完整、准确的阐述,这样,聆听者便能够恰如其分地理解言说者的所思所感。"(Foucault 2001:12)由于太过担心招惹麻烦,绝大多数人往往不会说真话;相反,他们说的是半真半假的话语或彻头彻尾的谎言。然而,坦率使聆听者认识到这样一些状况:(i)言说者真正相信她所说的东西;(ii)言说者对她所说的东西深信不疑,就好像它们未经语言中介而直接从头脑中浮现。

值得注意的是,说真话者为自己发声,并在这一过程中将自己的想法和盘托出。在1984年的法兰西学院讲座中,福柯宣称,说真话者与预言者不同。预言者的确说出了真理,但"并不以自己之名说话。他为另一个声音说话,他的嘴充当了在另一个地方发话的声音的媒介"(Foucault 2009:16)。相较于预言者中介化的、代言人式的言说,说真话者未经中介的坦率赋予了直言者道德上的权威与责任。说真话者不会告诫谈判双方"不要杀死信使"。她的生死存亡都取决于所言说的内容:信息与信使是浑然一体的。

(b)真理。然而,对于直言来说,仅有坦率是不够的。人们深信自己所说的东西为真,这是不够的;他们所说的东西必须实际上为真。正如福柯写下的那样,直言者"说出真实的东西,因为他*知道*这是真实的;他*知道*这是真实的,因为这在事实上是千真万确的……他的见解同时也是真理……在信念与真理之间,始终存在着一种严丝合缝的对应关系"(Foucault 2001:14)。在直言者的头脑和心灵之间不存在矛盾冲突:她相信自己所知晓的真理,相信自己对真理的认识,同时也知道自己的信仰是真实的。判断真理的标准是言说者最坚定的信念。正是这样的信念使直言者说出真理(确凿无疑的真理);这并非"世界"与言说者的各种陈述之间的"符合"。福柯将怀疑论斥为"一个颇为现代的[问题]……它在古希腊人眼中是格格不入的"(Foucault 2001:15)。因此,

150

尽管直言要求说真话者在"认知的"意义上说出真理,但重要的不是真理被言说这一认知的事实;毋宁说,重要的是说真话者的道德力量。

(c)危险。然而,坦率的言辞,即使充满了信念,也不足以被归入直言之列。当说真话者因真理而陷入险境时,直言便会出现。在危险面前,说谎者瞒天过海。直言者则说出真理,她的言说对象往往是一个更强大的人,一个明白说真话者之所言为真的人。因此,在直言中,包含着一种勇气的因素。正如福柯所言,"一名语法教师可以向他所教导的孩子们说出真理,并确信自己所教授的内容为真。尽管在信念与真理之间存在着一致性,他依然不是直言者。"(Foucault 2001:16)简言之,我们不需要鼓起勇气说出"3"是一个素数。然而,一位哲学家指出暴君的专横跋扈,则又是另一种情况。暴君很清楚自己是一位暴君,因此,哲学家并没有说出暴君不知道的东西。但告诉暴君他是一位暴君,会将说真话者置于危险境地;尽管意识到危险,哲学家依然向暴君慷慨陈词,并向暴君提出了改变其执政方式的可行策略。一个人要成为直言者,就必然在说真话时失去一些东西。没有危险,便不会有直言。

在1984年的讲座中,福柯重申,直言者"不是师父、教师、技师,这些人以传统之名把技术讲解出来"(Foucault 2009:25)。说真话者所宣扬的并非技术知识,而是一种气质,一种生活方式。这就涉及一种技师所不知晓的危险。福柯宣称,教师之所以感觉不到危险,是因为他在共同价值观(传承、普遍知识、传统、友谊)的背景下工作。然而,说真话者"得冒险。他拿自己与听者的关系去冒险。说出真理并不意味着建立正面联系(普遍知识、传承、归属、认同、友谊),说真话者会走向反面,激怒其听者"(Foucault 2009:24)。要想言说真理,就应当越出对话者所持有的所谓"共同价值观"。这种"越出"将成为直言之批判维度的根基所在。

(d)批判。直言不仅仅是使说真话者有可能置身险境的坦率

言论。要想在道德意义上言说真理,真理就应当是不受听者欢迎
的东西。换言之,直言必须包含一个批判的维度。由说真话者所
说出的真理,必须迫使对话者审视自身(哪怕只是片刻而已)。正
是在这一点上,我们需要勇气。鉴于直言的接受者通常拥有凌驾
于言说者之上的权力,因此,接受者试图通过惩罚、解雇、杀戮等行
为,将权力施加到说真话者身上。这便是绝大多数人的不足之处:
说谎者因惧怕可能的报复而谎话连篇,并将原本可能的批判转变为
阿谀奉承。直言者坦率地说出关于某一问题的批判性的、不加掩饰
的真理。直言是自私、怯懦、毫无益处的奉承的对立面。在面对危险
时,直言者开诚布公地说出真理,以帮助那些用暴力解决问题的人。

（e）责任。至此,我们已经从坦率、信念、危险、批判等方面对
直言加以描述;我们所缺乏的,是将上述原则统一起来的东西。这
种关联性特征,表现为与直言者形影相随的道德责任感。在面对
潜在的危险时,撒谎者谎话连篇,他从周遭环境中寻找理由为自己
开脱。这是一种结果论者的回应。然而,类似于康德,福柯宣称,
直言是一个即使面对危险,依然说出真理的道德决定的结果。说
真话者"有保持沉默的自由。没有人强迫他说话,但他觉得自己有
这样做的责任……因此,直言与自由和责任息息相关"（Foucault
2001: 19）。为了在直言的意义上说真话,一个人必须有通过说谎
或缄口不言而不说真话的自由。要想说出真理,说真话者需要与
自身建立起某种伦理关系。直言者"冒着死亡的危险去说出真理,
而非停留于真理未曾言明的安全地带……他宁肯做一个说真话
者,而不是过一种自欺欺人的生活"（Foucault 2001: 17）。[1]  在道德
层面上,说真话是值得钦佩的,因为相较于不说真话,说真话要更
加举步维艰。

---

1　伊曼纽尔·康德,《道德形而上学原理》（Akk. 6: 429）。在书中,康德谈到,我们
之所以说真话,并不是要对他人负责,而是要对作为道德存在的我们自己负责。

这便是说真话者和智者的区别所在。在 1984 年的讲座中,福柯指出,尽管在"信使"与"信息"的统一上,智者与说真话者相似(而不同于预言者),但"智者……使智慧处于隐退状态,或至少在本质上有所保留。实际上,智者的智慧在于他本人,目的也是他本人,他没有必要说话……没有什么能迫使他传播、教授或展现自己的智慧"(Foucault 2009:18)。相较之下,直言者在道德上有说话的责任。她不能独自保有真理;她必须将真理公之于世——她必须向每一位听者说出全部的真理。按照这种理解,直言便是一个无法被隐藏的真理。说真话者使自身、使对话者、使将要传达的真理得以显现。[1]

## 直言在古代哲学中的运用

在 1983 年的伯克利讲座中,福柯描述了直言在社区生活、公共生活、私人生活这三个不同领域中的运用。为了阐明说真话在社区生活中的运用,福柯谈到了伊壁鸠鲁学派[2]。在伊壁鸠鲁学派的社区中,直言是一种集体性的社群活动。在社群对说真话的运用中,居于核心地位的是高级教师所组织的私人面谈。在这些面谈中,"教师给予个别社区成员建议和训诫"(Foucault 2001:113)。此外还有集体忏悔的环节,"其中,每一位社区成员依次将自己的想法、过错、不端行为等和盘托出……并获得彼此的救赎"(Foucault 2001:114)。在这种社群模式中,直言被运用于"内部",

---

1　在 1984 年的讲座中,福柯提出,直言与"认识论结构"无关,而是关涉到"des formes alèthurgiques",即去蔽/显现真理的形式(Foucault 2009:5;见 Heidegger 1996:§44)。

2　伊壁鸠鲁学派是古希腊无神论哲学家伊壁鸠鲁(Epicurus)创立的哲学派别,其影响遍及希腊、罗马文化,历时四个世纪而不衰。伊壁鸠鲁学派的核心观点是崇尚简朴而节制的生活,追求摆脱世俗困扰后的心灵宁静之乐,其最重要的代表是诗人、哲学家卢克莱修(Lucretius)。——译注其目的在于以私密或公开的方式实现精神指引。

　　为了阐明直言在公共生活中的运用,福柯转向了犬儒主义者[1]。犬儒主义者将说真话作为一种公众教育的手段。福柯强调了三种说真话的犬儒主义实践:批判性的布道(critical preaching)、出格的行为(scandalous behaviour)和挑衅式的对话(provocative dialogue)。我们将逐一对其加以讨论。

　　不同于伊壁鸠鲁学派,犬儒主义者向一大群人说话,其中,往往包括犬儒主义社区之外的人们。福柯谈到,布道"在我们的社会中依然是说真话的主要方式之一,它涉及这样一种理念,即不仅有必要将真理讲授给最优秀的社会成员或一个特定的群体,还有必要将真理讲授给每一个人"(Foucault 2001:120)。犬儒主义者随时随地向每一个人言说真理。在更宽广的社会范围内,对社会制度(这是犬儒主义者最感兴趣的对象)的大胆抗议,表明作为坦率的、批判性的真理言说,直言之所以发生,仅仅是因为无论存在着何种风险,"真理都必须被说出"。

　　犬儒主义者是冒着风险去言说真理的宗师。出格的行为是展现真理、展现人们与真理的关系的公开方式,这一点在犬儒主义者第欧根尼[2]身上表现得尤为明显。第欧根尼的最著名事迹是在公共广场上手淫。当他被要求解释自己的行为时,第欧根尼说:"但愿我的肚子这样揉一揉就不饿了。"(Foucault 2001:122,引

---

1　犬儒主义是古希腊时期重要的思想流派之一,由苏格拉底的学生安提西尼(Antisthenes)创立。犬儒主义者笃信,人要想追求普遍而唯一的"至高之善",就应该摒弃一切物质欲望和感官享乐,过一种顺应自然的朴素生活。关于"犬儒"这一称谓有两种解释,一是其创始人安提西尼曾在一个名为"快犬"(Cynosarges)的竞技场中演讲;二是该学派的信奉者大多放浪形骸、我行我素,其生活方式和狗有某些异曲同工之处。——译注

2　第欧根尼(Diogenes 前412—前324),是犬儒主义哲学的最著名代表,认为除自然的生理需求外,其他一切财富、声誉、权势皆无足轻重。他长期居住在一只木桶内,过着随遇而安、形同乞丐的生活,甚至不介意别人将自己称为"狗"。他所留下的大量逸闻趣事至今仍广为流传。——译注

自 Diogenes Laertius, VI, 46; 69)这里的要点是清晰的:如果在公
153　共广场上,可以通过吃喝来消除饥饿,那么,毫无疑问,在公开场合
消除性欲(这种性欲同吃喝并无二致)就应当被允许。既然人们不
认为吃喝是可耻的,那么,人们将手淫视为羞耻便是难以理喻的。

　　犬儒主义的第三种实践,是使用挑衅式的对话。这通常被描
述为第欧根尼和亚历山大大帝之间的对话。其中的一个例子是,
第欧根尼让亚历山大闪到一边,因为亚历山大挡住了阳光。另一
个例子是,第欧根尼说亚历山大是一个私生子。对皇帝说这样的
话(尤其是在大庭广众之下)的确是一种挑衅。在第欧根尼眼中,
亚历山大并没有那么伟大! 福柯指出,"苏格拉底玩弄其对话者的
无知,第欧根尼则想要挫伤亚历山大的骄傲"(Foucault 2001:
126)。换言之,挑衅式对话是苏格拉底式对话的一种独特变体:通
过向某人表明他的言行不一,哲学家促使对话者反躬自省,并开始
自我关照。

　　布道、行动,以及挫伤骄傲:这些便是犬儒主义者在公共生活
中运用直言的三种主要方式。在 1984 年的法兰西学院讲座中,福
柯将更多地谈到斯多葛学派的观点。这是因为,正如福柯所言,
"犬儒主义的直言游戏在直言规约的界限内运作。它与僭越比邻
而居,因为直言者可能会发表过多亵渎性的评论。"(Foucault 2001:
127)[1] 犬儒主义者之所以重新出现在福柯的例证中,是因为他们将
真理言说推向了极致;直言是整个犬儒主义世界观的运作方式
(modus operandi)。或许,没有别的群体能够像犬儒主义者那样,
使直言在他们自己身上得到淋漓尽致的体现。

　　运用直言的最后一个领域,是包括人际关系在内的私人生活。
一个人需要言说真理,这样,她便成了自身的对话者:即使在自己
身上,也可能存在着骄傲和谄媚。一个人需要直言,以此来避免自

---

1　请注意,"僭越"这一产生于 1960 年代的福柯式命题重新在此出现。见《僭越
　　序言》(A Preface to Transgression,载 Foucault 1998: 69-87)。

我欺骗。最能代表这种说真话方式的群体,是斯多葛派学者,尽管福柯在后来将早期基督教徒添加到了这份名单之中。

斯多葛式生活的核心是自我审查。这种自我审查不同于后基督教时期的坦白。相较之下,自我审查更类似于一种管理工作。福柯注意到,虽然塞涅卡并未对"罪恶"加以解释,但是,

> 过错……低效的行为,需要在目的与手段之间加以调整……问题的关键,在于行为上的一个实际误差,因为他无法在自己知晓的行为准则与自己的实际行为之间建立起一种有效而合理的关系。

154

（Foucault 2001：149）

塞涅卡只是记录自己的错误,因为这些错误阻扰他实现自己的目标。如果塞涅卡放弃了这一目标,那么便没有什么需要解释。为判定一个人是否实现了自己的目标,她必须对自己作出诚恳的、公正无私的描述:这便是自我审查所发挥的作用。

斯多葛派学者所运用的第二种说真话实践是自我诊断。福柯再次提醒我们,不要将自我诊断转变为后来被认为是坦白的行为。相反,自我诊断是一种找出问题所在的方法。福柯阅读了塞涅卡的《论心灵的安宁》,在这封信中,塞涅卡回应了塞雷努斯[1]的自我诊断,后者曾写信给他,以寻求道德建议。这一自我诊断列出了塞雷努斯的种种道德"症状",并让塞涅卡去作出道德上的"诊断"。塞雷努斯之所以这样做,仅仅是因为他渴望安宁,并需要来自塞涅卡的帮助,以了解如何获取这种安宁。当塞雷努斯谈到自己的"疾病"时,他必须小心谨慎,以避免自我歪曲,无论这样的描述是否展现了他最光彩照人的一面。塞雷努斯明白,为了让塞涅卡真正帮助自己,他必须说出关于自己的生活与好恶的全部事实。

---

1 塞雷努斯(Serenus)是尼禄统治时期罗马的一位年轻高级官员,与塞涅卡感情深厚。——译注

第三种实践是自我检验。福柯讨论了埃庇克泰德对各种表象加以检验,并将其分为"在我们权能之内"和"在我们权能之外"两类的方法。如同自我审查与自我诊断一般,在这种分类中,至关重要的是保持坦率、批判性与真诚。在这样做时,实践者能够摆脱阿谀奉承与自我欺骗,而获得某种关于自身的真理。正如福柯所言,

> 有关门徒的真理来源于他与自身所建立的私人关系;现在,这种真理可以向他自己……或向其他人揭示……同时,门徒也必须对自身加以检验,并查看他是否能实现自我控制。
>
> (Foucault 2001: 164-165)

在决定进行自我控制时,门徒必须对自身加以审查,以便了解自己是否在朝着自我控制的方向努力。在发现自己的规划(或规划的执行)存在缺陷时,门徒对自身加以诊断,以便向教师提供确切的信息,从而确保恰如其分地"补救"这些缺陷。

## 155 回归道德?

伊壁鸠鲁学派、犬儒主义和斯多葛学派——正如福柯在 1983 年所言,这些古希腊的思想流派代表了"自我关注的历史中真正的黄金时代"(Foucault 2005a: 81)。尽管由于考古学方面的原因,我们无法"回归"这些思想流派,但至少我们可以提出这样一个问题:作为主体的我们如何同作为一种自我实践的真理背道而驰,以至于"主体性"与"真理"仅仅成为某些一去不返之物的占位符? 我们要如何才能回归道德? 我们能否使作为一种道德行为的真理从纯粹的认识论中解脱出来?

我们需要作一些补充说明。首先,我并没有暗示,人们无法再

通过自我的实践来关心自己。例如,塑身中心的许多举措与斯多葛学派的自我关注模式不谋而合。[1] 其他例子还包括武术、冥想和(考虑到我离海滩很近)冲浪。正如本书的其他作者所阐明的那样,我们依然参与了某些类似于自我实践的活动。其次,我并未暗示,一个人无法在危险的境况下说出真理。有一些检举者以真理之名而牺牲安稳的工作。抗议者往往甘愿(并准备好)为了自己的事业而被捕。在心理干预和精神分析中,也存在着同直言相类似的环节。诚然,我们拥有类似于自我关注和直言的种种实践,但在这些实践与其古老意义之间,又存在着某种断裂。

福柯认为,在现代社会中,自我实践不可能在一个人成为直言者的过程中产生多大帮助,反之亦然。例如,瑜伽修行者很难声称,做瑜伽可以证明她对政府的批评(如果她能提出这种批评的话)。如果政府应当相信她的批评是正确的,是因为她的道德品质是做瑜伽的结果,这将是很难理解的。此外,有多少人做瑜伽是为了获得道德操守,从而达至真理,并向其他人言说真理? 在美国,人们做瑜伽,主要是出于审美目的,或是为获取医疗方面的益处。瑜伽的精神维度往往为练习者所内化:释放压力和更好地呼吸。瑜伽不是为真正获取关于世界的真理而采取的行动:它是一种放松的锻炼方式。这并非暗示锻炼无法成为一种指向真理的自我实践,而是说,绝大多数人是为了健康与美丽(通常是后者),而不是为了真理与知识而锻炼。因而,我们在此见证了真理与主体性之间的断裂。在今天,瑜伽、节食以及其他自我实践似乎与人们的道德自我无甚关联。在练习瑜伽时,邪恶的人可以和高尚的人一样熟练,愚钝者可以和睿智者一样专心致志。一个人不会向自己的

156

------

1　尽管还存在着其他技术手段,但我所思考的主要是饮食日志。见 Heyes 2006,2007。

瑜伽教练咨询解决严肃问题的方法;瑜伽教练只是提供了一门课程,而不会与学生生活在同一个社区。

事实上,当绝大多数人在新年下决心要"更好地关心自己"时,他们通常是在严格的医学意义上说出这句话的。人们下决心要减肥,要降低有害的胆固醇,要少吃垃圾食品,等等。在作出这些决定时,人们很少会加上一条:"通过降低胆固醇而成为一个更有道德的人。"现代社会将身体视为刻板凝滞的,因此,在一个人的道德自我与其作为医疗对象的身体之间,不存在必然的关联。举例而言,没有学生会由于教授拥有健康的体魄,便相信他所传授的知识是真切无误的。

我们越是对现代的"自我实践"加以探讨,便越发清楚地认识到,我们完全没有在古代意义上"关心"我们自己。毋宁说,我们所拥有的是自我规训的实践,而非自我本身的实践。因此,回归道德,可能会使我们更敏锐地意识到,自我规训的实践怎样对我们言说真理的意愿产生影响。让我们下决心做一个说真话的人,并以一种"为真理而生存"的姿态塑造我们自己。但什么是当今世界的真理呢? 这是一种人们应当为之生抑或为之死的真理吗? 因此,我们无论何时都必须更清楚地认识到什么是真理。或许,对道德的回归,以及对真理和自我规训的批判,只不过是一种福柯式的规划。

# 主体性与权力

⊙ 克瑞西达·J.海斯

人们必须记住,权力并非否定、拒绝、排斥的一整套机制。它能有效地进行生产。它很可能直接生产出个体本身。个体性与个体身份是权力的产物。[1]

"主体性"及其同源词是这样一类哲学术语,它们描述了一种更大的历史和政治背景下的生存经验的可能性。"主体"(le sujet)不单单是"人"的同义词;毋宁说,这一术语展现了成为某一类人的可能性,对于使用该术语的理论家而言,这往往是一种偶然的历史可能性,而非关于人之本性的普遍或本质的真理。对于福柯而言,这些术语在哲学上尤为重要。在中期的《规训与惩罚》和《性史(第一卷)》这两部作品中,福柯就现代主体在他所谓"规训权力"背景下的形成作出了一种理论—历史描述。本章借鉴上述文本,以阐明主体在福柯眼中是如何形成的,并将为我们带来何种启示:福柯

---

1 "Il faut rappeler que le pouvoir n'estpas un ensemble de mécanismes de négation, de refus, d'exclusion. Mais il produit effectivement. Il produit vraisemblablement jusqu'aux individus eux mêmes. L'individualité, l'identité individuelle sont des produits du pouvoir…"(米歇尔·福柯,《我是一个艺术家》[Je suis un artificier], 这是他于1975年与罗热-保尔·德鲁瓦[Roger-Pol Droit]的对谈,法文在线资源见 http://foucault.info/documents/foucault.entretien1975.fr.html[2010年8月访问])

认为,人们所承袭的是这样一套权力体系,它既创造了我们的可能性又限定了我们的存在。我将考察福柯的论述所面临的两个相互关联的挑战,并援引有关体重与减肥的当代话语来总结全文,以展示福柯的作品如何被运用于超越其论域的案例研究中。

在法语中,福柯用以把握主体性(或主体位置:主体所占有的特定空间)之形成的核心术语是 assujettissement(屈从化)。这一术语有(subjectivation)主体化、(subjection)征服,乃至"(subjugation)"奴役等译法。在将该术语转换为英文时,翻译者所面临的困境,反映了与语词意义相关联的哲学困境。屈从化所描述的,是权力作用于自我的双向过程,这一过程同时包含着消极和积极的一面。首先,屈从化传达了这样一种理念,即我们是被权力关系所征服与压制的。当某种规范(福柯将其理解为对个体加以操控、对全体人口加以限定的标准)强加于我们时,我们将被迫去遵循这一规范。在这层意义上,屈从化描述了一个约束与限制的过程。例如,"同性恋"受到了歧视同性恋者的压抑性观念与实践的约束。在这些时刻,权力体现出更为人熟知的压抑性功能,从而作用于个体,并对其能力加以限制。在诸多关于压迫的政治理论中,权力只是发挥了这类消极作用;要想得到自由,我们就必须摆脱权力的操控。然而,对于福柯而言,权力也总是发挥着积极的作用:它使某种主体位置(或个体的某种行动或能力)得以可能。因此,在"同性恋"遭到歧视的同时,对这一标签(福柯坚信,它是一种特殊的、偶然的历史可能性,而非关于一个先在的人类群体的真理)的调用本身便使政治动员、团结一致、相互认同和社会空间的创造等成为可能。如果没有同性恋,便不会有恐同症(homophobia)和对同性恋的抨击,但同样也不会有同性恋酒吧或同志骄傲日游行。

许多关于个体的政治理论模式假定,我们——形形色色的个体——在本体论上先于权力的行使而存在。即是说,人类拥有某些普遍的品质,它们或是被运用,或是被抑制,或是被权力的行使所塑造。事实上,我们中有很多人往往将权力视为作用于我们的东西——某种我们服从或拒绝服从的外在力量,而从未将权力视为使我们成其所是的东西。在西方文化中,"做你自己"是一条广为流传的律令。依照这一律令,人们所假定的自我最终(或只是在理论上)能够被确认为一个不受权力关系(在此,权力亦常常被理解为一种压抑性力量)决定的对象。这一自我模式已经被运用于诸多进步性目标,例如,女性主义鼓励妇女超越男性的支配地位,而寻找被父权制所否弃与压抑的真正的自我。然而,福柯的著名论断在于,权力不只是压抑性的,也并非仅仅作用于业已形成的主体。相反,权力在压抑或限制我们的同时,也确保我们能获得某种身份——这两种行动在根本上是无法分离的。如果说,这是福柯对屈从化的简要阐述(或许是在哲学上最具争议的方面),让我们简要了解一下他是如何得出这一结论的。

161

## "主体"与屈从化

在《规训与惩罚》中,通过对国家刑罚的历史记录,福柯以稍显委婉的方式展开了自己对权力的阐述(Foucault 1979)。关于惩罚与监狱的历史——尤其是关于法国如何在 1757—1837 年间实施惩罚的历史——能告诉我们主体是如何形成的吗?[1] "监狱"(the carceral)[2] 所使用的惩罚机制更广泛地渗透于整个社会;在监狱背景下形成的"规训"权力延伸到了教育、心理、医疗领域之中。尤其是,

---

1　福柯承认了他的法国刑罚制度史所具有的特殊性(见 Foucault 1979:309 n.3)。他的翻译者阿兰·谢里丹(Alan Sheridan)也注意到了"肉刑"(supplice)的独特之处——"在 18 世纪的法国,对犯人的公开酷刑与处决带来了最受欢迎的景观之一。"(Foucault 1979:"译注")

2　"carceral"一词在英文中意指"监狱的"、"监狱制度的",福柯试图用这个形容词来指代形形色色的规训技术覆盖整个社会的"监狱化"状态。——译注

审判活动也已扩展至规范化权力所扩展的程度。这种审判完全是由无所不在的规训机制所产生的,是以全部的"监狱机构"(carceral apparatuses)为基础的,它已成为我们社会的主要功能之一⋯⋯在现代社会中,"监狱网络"(carceral network),无论是以集中还是以分散的形式出现,都包含嵌入、分配、监视、观察的体制。这一网络一直是规范化权力的最重要支撑。

(Foucault 1979: 304)[1]

监狱不仅"支撑"了福柯所关注的新的权力形式,同时也创造了某种思考主体性的方式。福柯宣称:

通过将刑罚的宽松作为一种权力技术来分析,我们或许能理解人类、灵魂、正常或不正常的个体如何逐渐复制出作为刑罚干预对象的犯罪,一种特殊的屈从化模式如何能生产出作为认识对象的人。

(Foucault 1979: 24)[2]

这一切是怎样发生的? 在《规训与惩罚》的著名开场白中,福柯生动而不乏残酷地描述了对达米安的公开酷刑与处决,后者于1757年试图行刺国王路易十五。在此,"犯人的肉体"被转换为一种景观。君主通过公开展示的极端暴行,对任何企图威胁其生命的人施以报复。突然间,福柯停止了这样的叙述,他向前迈进八十年,来到了1838年的一篇文章,文中,列昂·福歇描述了巴黎的一座监狱中的作息时间表(Foucault 1979: 3-7)。犯人们清醒的时间被细致地划分为祈祷、工作、进餐、休息和学习等不同阶段,他们的

162

---

1　中译参考米歇尔·福柯,《规训与惩罚:监狱的诞生》,刘北成等译,北京:
　　生活·读书·新知三联书店,1999年,第349-350页。——译注
2　同上,第25页。——译注

活动(如接受教育或祈祷)既是建设性的,又明显是惩罚性的。此外,福柯暗示,在每一个例证中,犯人的身体都是完全不同的对象:达米安的痛苦是一种公共景观,他那消极被动的身体彰显了意志遭到违背的君主的权力。相较之下,福歇笔下的犯人则居于自己的身体之中,他们依据既定的时间表来自我规训,并将自己塑造为特定类型的人;他们展开训练,并参与娱乐活动。

随着18世纪的到来,呈现在福柯面前的,是一套控制身体动作的新方法。为了对犯人加以管理,就必须使他们变得驯顺,但这种管理至少在一定程度上必须来自犯人自己的行动。这种新的权力形式不受君主的引导,它作用于犯人的身体,并制造出某些特定的人,福柯将其命名为"规训权力"。尽管在这里,我不会详尽阐述福柯对"君主权力"与"规训权力"的重要区分(比如,可见 Allen 1999:31-37),但这种区分恰恰是福柯所指明的现代性屈从化特征的核心所在。规训创造了一种自我监视的、不断发展的主体,这一主体处于诸多管理与强制行为的交接点上。同时,最重要的是,这一主体是有用的、具有生产性的。不仅仅是监狱,军事、医疗、教育和新兴的人文学科都在这种新的主体的形成中发挥了作用,它们运用了四种重要机制(Foucault 1979:149-169)。简言之,首先,通过新的建筑形式(其中最负盛名的是全景敞视监狱)和人口管理机制,个体与空间的关系被重新界定;其次,个体的活动被彻头彻尾地控制与监督,他的身体也被整合到这一过程之中(就像是士兵所展开的细致入微的操练);再次,时间被愈发严密地组织与监测,并开始被理解为循序渐进的(福柯的一个例证是为选拔优等生而额外组织的考试)和可以被细致(甚至是无限度)切分的;最后,力量的编排得以调整,人们协同合作,依据彼此的相对位置与交互作用来组织身体,同时将注意力转向高效的"战略",从而最大限度地提高生产效率。

福柯提炼出三种技术手段,它们贯穿于上述四种机制,进而对现代主体性加以巩固(Foucault 1979:170-194)。层级监视通过一种持续不断地洞察一切的目光,使主体始终处于可见和可知的状态。在全景敞视监狱中,层级监视是一种实际存在的机制,但福柯用这种可见性来隐喻权力如何作用于更大范围内的主体。其次,规范化裁决在过去不被刑罚染指的社会生活领域,通过对行为的微观管理而得以实施。尽管孤儿院或兵营有明确的规章制度,但通过规训所实施的命令规定了"可观察到的自然进程",以确保人们更遵从规范。因此,惩罚不仅是报复性的,同时也是矫正性的(Foucault 1979:179)。例如,教师不再体罚犯错误的学生,而是罚他们"抄抄写写"——这是一种兼具惩罚与训练作用的重复练习。"这种无休止惩罚的微观经济学造成了一种分殊化,它不仅是对行为的区分,同时也是对个体本身及其种类、潜力、水准或价值的区分。"(Foucault 1979:181)规训权力的第三种技术是审查(一种将层级监视与规范化裁决相结合的手段)。通过仪式化的方式,审查技术将规范化的目光纳入某种区分与评价的机制,福柯的例证包括医生的巡查、学校里的考试和军队中的检阅。规训权力本身是不可见的,但为了增强控制力,它会使主体变得高度可见:"正是被规训者经常被看见和能够被随时看见这一事实,使他们总是处于受支配地位。"(Foucault 1979:187)

简言之,规训创造了一种全新的主体位置:个体。这样的个体是一个循规蹈矩、温良顺从、自我监督的人,他被认为(包括被生物学和人文科学中的新模式认为)将以特定方式发展,并服膺于更严密,但似乎又更温和的管理方式。同时(充满悖论的是,通过诸多大同小异的机制),我们被告知,我们每个人都拥有独特的生平经历(它是值得研究和再现的),并由某些内在于我们的品格(而不只是由我们在亲属关系网或社会经济阶层中的一般社会地位)所标示。在其他政治哲学家眼中，这种关于个体之独特性与本真性的话语是一种现代性的恩赐，它标志着民主、平等的公民身份与自主权的出现。福柯的态度则更为矛盾，他就关于历史进步的叙述提出了批判，这种叙述认为，个体自主性的提升会将其从权力关系中解放出来。相反，他认为，随着我们对规训的屈从程度的加强，我们所理解的"自主性的提升"也将变得错综复杂（Foucault 1997e）。对于很多政治哲学家而言，从根本上看，人类就是拥有某些确定品质（也许是理性或某些能力）的个体，这些品质并不是由历史的偶然性造成，或依赖于任何特定的文化参照系。因此，人类的进步或许便体现在通过获取种种权利，或获取促使能力发展的经济框架，而逐步实现这种个体性。相较之下，福柯坚称，这种个体观具有历史的特殊性（事实上，其中隐含着一种对"何谓历史"的独特的"谱系学"理解［见 Gutting 2005：43-53］），同时，个人主义的兴起并不意味着人类潜能的毫无保留的实现。相反，它表明了某些新的能力的形成，表明了我们对权力的屈从程度的加强；我们成为不同的主体，但并不必然是较之从前"更好的"主体。

在《性史（第一卷）》（这是他继《规训与惩罚》之后的又一部重要著作，1976 年首次以法文出版）中，福柯对屈从化作出了详尽阐述（Foucault 1990a）。福柯认为，我们对性/性态的典型的历史性叙述，在很大程度上取决于他著名的"压抑性假说"（the repressive hypothesis）。即是说，我们倾向于认为，19 世纪的特征在于人们越来越不愿意公开谈论性。性欲仅仅出现在那些游走于社会边缘的离经叛道者身上，他们是"另一种维多利亚人"（other Victorians），如妓女、皮条客和性变态。对于中产阶级而言，一种流行的历史观念是，性是禁忌。维多利亚时代标志着性史/性态史上的一个独特的压抑性起源，这样的观念涵盖了从"精神分析对性压抑的抗拒"到"1960 年代、1970 年代及其后的性解放运动"的整个历程：我们

164

的问题是(并且始终是),我们因为性而紧张不安,同时,我们需要挑战自己的缄默与羞愧,从而使自身得以解放(Foucault 1990a:3-7)。

在《性史》的开篇,福柯以嘲讽的口吻告诉我们,他的目标是

> 审视一个多世纪以来因虚伪而备受抨击的社会,这个社会喋喋不休地谈论它的沉默,不厌其烦地细说它没有说出的话,谴责它所运用的权力,并许诺要从使自己得以运转的律令中解放出来……我要提出的问题不是我们为何受到了压抑,而是当我们说自己受到了压抑时,为何会带着对于刚刚过去的时代、对于当下、对于我们自己的如此之多的激情与怨恨。
>
> (Foucault 1990a:7-8)

165  他提出了对压抑性假说的三大质疑。首先,是历史性的质疑:压抑是关于性史/性态史的一个不容置疑的事实吗? 其次,是理论性的质疑:权力实际上是否总是通过压抑而得以运作(它总是说"不"吗?),就像这一假说所预设的那样? 最后,是政治性的疑虑:性解放论者的"反压抑"话语事实上与它声称揭示的压抑话语截然不同吗? 正如他在《规训与惩罚》中所做的那样,通过17—19世纪(主要是)法国的一系列历史案例,福柯对上述问题作出了回答。在"话语煽动"一章中,福柯提出,人们对性的谈论在17世纪晚期出现了一次"爆炸",其根本原因在于基督教的坦白制度。福柯暗示,正如权力在监狱中的运作成为规训权力的扩大版的隐喻与模型,接近牧师的权威,并揭露迄今为止有关性越轨的隐蔽真相,这一理念代表了对于性知识的所有规训中的一个核心机制。他认为,随着18世纪的来临,通过(诸如)人口研究(生育控制、人口增长、生育统计等方式),对儿童性行为的浓厚兴趣(尤其是对手淫的分析与防治),精神病学的发展及其对性功能障碍的研究与治疗,以及

对某些性行为的犯罪化，性已成为政治、经济和技术管理的主要对象（Foucault 1990a：25-31）。就福柯对屈从化的阐述而言，或许最重要的是第三章"性科学"，他在该章中认为，新的性科学通过无休止的煽动与坦白来生产其真理。我们不断被要求暴露自己的性欲望、性变态，以及性"取向"，在形形色色的实践中，我们成了"案例研究"，以供那些目前围绕着性真理的准医学和科学话语使用。

在《性史》中，福柯提供了关于性化个体的两个主要案例。[1]第一个案例，是茹伊的颇受争议的故事，这是一个"头脑简单的"农场工人，他在 1867 年引诱了一个年轻的当地女孩，并给予她一些"爱抚"。福柯暗示，茹伊处在一个历史时期的开端，在这一时期，他的行为不会招来一记耳光或冷漠的拒绝，也不会被当作"微不足道的林间野趣"（其中，当事双方都可以抽身离去，而不会成为"性的受害者"或"性变态"）。[2] 他的行为引起了女孩父母的注意，继而引发了政府当局的关注；茹伊接受了身体上的评估与口头审查，然后作为一个"医学与认识的纯粹对象"（Foucault 1990a：32），在未被定罪的情况下被监禁起来。事实上，福柯的解释来源于已发表的"案例研究"，这是我们今天所说的"恋童癖"的早期例证。在第二个案例中，福柯认为，在这一至关重要的历史时期，性科学提出，某些人在本质上是"同性恋者"：

> 依据古代民法或教会法的规定，鸡奸是一种被禁止的行为；鸡奸者只是司法主体。在 19 世纪，同性恋者成为重要人物，他拥有自己的过往、病史和幼年经历，拥有自己的生活方

166

---

1　第三个案例，是福柯对"一位 19 世纪的法国阴阳人"赫尔克林·巴宾的回忆录的解读（Foucault 1980b）。

2　女性主义批评家认为，当福柯急切地将茹伊视为一个历史时期的典范时，他太过仓促地将自己参与其中的权力关系描述为"温和的"。见 Alcoff 1996。

式和生命形态,还拥有一种轻浮的体态和(有可能的)神秘莫
测的生理特征。

(Foucault 1990a:43)

　　福柯用一句最常被引用的话语宣告了同性恋者的出现:"在过
去,鸡奸者只是偶然的异端(relaps),而现在,同性恋者则成了一个
物种(espèce)。"(Foucault 1990a:43)对于这种身份的发现是一项
个人工作,同时也是一项立法工作,其中,个体破译了自我作为同
性恋者、作为(后来的)异性恋者,或作为另一种可能类型的真相,
尽管福柯认为,它们并非现今才被"发现"或"理解"的人类的自然
类型,而是屈从化的偶然的历史形态。

　　因此,在《规训与惩罚》和《性史(第一卷)》中,福柯最清晰地
展现了权力如何对主体加以塑造。虽然两部作品研究的是不同的
历史案例,但潜藏其中的哲学观点是紧密关联的。二者表明,通过
了解某一机构如何运作,我们便能够了解权力如何创造出特定的
个体;二者的目标,在于借助历史调查,使当下变得有些陌生(从而
动摇我们的如下预设,即监狱是人道主义机构,它对"我们"的主体
性没有丝毫影响;同时,我们的性欲遭到了压抑,而谈论这种性欲
是一种解放和僭越)。二者都认为,这种陌生化/去熟悉化的过程
事实上将颠覆我们对主体性的惯常理解:我们发现,刑事司法实际
上制造了罪犯,而非简单地惩罚罪犯;而摆脱性欲的压抑,实际上
将使我们受制于一种新的话语控制。

## 167　反对意见

　　一些批评家认为,福柯的历史叙述是片面的、简单化的或完全
错误的(例如,Alford 2000;Taylor 1984:尤其是163-165)。福柯的
作品无疑是含而不露、晦涩难解的,在某些时候,他会以令人怀疑

的方式(就像他所鄙视的宏大历史叙事那样)追索非常宏大的命题与论题;在另一些时候,他会在没有明显理由的情况下,选择一个特定的"场景"或典范性文本,以表达自己的哲学观点。本着尼采哲学的精神,福柯宣称,他只会对主体性在规训之下的形成加以描述性说明,并拒绝对特定价值观的认可,但有迹象显示,在他的作品中,还是存在着政治上的忠诚与抱负。福柯积极参与法国的反监狱运动,同时也是一位闻名于世的同性恋知识分子,而评论家们想要知道,他的行动如何与他在该方面的言论彼此吻合(见 Enns 2007:73-98)。一些批评家指责道,在有关权力的一切阐述中,福柯都假定了抵抗在理论上的必要性(Foucault 1990a:95),但却未能提供具体例证来说明抵抗在实践是如何表现(Hartsock 1990)。

在此,我只会关注两条哲学上的反对意见,它们所针对的是福柯对屈从化的阐述。首先,一些批评家指责福柯的权力主体缺乏能动性,因而也无力抵抗福柯所描述的"规训权力"的影响(例如,Fraser 1989)。根据主流哲学的理解,一个人要想抵抗压抑性的权力,就应当置身于权力体系之外(至少在理论上能够如此),以对其加以反击。按照这种更令人耳熟能详的观点,能动性是一个人基于自己的信念与欲望,为自己的利益而行动的能力。然而,如果这些信念和欲望也是一个人想要反抗之权力的产物,那么,(这种类型的)能动性或许便是虚无缥缈的。正如琳达·奥尔科夫所言,"福柯将主体性降格为一种次于权力的分析立场,这将带来一种失去能动性的主体性观念……在能动性缺失的情况下……对支配的抵抗是不可能的,甚至在概念上也是讲不通的。"(Alcoff 1992:73-74;亦可见 Taylor 1984)由于规训权力无处不在又无迹可寻,因而便不存在一个可以被抵抗的最高统治者。达米安因试图行刺国王而遭到处决。他的案例展现了福柯的批评者所提出的更具隐喻性的观点:如果我们无法挑战一个明确的权力中心,并坚持认为,我们全都是形成并限制自身的权力网络的组成部分,那么,我们便不清楚该如何行动,或应当对何人加以抵抗。当一个人致力于推进社会正义时,这样的状况表现得尤为明显。

168 　　在其理论工作的某一个阶段,福柯指出,支配是权力的一种特殊的极限状态,其中,形形色色的关系被"封锁、冻结",因而也不可能进行任何抵抗(Foucault 1997e:283)。然而,仅仅在这种极端状况下拒斥能动性,无助于证明那些不完全属于支配,但却在政治上令人不安的权力关系的不合情理。福柯的观点似乎是正确的,他认为,自由民主人士需要更深入理解的权力形式,不再局限于君主权力的滥用,同时还包括规训权力的更微妙呈现,这种权力向人们允诺了更大的自由,却并未规定相应的代价。但如果福柯的谱系学只是致力于描述,那么,他便无法就何种权力关系更压抑、更有害或更不公正作出价值判断。因此,在另一条紧密关联的反对意见中,福柯常常被指责为无法提出规范性诉求,无法在相互冲突的价值观之间加以选择,亦无法基于任何理由来为社会变革辩护。在某些批评者看来,这一控诉更向前推进了一步:或许福柯的确对价值观提出了含蓄的诉求,但他基于自身立场的一致性而否认了这一诉求(Taylor 1984)。这常常被称为一种隐秘的规范性(crypto-normativity)控诉,该术语常常被用于福柯与哈贝马斯之争,以强调福柯在其谱系学文本中对人文主义与客观价值的隐性诉求(比如,可见哈贝马斯本人就这一问题所进行的陈述[Habermas 1994:94-98])。

　　福柯的政治观点(和持有这些观点的理由)似乎是毋庸置疑的。上述两条反对意见给人以一种感觉,即倘若无法置身于规训权力之外(一种更强的能动性有可能在此产生,或我们可以由此而寻求更好的价值观,以影响社会变革),我们便会受困于福柯所描述的屈从化模式,而无法掌控自身的命运。福柯的捍卫者对两条

反对意见都作出了回应,他们提出,福柯的谱系学工作旨在颠覆关
于主体的人文主义理论,而不是要以某些新的基础理论取而代之。
福柯想要表明,我们对日益增强的自主性的普遍认知,我们对压抑
的克服,我们逐步走向解放的过程,这些都是思考我们的主体性的
方式,它们有着历史上的根源,并受到某一特定权力格局的引导。
当然,有些事情可通过这种权力格局而实现,另一些则被排除在
外,但正如福柯在一次访谈中所言,

> 我并不是说,一切都是坏的,而是说,一切都是危险的。
> 而危险不完全等同于坏。假如一切都是危险的,那么,我们就
> 应当总是有事可做。因此,我的立场不是要人们采取无动于
> 衷的态度,而是提倡一种超乎寻常又不无悲观色彩的行动主
> 义……我认为,我们每天必须作出的伦理—政治选择是为了
> 确定主要的危险是哪一个。

169

(Foucault 1997f: 256)[1]

那么,什么是"主要的危险"? 我认为,福柯的捍卫者主要以两
种方式作出了回应。第一种方式简单地回避了上述问题。在福柯
的批判实践中,我们并未被告知在这种批判实践出现前应当批判
什么;因为他认为,任何关于人之本性的描述都是在真理政体内对
权力的运用,我们无法罗列出那些使我们失去自由,而非获取解放
的屈从化模式。相反,福柯为我们提供了一种使主体能够"去主体
化"( desubjectivize )的实践:"批判将是自愿反抗( inservitude
volontaire )的艺术,是充满倔强反思( indocilitie réfléchie )的艺术。"
( Foucault 1990e: 39)因此,不存在可以批判的特定内容,存在的只

---

1　中译参考米歇尔·福柯,《论伦理学的谱系学:研究进展一览》,上官燕译,见
　　《福柯读本》,汪民安主编,北京:北京大学出版社,2010 年,第 299 页。——
　　译注

是这样一种方法,它使我们意识到自己当前的主体性所允许或限制的内容(见 Butler 2002)。正如保罗·巴顿所言,自主性(被理解为控制自身行动的能力)总会在受支配的状况下遭到抑制,又总会催生抵抗:"问题不在于倡导抵抗,或褒扬自主性,或谴责支配以区分善恶,而仅仅在于理解此类抵抗为何发生。"(Patton 1998: 73)

第二种回应或许更能让查尔斯·泰勒这样的批评者满意,他们认为,如果无法秉持某些非尼采式的自由观与真理观,我们便压根儿不可能理解福柯对权力的尼采式阐述。正如托马斯·弗林所言,当福柯指出,一种特定的权力实践无法以我们尚未认可的方式实现时,他所提出的那种谱系学式的批判往往诉诸其接受者共同的价值观——尤其是那种将自由视作自主性的观念(Flynn 1989: 196-197)。这揭示了唯一能说得通的依据:一方面是对我们的关切和使命的意识,另一方面是我们理解自身的能力,这两者是彼此冲突的,从而使我们无法成为自己想要成为的那种行动者(见 Owen 2003)。福柯始终拒斥任何偏于实用主义的主体理论,这类理论承认,使权力变得更灵活、多样,能为思考和行动带来更丰富可能性:这也是我们早已默认的一种具有政治价值的方案,尽管其原因在很大程度上基于我们的历史和政治定位。

## 170 沉重的主体

因此,福柯认为,我们所获取的新的主体性是指,某一个体既显得与众不同,又受制于一系列法律之外的机制。在某些学者看来,福柯关于同性恋的例证是难以置信的:这或许是出于历史方面(一些批评人士提出,事实上,"同性恋"的观念先于福柯的论述而存在)或科学方面(一些人认为,可以对同性恋作出生物学解释)的理由。然而,对于许多不那么固执己见的读者来说,认为同性恋具有历史特殊性的观点并不能令人信服：即使福柯是正确的,自从同性恋"物种"出现以来,已经过去了很长时间,而巩固"作为"(being)同性恋者的当代身份的实践是如此根深蒂固,以至于我们无法想象情况会有何不同。相较之下,我认为,一个人的体重可以决定一种主体位置,这是非常晚近的观念,并依然在形形色色的机构与实践中不断积淀。接下来,让我以这一案例来结束全文,看看福柯关于屈从化的论述如何在实践中得以展现。任何屈从化过程都发生于两个层面：对社会机体的管理,以及运用于个体身体的规训力量。在人口层面上,肥胖如今被斥责为政治腐败的标志(Herndon 2005)和公众健康的灾难。公众反肥胖话语的咄咄逼人的强制性特征,通过关于"肥胖症"人口的似乎是无穷尽的统计分析和公共决策而得以实现。当然,产生这些统计与政策信息的能力取决于一系列规训机构和实践：从记录学龄儿童体重的公共健康护士,到分析死亡率的精算师。颇具历史意味的是,在1950年代(基于精算证据,而非严格医学证据)生产的标准的身高/体重表,提供了一种人口分析(现在有多少人"超重"或"过度肥胖"?)的技术,以及一种使个体定义其体质指数和体重状况的方法(Heyes 2007：67-71；Gaesser 2002)。

这样,在个体层面上,体重由一个人的偶然特征转变为一种身份。"超重"成为一种数字定义的状态,同时也成为个体未能恰当控制其身体的标志。究其原因,不仅在于公共卫生和医疗的各门"学科",同时也在于对每个人的消费模式、体重、体脂分布、胆固醇水平、卡路里消耗、锻炼习惯等的无休止的详细叙述。互联网上的一些节食论坛用不透明的缩写词来介绍每一位成员,这些缩写词实际上标明了节食之初的体重、当前的体重,以及目标体重；节食者参照屏幕上规定的体重偏差值,并援引体质指数等相关规范,以讨论关于卡路里计算、碳水化合物、锻炼项目的细枝末节。网络上充斥着"我的减肥之旅"的视频博客,其中,普通人将自己的传记当作值得表现之物,同时对自己的体重直言不讳。他们所关注的,通常是自己生活中似乎与节食紧密关联的某些方面。"节食者"的身份日益与"同性恋者"一样真实。这种对主体位置的巩固,将关于某个人的一切纳入了减肥的范围之内;"节食者"的主体位置成为窥探其个人身份的窗口(Heyes 2007)。恰如福柯的预言,节食的实践不光是压抑性的(倘若仅仅如此,它便不会如此流行),同时也是赋能性/促动性的(enabling):人们有更良好的自我感觉(哪怕只是一小段时间),了解到新的信息(例如,关于营养学的信息),并开发新的技能(例如,如何描述并应对自己的"弱点"),与此同时,他们被更深地卷入到一个具有控制和管理能力的规训体系之中。

在这个简短的讨论中,我希望说明,为什么福柯相信,现代个体不仅是人类社会的一种现象,而且是规训权力的历史性产物——无论就整个人类社会,还是就我们所承袭之主体位置的具体细节而言,都是如此。我对有关体重的话语所作出的分析,同我所认识到的两条反对意见相冲突:哪一种价值判断通过对节食的谱系学解读而得以合法化,而受压制的节食者又是怎样予以回击的? 最后,我采纳了曾经提及的两种战略。我在很大程度上参与了批判的实践,展现了权力关系的强化和主体性的巩固如何与这样一种话语如影随形:我们中的大多数只不过是希望提升自主性,并将自己从肥胖的魔爪中解救出来。但我同样表明,我们的"关切和使命"在某种程度上与节食所催生的主体性存在分歧,我们渴望成为之人与我们事实上成为之人的差距,将被运用于伦理和政治目标。

# 自我的实践

⊙ 狄安娜·泰勒

此前几章已经说明,对于福柯而言,主体性并非我们所居有的一种状态,而是我们所展开的一种行动。除此之外,主体性还是一种始终在限定性状态下展开的行动。我们通过各种"自我的实践"将自身建构为主体(我们被赋能／促动[we are enabled]),这些实践包括书写、饮食、锻炼、说真话等行动。与此同时,我们也是被建构的(我们被限制／约束[we are constrained]),这是因为,我们推进这些实践的方式受到了各种机构(如学校、法院、医院和国家安全机构)以及我们所生活的社会中更普遍的规范和价值观的塑造。

换言之,主体性并未远离权力关系,而是居于权力关系之中,并通过权力关系而形成。一方面,不存在为我们赋能的解放性机构与规范;另一方面,压抑性或规范化的机构与规范又对我们加以约束;更确切地说,我们在同一时间被同样的机构和规范所赋能与约束。因此,我们发现,自己面临着这样的任务:弄清楚我们在何时、以何种方式被赋能,又在何时、以何种方式被约束;确认现有的实践如何才有可能减轻约束,进而抵制规范化;以及对这样一些实践的运用,其目的不仅在于实现上述目标,同时也在于开发出不同以往的新的实践,即与自我及他人相关联的不同以往的新方式。即是说,我们需要对成为主体的过程加以批判性反思。

这种批判性反思活动由一系列特定的实践构成,福柯将其统
称为"批判"。在本章中,我概括了福柯对现代西方主体性之起源
174 的描述,这种主体性在早期基督教的自我实践中应运而生。这些
实践反映了权力与真理的内在关联,即一个人开始了解关于自己
的真理,并通过自我否定的过程而更广泛地获取真理:主体性唯有
通过自我牺牲才能够实现。福柯认为,这种自我牺牲的因素被保
留在现代的主体解释学中,用以描述治理技术的特征。在本章的
第二部分,我们将看到,批判的实践如何对自我牺牲的现代主体问
题作出福柯式回应。正如他所设想的那样,批判可以动摇现代主
体化(成为主体的过程)所特有的真理和权力的关系,并由此而促
进新的、解放性的主体性形式的发展。

## 主体性与自我牺牲

早期基督教的自我实践在一种关系中展开,通过这种关系,人
们在支配自己的另一个人(或另一些人)的引导下走向救赎
(Foucault 1997b)。在一种"以救赎为取向的"关系中,被支配的个
体必须遵从某些由外部产生的真理,如宗教的教义或原则。但这
种接受不只是消极被动的,被支配的个体也参与了"普遍规则、特
殊知识、感知、审查的方法、坦白、交谈"这样形形色色的实践,以此
通达并揭示关于自身的真理(Foucault 1997b: 26)。通过这些实
践,个体也便将自身建构为一个主体。因此,自我的实践具有双重
特征:一方面,它们表现了个体置身其中的社会的规范和价值观,
从而在个体与他人之间建立起某种关联;另一方面,由于个体采纳
了这些实践,并将其融入自身的主体性建构,它们便在个体与其自
身之间建立起某种关联。

福柯表明,正如在古希腊和希腊化时期,早期基督教的自我实

践意味着一个"转变"的过程。为了通达关于自身和世界的真理,主体必须"改变自己、转换自己,在一定程度上与自身不同"(Foucault 2005a:15)。在古希腊和希腊化背景下,转变表现为一种内在于自我的"转向",即一种对自我的反躬自省式的思考,这种思考使人们获得了(一个与众不同的)视角。相较之下,早期基督教的转变(metanoia)并不是一个转向,而是一个内在于自我的断裂;与其说它是一个过程,不如说它是一次"突变",是从一种存在形态到另一种存在形态的突如其来的转换:"从死亡到生命","从腐朽到不朽","从黑暗到光明","从魔鬼的统治到上帝的统治"(Foucault 2005a:211)。

175

因此,在转变中出现的断裂,是一种以真理或救赎之名来否弃或牺牲"旧有"自我的举动(Foucault 2005a:250)。故而,在转变发生之后,一个自我实践的过程也将浮出水面。这种("后转变"的)自我实践的作用在于"译解"(decipher)自我,以确保其思想纯洁无瑕,并恰如其分地聚焦于真理和光明。因此,这种译解便涉及旨在证明旧有自我已经被否弃的实践;事实上,它涉及旧有自我的反复不断的公开牺牲。福柯认为,在这个否弃与牺牲的过程中,存在着两种至关重要的实践:坦白与自我审查。在早期的基督教中,这些实践看上去与现代的悔罪仪式和原罪告解颇为不同(Foucault 1980h)。悔罪并不是一种"坚定的行动",而是一种状态,它涉及开展多种不同的实践,从而使一个有罪的人重新融入宗教团体(Foucault 1980h)。这是一场对身体的公开展示,例如,通过穿一件粗毛布衬衫,把头埋在灰烬中,以及禁食,以证明一个人悔罪的真实性(Foucault 1980h)。因而,人们将整个重新融入的过程命名为"自我审查"(exomologesis)或"显现真理"(Foucault 1980h)。

坦白具有类似的显现作用。正如在悔罪中那样,为了保持真实可信,为了揭示真理,以提供通达真理的路径,人们必须向另一个人坦白。坦白对自我审查加以审查,从某种意义上说,正是通过坦白,一个人的思想和灵魂状态才被表露给拥有解释这些思想和灵魂状态之权威的另一个人。然而,福柯认为,不同于悔罪(它有一个可辨识的终点),坦白要求人们用言语不断地把内心的想法表达出来,它建立了一种永远服从于权威的关系。但言语表达不仅是要让言说者屈从于听者。按照福柯的观点,这些特殊的言语行为同时也是自我牺牲的行为:

> 言语表达是……一种转变的方式,一种与自我决裂的方式。它是一种使转变得以发展并发挥作用的方式。由于在撒旦的统治下,人类是依附于自身的,因此,作为一种趋向上帝的运动,言语表达是对撒旦的否弃。基于同样的理由,言语表达是一个人对自身的否弃。

(Foucault 1980h)

因此,福柯认为,悔罪和坦白都将带来一种"自我揭露,同时也是一种自我毁灭"(Foucault 1980h)。一个人在权力关系中了解并说出真理,在这种权力关系中,"任何关于自我的真理都伴随着自我的牺牲"(Foucault 1980h)。在阐述其观点时,福柯讲述了一位年轻僧侣的故事,当这位僧侣病入膏肓时,他的师父不允许他死去。这位僧侣"又多活了几个星期",这时,师父命令他死去,于是他便溘然辞世(Foucault 1980h)。福柯写道:"甚至当僧侣年事已高,甚至轮到他成为师父时,他也必须将服从的精神作为自身意志的永久牺牲。"(Foucault 1980h,强调系笔者所加)

## 自我牺牲与治理术

在福柯看来,这种权力关系——其中,通达真理与牺牲自我紧密关联——是现代西方主体性的特征所在。随着现代性的兴起，曾经只具有宗教适用性的实践被世俗生活所采纳，从而更广泛地体现出现代社会的特征。之所以出现这种普遍化趋向，部分原因在于君主权力无力应对现代生活中与日俱增的复杂性。鉴于在 15 世纪和 16 世纪，"中央集权"和"权力分散，以及宗教分裂"（确切地说，是宗教改革和反宗教改革）所导致的社会、政治、经济重构（Foucault 1991c：88），福柯宣称："有太多的东西既在下层又在上层，既在细节上又在整体上，脱离了旧有的君主权力机制。"（Foucault 2003：249）故而，早期现代社会对福柯所谓的"治理"问题颇为关注。对于福柯而言，治理包括（但不限于）统治者对国家和人民的管理。它也是一个关于如何引导自己和他人行为的更普遍问题。治理作为一个"普遍问题"，关涉到"治理自我……治理个人行为，治理灵魂与生命"，同时也关涉到"治理孩子"（Foucault 1991c：87），"治理乞丐和穷人"，"治理家庭"，以及"治理军队"（Foucault 1997b：27）。福柯认为，在这一时期，人们所关注的是如下问题："如何治理自我？如何接受治理？如何治理他人？人们将会接受谁的治理？如何成为最出色的治理者？"（Foucault 1997b：27）

177

不难理解，福柯所区分的两种现代权力[1]如何在一个关注"治理"的背景下产生，而早期基督教的自我实践又如何演化为现代的治理技术。在《规训与惩罚》中，福柯对监狱、军队训练和学校的描述，阐明了治理技术如何为规训权力所运用。在每一个情境中，都将产生特定类型的主体性（过失犯、士兵、学生），这种主体性是高效的，但又是受限制的。在涉及生命权力时，治理技术表现为如下形式，例如，国家机构对传染性疾病传播率的分析。这样的分析产

---

1 即所谓"规训权力"和"生命权力"，关于这两种现代权力的更详细阐述，可参阅本书第 2、3 章。——译注

生了关于"正常性"(健康)和"不正常性"(疾病)的规范,因而,也制造了"正常的"和"不正常的"主体。每年都有一定数量的人死于流感(尤其是老年人、婴儿、免疫系统受损者等人群),这样的状况是符合预期的,因而也被认为是正常的;卫生官员对人口的干预,与其说是为了防止这些死亡,不如说是为了保护"正常"或健康的人口,并因此而"保卫"作为一个整体的社会(Foucault 2003)。

一连串社会机构——包括监狱、学校、法院、医院、政府机构(如美国疾病预防控制中心)、社会服务机构、国有和私营的心理健康机构与治疗中心——再生产出这些主体范畴。一旦个体参与了这些机构,或接受其审查(我们每个人或多或少都是如此),我们便会通过同样的主体范畴来建构自身;在这种情况下,我们将更深地卷入现代规训权力和生命权力的关系之中。需要明确的是,即使我们并未被诊断出某种身体或精神疾病,我们将自身建构为"健康"的尝试同样产生于我们文化中普遍存在的关于"正常性"与"不正常性"的各种范畴。在诸如此类的建构过程中,我们所运用的一些技术和实践与基督教牧师的做法并无二致,其中包括身体训练、自我反思、自我书写以及坦白(无论是对牧师,还是对治疗师和警察的坦白),这样的相似绝非巧合。

## 178　自我牺牲与西方哲学传统

尽管这些现代的自我建构实践不再明确地与宗教背景联系在一起,但考虑到它们的起源,以及这样的事实(即它们中很大一部分作为个体和集体行动的模式,被世俗生活不加批判地接纳),福柯认为,它们保留了自我牺牲的特征。这种主体化与自我牺牲的现代关联,为西方文化带来了如下问题:如何"拯救自我的解释学,并摆脱与此种解释学相关联的自我牺牲的必要性"(Foucault

1980h)？因此，西方哲学界携手并肩，持续不断地付出努力，以求建构积极的主体性观念（如独立自主的主体），并以此来取代自我牺牲的主体（Foucault 1980h）。福柯与整个西方哲学传统的共通之处在于，他渴望打破作为现代主体性之根基的"无条件的顺从、持续不断的审查和彻头彻尾的坦白"的循环（Foucault 1999a：157）。然而，不同于这一传统，福柯之所以希望远离自我牺牲，不是因为它背弃了主体的独立性和自主性，而是因为它培养了一种自我与其自身的消极的，因而也是危害性的关系（Foucault 1999a：157）。在他看来，批判提供了一种与现代权力关系协商的方式，从而动摇了作为现代权力关系之特征的"真理-权力"的内在关联，故而，批判开启了某种可能性，使我们作为主体而被外界建构或自我建构，而非简单地再生产出一种否定的自我关系。

## 批　判

福柯认为，批判作为对治理技术的回应而出现，并与治理技术的传播保持着千丝万缕的关联：批判反映了对"如何不被治理"这一问题的关注（Foucault 1997b：28）。与其说该问题是对治理艺术的单纯抵制，不如说它反映了这样一种关切，即如何在以治理术为特征的背景下寻找方向，以拓展可能的行动方案与思维模式的领域。这种回应并未（也并非旨在）使人们避免或摆脱治理。正如福柯所阐明的那样，鉴于现代权力关系的本质，我们的目标并非远离权力，而是以不同的方式引导这些关系。批判可以被理解为一种与众不同的"艺术"，福柯称之为"不被治理到如此程度的艺术"（Foucault 1997b：29）。他解释到，这门艺术关涉"［如何才不被］那样［治理］，即如何不以那些原则的名义，不以心中的某个目标，不依照诸如此类的程序来被治理，即是说，不像那样、不为那样、不因它们而受到治理"(Foucault 1997b: 28)。如果说,治理术是"这样的运动,即凭借依附于真理的权力机制在社会实践的现实中对个体进行压制",那么,批判则是"这样的运动,它使主体自己有权质疑真理的权力效果和权力的真理话语"(Foucault 1997b: 32)。因此,作为对治理术的回应,批判可被理解为"引导权力关系的艺术"。作为一种挑战并因此而动摇真理和权力的关系的技术与实践,批判体现并反过来促进了那种同样对自我牺牲加以挑战的主体性模式。它保留了一种批判性的(自我)反思特质,因而具有解放性潜能。

让我们弄清楚这种权力关系的协商如何得以可能;即是说,让我们弄清楚,尽管我们无法完全从权力关系中解脱出来,我们也并非简单地由这些权力关系所决定:我们并非注定要不加批判地再生产出我们社会中主流的规范和价值观。例如,倘若我以这样的方式被决定,那么,我将接受并再生产出关于"在美国社会中成为一名女性意味着什么"的主流价值观。我将服从于男性;我将表现得顺从而随和;我将甘愿承担起照顾自己的(男性)配偶、孩子以及家庭的首要(如果不是唯一)责任。但事实上,我并没有做到这些事情:我主张男女平等;我并非消极顺从、随遇而安,而是宣称,我应当与男性同工同酬;我和一位男子缔结姻缘,但没有孩子;我有自己的事业,同时,我和我丈夫都在努力使两人的关系尽可能平等。[1] 除此之外,我甚至还更进一步:我并未接受现存性别秩序中的平等地位,而是对这样的事实提出质疑,即作为社会成员的我们完全依附于一种性别体系;同时,我还宣称,除去支配与顺从之外,

---

1 在描述自己的境况时,我既没有暗示婚姻是无可指摘的,也没有暗示女性主义者不应该有孩子。实际上,我相信,作为制度的婚姻对于女性而言是一种压迫;我提及自己没有孩子这一事实,只是为了让大家关注"已婚妇女就应该生孩子"这一普遍的社会预期。在我看来,我与我的婚姻的关系,是我努力使自己变得与众不同的一种方式。

还存在着组织我们生活的其他方式。我之所以能够秉持一种批判的视角,恰恰因为我不仅是被建构的,而且也在自我建构。我将自己认定为一名女性,但由于我的经历建构了我自己,我也将自己认定为一名女性主义者,并以挑战主流性别规范的方式来进行自我建构。就我个人而言,我有能力以不同方式对待社会中的各种规范和价值观,或是完全将其拒之门外。正如福柯所言,

> 或许,自我问题与发现自我是什么无关,而在于发现,自我只不过是与建构我们历史的技术相关联的节点。那么……现在的问题或许便在于改变这些技术,或摆脱这些技术,进而摆脱与这些技术相关联的牺牲。 180

(Foucault 1980h)

在此,福柯重申了本章开头所提出的论点,即将我们建构为现代主体的必要环节,在于对"我们以何种方式而建构"的批判性分析。但要使这种批判性分析得以可能,我们必须认识到,我们主动地参与了我们的自我建构,并因此而拥有了进行这种分析的能力。主体性与揭示我们的"真实自我"无关,这一揭示过程要求我们遵循关于自己身份的预先给定的外部定义;毋宁说,主体性关涉到对"主体之意义何在"的理解所提出的质疑,关涉到考察这一观念对我们与自己及他人的关系所产生的影响,关涉到探究以不同方式而思考和行动的可能性。

## 作为一种解放性实践的批判

记住以上几点,我们便能够更好地理解福柯的论断,即主体"赋予自己批判的权利",同时,这种权利总是受到限制,并总是在一个限定性的背景下得以运用。朱迪斯·巴特勒对此有简明扼要

的阐述,她宣称:"主体并非由外界塑造,而后又突然开始自我塑造……主体的构造既有自我因素,又受外界影响,而要想划清其形成的内因和外因并非易事。"(Butler 2002:225)更重要的是,"自我为自身划定界限,并决定自我构造的材料,但自我的界限划定是通过已经无可争议地存在着的规范而达成的。"(Butler 2002:225)这种对批判的理解与福柯有关权力与自由相互建构的观点不谋而合。他并未将自由构想为使自己从权力关系中解脱出来的能力,而是将自由构想为引导权力关系的能力,这种能力可以抵御并尽可能减轻各种约束(如操控和管理),同时最大限度地发挥各种能力。我将自己建构为一名女性主义者,这并不需要我将自己从把我定义为附属品的背景下解脱出来:正如批判在治理术的背景下出现,女性主义也在性别歧视的背景下应运而生。主体在同一时间被同样的规范和实践所赋能与约束,上述事实可以使自由或主体性的可能性变得更复杂,但不会消除这种可能性。

　　既然我们已经了解到批判如何促进权力关系的协商,就让我们更细致地探究将批判付诸实践有何意义,以及批判的实践如何反拨现代主体性的自我牺牲特质,并促进新的自我建构形式的出现。我们已经看到,批判产生于我们的当下语境,并对其作出回应。在这一语境中,当下的境况表现为"必然如此"的境况(性别不被看作一种偶然的社会-政治制度,而是被视为对女性和男性之内在本质的描述),我们与自己及他人的关系,与知识和真理的关系,都是服从于权威的关系,因而也都是权力关系。福柯通常将我们相对于当下的立场称作一种"态度"。在他看来,一种态度包含了"思考、言说和行动的方式",包含了我们与"某种存在物,与人们之所知、所为的关系"——换言之,包含了我们与自身的关系,同时还包含了"与社会、文化的关系,以及……与他者的关系"(Foucault 1997b:24)。因而,批判,或一种"批判态度",包含了一种对当下予以回应的特殊方式;具体说来,批判态度指"不服从"当下境况的思考、言说、行动和关系模式,它揭示了这些境况的偶然性,因而也不会简单地再生产出同样的"真理-权力"关系,这种关系使人处于一种服从于主流规范之权威的自我牺牲关系中(Foucault 1997b:24)。

考虑到这些特点——批判是一种包含了我们的思考、言说和行动方式的实践;批判确立了自我与他人在当前境况下相关联的方式;批判不仅是肯定并再度阐明这些境况——很显然,作为一位批判态度的培养者,福柯并未简单地告诉我们什么是批判态度,以及我们需要如何去实践这种态度:这样做将有损于批判态度的"不服从"特质,进而削弱其解放性潜能。然而,福柯的确为其读者提供了一些可利用的线索或"工具",当我们面对当下的挑战时(这些挑战不一定与福柯所面对的挑战相同),这些线索或"工具"能促使我们以不服从的姿态来建构自身。

在后来的一次访谈中,福柯将自己描述为一位"道德家",但他 182
也明确表示,借助这一术语,他所意指的是一些非常具体的东西。
"在某种意义上,我是一位道德家,"福柯这样解释道,

> 据我所信,人类存在的意义之一——人类的自由之源——是绝不接受任何确定无疑、不可触碰、显而易见、稳固不变的东西。现实的任何方面都不应成为束缚我们的权威和非人道的律令。

> (Foucault 1980g)

在此,福柯的描述与批判的"不服从"特质颇有相似之处,他对支撑其作品,并通过其作品而得以表达与实践的独特"道德价值观"的阐述,使我们了解到,他认为如何才能培养一种批判态度。福柯所指出的第一种价值观是拒斥——具体说来,是拒斥"呈现在

我们面前的似乎不证自明的东西"(Foucault 1980g)。第二种价值观是好奇,福柯将其描述为"分析与认识的需要,因为我们在没有经过反思和认识的情况下将一事无成"(Foucault 1980g)。第三种价值观是创新(innovation),"通过我们的反思来寻找那些从未被思考或想象过的东西"(Foucault 1980g)。虽然福柯一开始将拒斥、好奇和创新称作"价值观",但在同一次访谈中,他又将它们称作"原则"。鉴于这些价值观与批判的关联性,同时,考虑到福柯宣称,他一方面采纳了这些价值观,另一方面又力图通过其哲学工作来推广这些价值观,我认为,福柯同样将拒斥、好奇和创新理解为某种技术或实践。

## 培养批判态度/反自我牺牲

拒斥、好奇与创新的实践表明,批判(或批判态度)所对抗的是现代主体性的自我牺牲特质。自我牺牲是一种主体化模式,它要求个体为通达真理而屈从于权威。我们首先应注意到,就批判而言,这种对真理的通达并未切中肯綮。培养一种批判态度,需要的是一种与所谓正确的、给定的、必然的东西相对抗,或至少是相矛盾的立场。它强调的是反思与认识,而不是真理,故而,自我建构是一个持续不断的演进过程,而不是朝向预先设定之目标的线性发展。作为一种自我建构模式,批判的非线性特质得到了创新实践的进一步支持:这样,批判的作用便在于发展一种新的、与众不同的、出人意料的思维与存在模式;它不会通往一个预先确定的、可辨识的结果。

一个我所亲历的例证,或许有助于阐明,拒斥、好奇和创新如何有助于促成新的自我建构模式——具体说来,是不会导向自我牺牲的模式。几年前,我开始感受到身体上的疼痛,这种疼痛与受伤无关,或者,就我而言,与疾病无关。在同保健医师的一次约谈中,我描述了我所感受到的一切。他作出诊断,并开具处方。过了几天,我还是处于疼痛中,所以,我在周末去了急诊室。急诊医生说,我描述这种痛苦的具体方式令他倍感困惑,但鉴于出现疼痛的身体部位,他同意我的保健医师的诊断。他给我开了一张新处方,并把我介绍给一位专家。

现在,有两位医生表示,我的疼痛来源于某种疾病,尽管事实上,我描述疼痛的方式不完全符合这种疾病通常的表现方式。此时,我开始怀疑自己的经验。我对疼痛的描述是不准确的吗? 还是说,这种疼痛感其实更像是有关特定疾病的文献所描述的那样吗? 几天后,当我与专家会面时,从他的面部表情可以看出,我所描述的一切对他而言是陌生的。我停下来问道:"难道您此前从没听过有病人以这种方式来描述病情吗?"他回答说没有听过,他应该给我检查一下,看看出了什么状况。我接受了检查,并于随后接受了他所说的能够消除痛苦的手术。

就我们讨论的目标而言,我最重要的经验并非手术的成功或医生的才能。毋宁说,我们需要关注的是,我如何将自己建构为一个主体,反过来,又如何被建构为一个主体。在医疗系统的背景下,为了获取关于自身的真理,通过一套使我服从于权威的实践(不仅仅是医生的实践,同时也包括医院管理人员、保险公司等的实践),我将自己建构为一个主体。换言之,在这一系统中,我既建构了我自己,又反过来被建构为一个"病人"(以及一个"消费者")。通过这种建构,我牺牲掉了我自己的一部分,具体说来,是不服从的部分,是"使主体自己有权质疑真理的权力效果和权力的真理话语"的部分(Foucault 1997b: 32)。这样的牺牲削弱了我们的批判能力,因而也将使我们重归从属地位。坐在医师办公室和急诊室中,我扪心自问,究竟是怎样的境况使我开始怀疑自己。我

184

同意接受治疗（药物治疗和手术），尽管我无法确定自己是否得到了正确的诊断。我无法向医生提问，亦无法在我的健康问题上扮演更积极的角色。

如前所述，并不是说"好"医生不会使病人居于从属地位，并由此而促成自我牺牲，而"坏"医生偏偏会这样做：没有可供我运用的有益规范，也没有可供我规避的有害规范。作为"病人"，我通过使自己服从的规范与实践而自我建构（同时又被建构）。鉴于我所阐述过的"自我牺牲"和"作为病人"之间的关系，我们可能会倾向于回归一种君主式的权力观，说医生拥有权力，并对其病人施行权力，从而使他们屈从。但我们需要记住在此前几章中福柯对现代权力关系的运作方式的分析；这样，我们便可发现，医生同样被卷入了权力关系之中，通过这种权力关系，他们一方面被建构，另一方面，又以促成自我牺牲和抑制批判的方式而自我建构。诚然，"医生"被建构为一个权威人物，他拥有"病人"所不具备的知识，但医生唯有遵循医疗系统中普遍公认的规范与实践，才能获取并保有这样的知识。例如，她必须表现得非常专业，并依据通行的医疗标准和方案（以及保险公司所设立的指标）来医治病人。这不是说医生就应当漫不经心地对待病人的健康问题，就应当对病人过分热情，或是以未经认可的医疗干预措施来医治他们。不如说，这是在鼓励对"医生"的（自我）建构方式加以批判性分析，这种自我建构方式既保证又限制了医生有效地照料病人（和他们自己）并改善其身心健康的能力。

一种以拒斥、好奇和创新的实践为特征的批判态度，如何促成一种不需要我作出如此牺牲的新的自我建构模式？我想，我在前一段中的讨论就相当于福柯所设想的拒斥。为了拒斥被认为是不证自明的特定规范，我们有必要认清，主导的思维与存在模式并非"必然如此"的模式；倘若没有这种认识，对特定规范与实践的拒斥甚至是不可想象的,因为我怎么能将无可避免之物视作可拒绝的呢?一旦我发现,我实际上是被建构为一个医疗系统中的病人,我便可以对建构我的具体方式提出质疑,继而以不同方式来进行自我建构。即是说,一旦拒绝将当前的境况视为"必然如此"的境况,我便会对自己在当下的境遇心生好奇。当我认识到,为了通达真理,我在医疗系统的背景下服从于权威,我便可以分析在医疗系统中,究竟是什么鼓励我以如此方式行事,同时分析我在当前的态度所产生的影响。我还可以思考,我应当如何改变自己的行动。例如,如果我确定,我之所以遵从医生的权威,部分原因在于我不想显得失礼,那么,我便可以思考,为何在这个特殊的背景下,我似乎将尊重与顺从混为一谈。我所关注的,究竟是显得毕恭毕敬,还是对医生的实际尊重?这样,通过对"尊重"与"顺从"加以明确区分,我便可以作出一些创新,我将尝试以谦恭有礼而又坚定自信的方式展开行动,并确保医生及其他在医疗系统中和我打交道的人实际上是值得尊重的。如果他们值得尊重,我便应当以相应的方式对待他们;如果他们不值得尊重,我也就完全不必流连于表面文章。

重要的是要明白,通过拒斥、好奇和创新的实践所培养的批判态度,并不能使我们摆脱主导的权力关系。即使我愿意,我也无法成为一位医生,并使自己免于成为"病人"。我必须依靠医生来治疗,同时,我依然不得不在这个体系中找到位置:在医疗体系中,我将被建构为"病人"或"消费者",而在这个体系中,人们对待我的方式将取决于有关"病人"或"消费者"身份的普遍流行的观念。但正如福柯所阐明的那样,即使所有的自我建构都是在限定性的背景下发生,我也不仅是由这些普遍流行的观念所决定的;我拥有自我建构的能力,我可以用新的方式来应对现有的规范与实践,也可以完全将其拒之门外,从而以不同的方式来进行自我建构。尽管上述两种策略都有其风险(如果我问了太多问题或寻求其他人的意见,我的医生可能会对我心生反感),但即使是负面后果(被认为很烦人)也可能会带来其他可能性:我可以另找一位医生,可以投身于瑜伽这样的综合性练习,以化解传统西方的身心二分,我也可以寻找减轻疼痛的其他方法(譬如针灸)。因而,福柯的作品为我们提供了一个至关重要的洞见:只要我可以自我建构,那么,我便可以将自己建构得有所不同。具备了这样的洞见,我便能够展开实践,通过最大限度地发挥我的批判与创造能力,促进我与现有之权力关系的协商,从而尽可能缩减并努力消除以自我牺牲为特征的主体性。

# 生平年表

| | |
|---|---|
| 1926 年 10 月 15 日 | 保罗-米歇尔·福柯（Paul-Michel Foucault）出生于法国普瓦捷。 |
| 1936—1940 年 | 就读于普瓦捷的公立亨利四世学校。 |
| 1940—1945 年 | 就读于普瓦捷的圣斯坦尼斯拉斯书院。 |
| 1945 年秋 | 进入巴黎的亨利四世高等中学（参加入学班［khâgne］——为考入巴黎高等师范学院而进行为期一年的特别预备培训）；结识让·伊波利特（Jean Hyppolite）。 |
| 1946 年秋 | 考入巴黎高等师范学院；结识路易·阿尔都塞（Louis Althusser）。 |
| 1951 年 8 月 | 获得哲学教师资格证书；其审查人为乔治·康吉莱姆（Georges Canguil-hem）。 |
| 1951 年秋—1952 年夏 | 在巴黎梯也尔基金会的人文研究中心工作。 |
| 1951 年 6 月 | 从巴黎心理学研究所获得精神病理学的文凭。 |

| | |
|---|---|
| 1952—1955 年 | 在里尔大学担任助教。 |
| 1955—1958 年 | 在瑞典乌普萨拉大学担任文化代表;于 1956 年 3 月结识乔治·杜梅齐尔(Georges Dumezil)。 |
| 1958 年 | 在波兰华沙担任法国文化中心主任;任教于华沙大学的罗曼语研究所。 |
| 1959 年 | 在德国汉堡担任法国文化学院院长;任教于汉堡大学罗曼语系。 |
| 1960—1966 年 | 任教于克莱蒙-费朗大学文学与人文科学学院;通过博士论文答辩后,于 1962 年担任终身教授。 |
| 1961 年 | 出版《疯癫与文明:理性时代的疯狂史》。 |
| 1963 年 | 出版《临床医学的诞生:医学知觉考古学》。 |
| 1966—1968 年 | 赴突尼斯任突尼斯大学哲学客座教授。 |
| 1966 年 | 出版《词与物:人文科学考古学》。 |
| 1968—1969 年 | 在文森斯巴黎第八大学担任哲学终身教授。 |
| 1969 年 | 当选法兰西学院教授;出版《知识考古学》。 |
| 1970 年 12 月 | 发表法兰西学院就职演讲《话语的秩序》。 |
| 1971 年 | 创立监狱信息小组(Groupe d'Information sur les Prisons,简称 GIP)。 |
| 1975 年 | 出版《规训与惩罚:监狱的诞生》。 |
| 1976 年 | 出版《性史(第一卷)》。 |

| | |
|---|---|
| 1980 年 | 任加州大学伯克利分校客座教授；于 10 月举办"豪威逊讲座"。 |
| 1982 年秋 | 在佛蒙特大学度过八周。 |
| 1983 年秋 | 任加州大学伯克利分校客座教授。 |
| 1984 年 | 出版《性史(第二卷):快感的享用》。 |
| 1984 年 | 出版《性史(第三卷):自我关注》。 |
| 1984 年 6 月 2 日 | 福柯在寓所中昏厥;并于 6 月 9 日被送往萨勒贝蒂尔医院。 |
| 1984 年 6 月 25 日 | 福柯于巴黎的萨勒贝蒂尔医院病逝。 |

（以上所有信息均来自 Eribon 1991）

# 参考文献

## 米歇尔·福柯的著作

Foucault, M. 1972. *The Archaeology of Knowledge and the Discourse on Language*, A. M. Sheridan Smith (trans.). New York: Pantheon. Originally published as *L'Archéologie du savoir* (Paris: Gallimard, 1969).

Foucault, M. 1973. *The Order of Things*. New York: Vintage. Originally published as *Les Mots et les choses: Une achéologie des sciences humaines* (Paris: Gallimard, 1966).

Foucault, M. 1975. *The Birth of the Clinic: An Archaeology of Medical Perception*, A. M. Sheridan Smith (trans.). New York: Vintage. Originally published as *Naissance de la Clinique: Une archéology du regard medical* (Paris: PUF, 1963).

Foucault, M. 1976. *Histoire de la sexualite val. 1: La volonté de savoir*. Paris: Gallimard.

Foucault, M. 1977. "Nietzsche, Genealogy, History". In *Language, Counter-Memory, and Practice: Selected Essays and Interviews*, D. F. Bouchard (ed.), 139-164. Ithaca, NY: Cornell University Press.

Foucault, M. 1979. *Discipline and Punish: The Birth of the Prison*, Alan Sheridan (trans.). New York: Vintage. Originally published as *Surveiller et punir: Naissance de la prison* (Paris: Gallimard, 1975).

Foucault, M. (ed.) 1980a. *Herculine Barbin, Being the Recently Discovered Memoirs of a Nineteenth-Century French Hermaphrodite*, Richard McDougall (trans.). Brighton: Harvester.

Foucault, M. 1980b. Introduction to *Herculine Barbin: Being the Recently*

*Discovered Memoirs of a Nineteenth-Century French Hermaphrodite.* New York: Pantheon.

Foucault, M. 1980c. "Body/Power". In *Power/Knowledge: Selected Interviews and Other Writings 1972-1977*, C. Gordon ( ed.), C. Gordon, L. Marshall, J. Mepham & K. Soper ( trans.) , *55-62.* New York: Pantheon.

Foucault, M. 1980d. "Truth and Power". In *Power/Knowledge: Selected Interviews and Other Writings 1972-1977*, C. Gordon ( ed.), C. Gordon, L. Marshall, J. Mepham & K. Soper ( trans.), 109-133. New York: Pantheon.

Foucault, M. 1980e. "Power and Strategies". In *Power/Knowledge: Selected Interviews and Other Writings, 1972-1977*, C. Gordon ( ed.), C. Gordon, L. Marshall, J. Mepham & K. Soper ( trans.), 134-145. New York: Pantheon.

Foucault, M. 1980f. "The Politics of Health in the Eighteenth Century". In *Power/Knowledge: Selected Interviews and Other Writings 1972-1977*, C. Gordon ( ed.), C . Gordon, L. Marshall, J. Mepham & K. Soper ( trans.), 166-182. New York: Pantheon.

Foucault, M. 1980g. "Power, Moral Values, and the Intellectual". IMEC ( Institut Mémoirs de l'Edition Contemporaine ), Caen, France. Archival identification number FCL2. A02-06.

Foucault, M. 1980h. "Christianity and Confession". IMEC ( Institut Mémoirs de l'Édition Contemporaine ), Caen, France. Archival identification number FCL3.4, FCL2 A03-04.

Foucault, M. 1982a. "The Subject and Power". In *Michel Foucault: Beyond Structuralism and Hermeneutics*, H. Dreyfus & P. Rabinow ( eds ), 208-226. Chicago, IL: University of Chicago Press.

Foucault, M. 1982b. *I, Pierre Rivière, having slaughtered my mother, my sister, and my brother: A Case of Parricide in the 19th Century.* Lincoln, NE: University of Nebraska Press.

Foucault, M. 1984a. "What is Enlightenment?" In *The Foucault Reader*, P. Rabinow ( ed.), 32-50. New York: Pantheon.

Foucault, M. 1984b. "Nietzsche, Genealogy, History". In *The Foucault Reader*, P. Rabinow ( ed.), 76-100. New York: Pantheon.

Foucault, M. 1986. *The History of Sexuality, Volume III: The Care of the Self*, R. Hurley ( trans. ) . New York: Pantheon. Originally published as *Histoire de la sexualité, val. III: Le Souci de soi* ( Paris: Gallimard, 1984).

Foucault, M. 1988. "Truth, Power, Self: An Interview with Michel Foucault".

In *Technologies of the Self : A Seminar with Michel Foucault*, L. Martin, H. Gutman & P. Hutton （eds）, 9-15. Amherst, MA: University of Massachusetts Press.

Foucault, M. 1990a. *The History of Sexuality, Volume I : An Introduction*, R. Hurley （trans.）. New York: Vintage. Originally published as *Histoire de la sexualité, val. I : La Volanté de savoir* （Paris: Gallimard, 1976）.

Foucault, M. 1990b. *The History of Sexuality, Volume II: The Use of Pleasure*, R. Hurley （trans.）. New York: Vintage. Originally published as *Histoire de la sexualité, val. II: L'Usage des plaisirs* （Paris: Gallimard, 1984）.

Foucault, M. 1990c. "Critical Theory/Intellectual History". In *Michel Foucault: Politics, Philosophy, Culture. Interviews and Other Writings 1977-1984*, L. Kritzman （ed.）, A. Sheridan & others （trans.）, 17-46. London: Routledge.

Foucault, M. 1990d. "Practicing Criticism". In *Michel Foucault: Politics, Philosophy, Culture. Interviews and Other Writings 1977-1984*, L. Kritzman （ed.）, A. Sheridan & others （trans.）, 152-156. London: Routledge.

Foucault, M. 1990e. "Qu'est-ce que Ia critique? " *Bulletin de la Société Française de Philosophie* 84（2）: 35-63.

Foucault, M. 1991a. "How an ' Experience Book ' is Born". In *Remarks on Marx*, R. J. Goldstein & J. Cascaito （trans.）, 25-42. New York: Semiotext （e）.

Foucault, M. 1991b. "Questions of Method". In *The Foucault Effect: Studies in Governmentality*, G. Burchell, C. Gordon & P. Miller （eds）, 73-86. Chicago, IL: University of Chicago Press.

Foucault, M. 1991c. "Governmentality". In *The Foucault Effect: Studies in Governmentality*, G. Burchell, C. Gordon & P. Miller （eds）, 87-104. Chicago, IL: University of Chicago Press.

Foucault, M. 1994. "The Ethics of Care for the Self as the Practice of Freedom". In *The Final Foucault*, J. W. Bernauer and D. Rasmussen （eds）, 1-20. Cambridge, MA: MIT Press.

Foucault, M. 1996a. "The Ethics of the Concern for the Self as a Practice of Freedom". In *Foucault Live : Collected Interviews 1961-1984*, S. Lotringer （ed.）, 432-449. New York: Semiotext（e）.

Foucault, M. 1996b. "The Return of Morality". In *Foucault Live: Collected Interviews 1961-1984*, S. Lotringer （ed.）, 465-473. New York: Semiotext（e）.

Foucault, M. 1997a. *The Politics of Truth*, S. Lotringer & L. Hochroth （eds）.

New York: Semiotext( e).

Foucault, M. 1997b. "What is Critique?" In *The Politics of Truth*, S. Lotringer & L. Hochroth ( eds), 23-82. New York: Semiotext( e) .

Foucault, M. 1997c. *Ethics, Subjectivity and Truth: The Essential Works of Michel Foucault 1954-1984*, vol. 1, P. Rabinow ( ed.). New York: New Press.

Foucault, M. 1997d. "Technologies of the Self ". In *Ethics, Subjectivity and Truth: The Essential Works of Michel Foucault 1954-1984*, vol. 1, P. Rabinow ( ed.), 223-251. New York: New Press.

Foucault, M. 1997e. "The Ethics of Concern for Self as a Practice of Freedom". In *Ethics, Subjectivity and Truth: The Essential Works of Michel Foucault 1954-1984*, vol. 1, P. Rabinow ( ed.), 281-301. New York: New Press.

Foucault, M. 1997f. "On the Genealogy of Ethics: An Overview of Work in Progress". In *Ethics, Subjectivity and Truth: The Essential Works of Michel Foucault 1954-1984*, vol. 1 , P. Rabinow ( ed.), 253-280. New York: New Press.

Foucault, M. 1997g. "What is Enlightenment?" In *Ethics, Subjectivity and Truth: The Essential Works of Michel Foucault 1954-1984*, vol. 1, P. Rabinow ( ed.), 303-319. New York: New Press.

Foucault, M. 1998. *Aesthetics, Method, and Epistemology : The Essential Works of Michel Foucault 1954-1984*, vol. 2, J. Faubion ( ed.). New York: New Press.

Foucault, M. 1999a. "On the Government of the Living". In *Religion and Culture: Michel Foucault*, J. Carrette ( ed.), 154-157. London: Routledge.

Foucault, M. 1999b. "The Debate on the Novel". In *Religion and Culture: Michel Foucault*, J. Carrette ( ed.), 72-74. London: Routledge.

Foucault, M. 1999c. "Michel Foucault and Zen: A Stay in a Zen Temple". In *Religion and Culture: Michel Foucault*, J. Carrette ( ed.), 110-114. London: Routledge.

Foucault, M. 2001. *Fearless Speech*, J. Pearson ( ed.). New York: Semiotext( e).

Foucault, M. 2003. *Society Must Be Defended: Lectures at the Collège de France, 1975-1976*, M. Bertani & A. Fontana ( eds), D. Macey ( trans.). New York: Picador.

Foucault, M. 2005a. *The Hermeneutics of the Subject: Lectures at the Collège de France, 1981-1982*, F. Gros ( ed.), G. Burchell ( trans.). Basingstoke: Palgrave Macmillan.

Foucault, M. 2005b. "What Are the Iranians Dreaming About?" In *Foucault and the Iranian Revolution*, J. Afary & K. Anderson (eds), 203-209. Chicago, IL: University of Chicago Press.

Foucault, M. 2005c. "Iran: The Spirit of a World Without Spirit". In *Foucault and the Iranian Revolution*, J. Afary & K. Anderson (eds), 250-260. Chicago, IL: University of Chicago Press.

Foucault, M. 2005d. "Is It Useless to Revolt?" In *Foucault and the Iranian Revolution*, J. Afary & K. Anderson (eds), 263-267. Chicago, IL: University of Chicago Press.

Foucault, M. 2006a. *Psychiatric Power: Lectures at the Collège de France 1973-1974*, J. Lagrange (ed.), G. Burchell (trans.). Basingstoke: Palgrave Macmillan.

Foucault, M. 2006b. *History of Madness*. London: Routledge.

Foucault, M. 2007. *Security, Territory, Population: Lectures at the Collège de France 1977-1978*, M. Senellart (ed.), G. Burchell (trans.). Basingstoke: Palgrave Macmillan.

Foucault, M. 2008a. *Introduction to Kant's Anthropology*, Roberto Nigro and Kate Briggs (trans.). New York: Semiotext(e).

Foucault, M. 2008b. *Le gouvernement de soi de des autres: Cours au Collège de France, 1982-1983*. Paris: Seuil/Gallimard.

Foucault, M. 2008c. *The Birth of Biopolitics: Lectures at the Collège de France, 1978-1979*, G. Burchell (trans.). Basingstoke: Palgrave Macmillan.

Foucault, M. 2009. *Le courage de la vérité: Le gouvemement de soi et des autres II. Cours au Collège de France, 1984*. Paris: Seuil/Gallimard.

## 其他著作

Afary, J. & K. B. Anderson 2005. *Foucault and the Iranian Revolution: Gender and the Seductions of Islamism*. Chicago, IL: University of Chicago Press.

Alcoff, L. 1992. "Feminist Politics and Foucault: The Limits to a Collaboration". In *Crises in Continental Philosophy*, Arleen B. Dallery and Charles E. Scott with P. Holley Roberts (eds.), 69-86. Albany, NY: SUNY Press.

Alcoff, L. 1996. "Dangerous Pleasures: Foucault and the Politics of Pedophilia". In *Feminist Interpretations of Michel Foucault*, S. Hekman (ed.), 99-135. University Park, PA: Penn State University Press.

Alford, C. F. 2000. "What Would it Matter if Everything Foucault Said About Prison Were Wrong? *Discipline and Punish* After Twenty Years". *Theory and Society* 29: 125-146.

Allen, A. 1999. *The Power of Feminist Theory: Domination, Resistance, Solidarity.* Amsterdam: SWP Publishers.

Arendt, H. 1985. *The Origins of Totalitarianism.* New York: Harvest Books.

Augustine 1991. *The Confessions*, H. Chadwick (trans.). New York: Oxford University Press.

Augustine 1993. *On Free Choice of the Will*, T. Williams (trans.). Indianapolis, IN: Hackett.

Bartky, S. 1988. "Foucault, Femininity and the Modernization of Patriarchal Power". In *Feminism and Foucault: Relfections on Resistance*, I. Diamond & L. Quinby (eds), 61-86. Boston, MA: Northeastern University Press.

Bayer, R. 1981. *Homosexuality and American Psychiatry: The Politics of Diagnosis.* Princeton, NJ: Princeton University Press.

Bernauer, J. W. 2004. "Michel Foucault's Philosophy of Religion: An Introduction to the Non-Fascist Life". In *Michel Foucault and Theology: The Politics of Religious Experience*, J. Bernauer & J. Carrette (eds), 77-98. Aldershot: Ashgate.

Bernauer, J. W. & M. Mahon 1994. "Michel Foucault's Ethical Imagination". In *The Cambridge Companion to Foucault*, G. Gutting (ed.), 141-158. Cambridge: Cambridge University Press.

Bigwood, C. 1991. "Renaturalizing the Body". *Hypatia* 6(3): 54-72.

Black, E. 2004. *War Against the Weak: Eugenics and America's Campaign to Create a Master Race.* New York: Four Walls Eight Windows.

Bordo, S. 1989. "The Body and the Reproduction of Femininity: A Feminist Appropriation of Foucault". In *Gender/Body/Knowledge*, A. Jaggar & S. Bordo (eds), 13-33. New Brunswick, NJ: Rutgers University Press.

Bordo, S. 1993. "Feminism, Foucault and the Politics of the Body". In *Up Against Foucault*, C. Ramazanoglu (ed.), 179-203. London: Routledge.

Bordo, S. 2003. *Unbearable Weight.* Berkeley, CA: University of California Press.

Bradley, S. J. & K. J. Zucker 1990. "Gender Identity Disorder and Psychosexual Problems in Children and Adolescents". *Canadian Journal of*

*Psychiatry* 35: 477-486.

Braidotti, R. 1991. *Patterns of Dissonance: A Study of Women in Contemporary Philosophy*. Cambridge: Polity.

Butler, J. 1990. *Gender Trouble: Feminism and the Subversion of Identity*. London: Routledge.

Butler, J. 1997. *The Psychic Life of Power, Theories in Subjection*. Palo Alto, CA: Stanford University Press.

Butler, J. 2002. "What is Critique? An Essay on Foucault's Virtue". In *The Political: Readings in Continental Philosophy*, D. Ingram (ed.), 212-226. Oxford: Blackwell.

Carrette, J. 2000. *Foucault and Religion*. London: Routledge.

Childs, D. J. 2001. *Modernism and Eugenics: Woolf, Eliot, Yeats, and the Culture of Degeneration*. Cambridge: Cambridge University Press.

Coates, S. 1990. "Ontogenesis of Boyhood Gender Identity Disorder". *Journal of American Academy of Psychoanalysis* 18(3): 414-438.

Davidson, A. 1994. "Ethics as Aesthetics: Foucault, the History of Ethics, and Ancient Thought". In *The Cambridge Companion to Foucault*, G. Gutting (ed.), 115-140. Cambridge: Cambridge University Press.

Deleuze, G. 1995. "Postscript on Control Societies". In *Negotiations*, Martin Joughin (trans.), 177-182. New York: Columbia University Press.

Dubel, I. & K. Vintges (eds) 2007. *Women, Feminism and Fundamentalism*. Amsterdam: SWP Publishers.

Enns, D. 2007. *Speaking of Freedom: Philosophy, Politics, and the Struggle for Liberation*. Palo Alto, CA: Stanford University Press.

Eribon, D. 1991. *Michel Foucault*. B. Wing (trans.). Cambridge, MA: Harvard University Press.

Feder, E. 1996. "Disciplining the Family: The Case of Gender Identity Disorder". *Philosophical Studies* 85: 195-211.

Feder, E . 2007. *Family Bonds: Genealogies of Race and Gender*. Oxford: Oxford University Press.

Fine, M. & A. Asch 1988. "Disability Beyond Stigma: Social Interaction, Discrimination, and Stigma". *Journal of Social Issues* 44 (1): 3-21.

Flynn, T. R . 1989. "Foucault and the Politics of Postmodernity". *Noûs* 23

（2）: 187-198.

Flynn, T. R. 1997. *Sartre, Foucault and Historical Reason, vol. 2: A Poststruc-turalist Mapping of History*. Chicago, IL: University of Chicago Press.

Fraser, N. 1989. *Unruly Practices: Power, Discourse and Gender in Contemporary Social Theory*. Cambridge: Polity.

Fraser, N. 1994. "Michel Foucault: A'Young Conservative?'" In *Critique and Power: Recasting the Foucault/Habermas Debate*, M. Kelly ( ed. ) , 185-210. Cambridge, MA: MIT Press.

Gaesser, G. A. 2002. *Big Fat Lies: The Truth About Your Weight and Your Health*. Carlsbad, CA: Gürze Books.

Grosz, E . 1994. *Volatile Bodies: Toward a Corporeal Feminism*. Indianapolis, IN: Indiana University Press.

Gutting, G. 1994. "Introduction: Michel Foucault: A User's Manual". *In The Cambridge Companion to Foucault*, G. Gutting ( ed. ), 1-27. Cambridge: Cambridge University Press.

Gutting, G. 2005. *Foucault: A Very Short Introduction*. Oxford: Oxford University Press.

Habermas, J. 1986. "Taking Aim at the Heart of the Present". In *Foucault: A Critical Reader*, D. C. Hoy ( ed. ), 103-108. Oxford: Blackwell.

Habermas, J. 1994. "Some Questions Concerning the Theory of Power: Foucault Again". In *Critique and Power : Recasting the Foucault/Habermas Debates*, M. Kelly ( ed. ), 79-107. Cambridge, MA: MIT Press.

Hadot, P. 1995. *Philosophy as a Way of Life: Spiritual Exercises from Socrates to Plato*, M. Chase ( trans. ). Oxford: Blackwell.

Halperin, D. M. 1995. *Saint Foucault: Towards a Gay Hagiography*. Oxford: Oxford University Press.

Hartsock, N. 1990. "Foucault on Power: A Theory for Women?" In *Feminism/Postmodernism*, L. Nicholson ( ed. ), 157-175. London: Routledge.

Heidegger, M. 1977. *The Question Concerning Technology and Other Essays*. W. Lovitt ( trans. ). New York: Harper Torchbooks.

Heidegger, M. 1996. *Being and Time*. J. Stambaugh ( trans. ). Albany, NY: SUNY Press.

Herndon, A. 2005. "Collateral Damage from Friendly Fire?: Race, Nation,

Class and the 'War Against Obesity'". *Social Semiotics* 15(2): 127-141.

Heyes, C. J. 2006. "Foucault Goes to Weight Watchers". *Hypatia* 21 (2): 126-149.

Heyes, C. J. 2007. *Self-Transformations: Foucault, Ethics, and Normalized Bodies*. New York: Oxford University Press.

Hobbes, T. 1986. *Leviathan*. New York: Penguin.

Honig, B. 2008. "What Foucault Saw at the Revolution". *Political Theory* 36 (2): 301-312.

Kant, I. 2006. *Toward Perpetual Peace and Other Writings on Politics, Peace, and History*. D. L. Colclasure (trans.). New Haven, CT: Yale University Press.

Katz, J. N. 1995. *The Invention of Heterosexuality*. New York: Dutton.

Kukla, R. 2005. *Mass Hysteria: Medicine, Culture and Mothers' Bodies*. Lanham, MD: Rowman & Littlefield.

Liebmann Schaub, U. 1989. "Foucault's Oriental Subtext". *PMLA* 104: 306-316.

Lynch, R. A. 1998. "Is Power All There Is? Michel Foucault and the 'Omnipresence' of Power Relations". *Philosophy Today* 42(1): 65-70.

Lynch, R. A. 2009. "A New Architecture of Power: An Anticipation of Ethics". *Philosophy Today* 53 (SPEP Supplement): 263-267.

McNay, L. 1991. "The Foucauldian Body and the Exclusion of Experience". *Hypatia* 6(3): 125-140.

McNay, L. 1992. *Foucault and Feminism*. Cambridge: Polity.

McWhorter, L. 1999. *Bodies and Pleasures: Foucault and the Politics of Sexual Normalization*. Bloomington, IN: Indiana University Press.

McWhorter, L. 2009. *Racism and Sexual Oppression in Anglo-America: A Genealogy*. Bloomingon, IN: Indiana University Press.

Merleau-Ponty, M. 1962. *Phenomenology of Perception*. C. Smith (trans.). London: Routledge & Kegan Paul.

Nealon, J. 2008. *Foucault Beyond Foucault: Power and its Intensifications Since 1984*. Palo Alto, CA: Stanford University Press.

Okin, S. M. 1999. *Is Multiculturalism Bad for Women?* Princeton, NJ: Princeton University Press.

Oksala, J. 2005. *Foucault on Freedom*. Cambridge: Cambridge University Press.

Owen, D. 2003. "Genealogy as Perspicuous Representation". In *The Grammar of Politics: Wittgenstein and Political Philosophy*, C. J. Heyes ( ed. ), 82-96. Ithaca, NY: Cornell University Press.

Patterson, O. 1991. *Freedom in the Making of Western Culture*, vol. 1. New York: Basic Books.

Patton, P. 1998. "Foucault's Subject of Power". In *The Later Foucault: Politics and Philosophy*, J. Moss ( ed. ), 64-77. London: Sage.

Polanyi, K. 2001. *The Great Transformation: The Political and Economic Origins of Our Time*. Boston, MA: Beacon Press.

Rekers, G. A. &J. Varni. 1977. "Self-Regulation of Gender-Role Behaviors: A Case Study". *Journal of Behavior Therapy and Experimental Psychiatry* 8 ( 4 ): 427-432.

Rekers, G. A., P. M. Bentler, A. C. Rosen & O. Vivar Lovaas 1977. "Child Gender Disturbances: A Clinical Rationale for Intervention". *Psychotherapy: Theory, Research, and Practice* 14( 1 ): 2-11.

Sartre, J.-P. 1989. "Existentialism is a Humanism", Philip Mairet ( trans. ). In *Existentialism from Dostoyevsky to Sartre*, Walter Kaufman ( ed. ), 345-369. New York: Meridian.

Sawicki, J. 1991. *Disciplining Foucault: Feminism, Power and the Body*. London: Routledge.

Simons, J. 1995. *Foucault & the Political*. London: Routledge.

Soper, K. 1993. "Productive Contradictions". In *Up Against Foucault*, C. Ramazanoglu ( ed. ), 29-51. London: Routledge.

Spivak, G. C. 1993. "More on Power/Knowledge". In *Outside in the Teaching Machine*, 25-52. London: Routledge.

Taylor, C. 1984. "Foucault on Freedom and Truth". *Political Theory* 12( 2 ): 152-183.

Taylor, C. 1986. "Foucault on Freedom and Truth". In *Foucault: A Critical Reader*, D. C. Hoy ( ed. ), 67-102. Oxford: Blackwell.

Taylor, C. 1992. *The Ethics of Authenticity*. Cambridge, MA: Harvard University Press.

Taylor, F. W. 1967. *The Principles of Scientific Management*. New York: Norton.

Thompson, K. 2003. "Forms of Resistance: Foucault on Tactical Reversal and

Self-Formation". *Continental Philosophy Review* 36(2): 113-138.

Vintges, K. 2004. "Endorsing Practices of Freedom: Feminism in a Global Perspective". In *Feminism and the Final Foucault*, D. Taylor & K. Vintges (eds), 275-299. Chicago, IL: University of Illinois Press.

Vlastos, G. 1991. *Socrates, Ironist and Moral Philosopher.* lthaca, NY: Cornell University Press.

White, M. & D. Epston. 1990. *Narrative Means to Therapeutic Ends.* New York: Norton.

White, S. 1996. *Political Theory and Postmodernism.* Cambridge: Cambridge University Press.

World Health Organization 2004. *International Classification of Diseases and Related Health Problems*, 10th rev. , 2nd ed. (ICD-10). Geneva: World Health Organization.

Zucker, K. J. & S. J . Bradley 1999. *Gender Identity Disorder and Psychosexual Problems in Children and Adolescents.* New York: Guilford.

**图书在版编目（CIP）数据**

福柯：关键概念／（美）狄安娜·泰勒
（Dianna Taylor）编；庞弘译. -- 重庆：重庆大学出
版社，2019.12（2025.1重印）
（思想家和思想导读丛书）
书名原文：Michel Foucault：Key Concepts
ISBN 978-7-5689-1862-6

Ⅰ.①福…　Ⅱ.①狄…②庞…　Ⅲ.①福柯（
Foucault，Michel 1926-1984）—哲学思想—思想评论
Ⅳ.①B565.59

中国版本图书馆 CIP 数据核字（2019）第 241724 号

## 福柯：关键概念

FUKE GUANJIAN GAINIAN

[美]狄安娜·泰勒 编
庞 弘 译
特约策划：邹 荣 任绪军

责任编辑：林佳木 陈 康 何啸锋　　版式设计：邹 荣
责任校对：邹小梅　　　　　　　　　责任印制：张 策

\*

重庆大学出版社出版发行
出版人：陈晓阳
社址：重庆市沙坪坝区大学城西路 21 号
邮编：401331
电话：（023）88617190　88617185（中小学）
传真：（023）88617186　88617166
网址：http://www.cqup.com.cn
邮箱：fxk@cqup.com.cn（营销中心）
全国新华书店经销
重庆市正前方彩色印刷有限公司印刷

\*

开本：890mm×1168mm　1/32　印张：8.5　字数：220 千　插页：32 开 2 页
2019 年 12 月第 1 版　　2025 年 1 月第 4 次印刷
ISBN 978-7-5689-1862-6　定价：48.00 元

**版贸核渝字(2023)第 069 号**

# gu∧de

**思想家和思想导读丛书**

★表示已出版

## 思想家导读

导读齐泽克★       导读德里达★

导读德勒兹★       导读弗洛伊德(原书第2版)★

导读尼采★       导读海德格尔(原书第2版)

导读阿尔都塞★       导读鲍德里亚(原书第2版)★

导读利奥塔★       导读阿多诺★

导读拉康★       导读福柯★

导读波伏瓦★       导读萨义德(原书第2版)

导读布朗肖★       导读阿伦特★

导读葛兰西★       导读巴特勒★

导读列维纳斯★       导读巴赫金★

导读德曼★       导读维利里奥

导读萨特★       导读利科

导读巴特★

## 思想家著作导读

导读尼采《悲剧的诞生》★       导读德勒兹《差异与重复》

导读巴迪欧《存在与事件》       (亨利·萨默斯-霍尔 著)

导读德里达《书写与差异》       导读德勒兹与加塔利《什么是哲学?》★

导读德里达《语音与现象》       导读福柯《性史(第一卷):认知意志》

导读德里达《论文字学》★       导读福柯《规训与惩罚》★

导读德勒兹与加塔利《千高原》★       导读萨特《存在与虚无》

导读德勒兹《差异与重复》       导读维特根斯坦《逻辑哲学论》★

(乔·休斯 著)       导读维特根斯坦《哲学研究》

## 思想家关键词

福柯思想辞典★       朗西埃:关键概念★

巴迪欧:关键概念★       布迪厄:关键概念(原书第2版)★

德勒兹:关键概念(原书第2版)★       福柯:关键概念★

阿多诺:关键概念★       阿伦特:关键概念★

哈贝马斯:关键概念★       德里达:关键概念

维特根斯坦:关键概念